EMERGENCY 911

DU MÊME AUTEUR

De bons voisins, Actes Sud, 2012 ; Babel noir n° 86.
Emergency 911, Actes Sud, 2013.
Le Dernier Lendemain, Actes Sud, 2014.

Titre original :
The Dispatcher
Éditeur original :
Macmillan, Londres

ISBN 978-2-330-02868-8

RYAN DAVID JAHN

EMERGENCY 911

roman traduit de l'anglais (États-Unis)
par Simon Baril

BABEL NOIR

À mon père

Thomas Nathan Jahn

1949-2004

Si tu ne m'aimes jamais on ne m'aimera
Si je ne t'aime, jamais je n'aimerai.

SAMUEL BECKETT

Ce qui est fait par amour s'accomplit toujours par-delà le bien et le mal.

FRIEDRICH NIETZSCHE

UN

Il reste à Ian Hunt moins d'une heure de boulot à tirer lorsqu'il reçoit l'appel de sa fille morte. Ça fait plus de sept ans qu'il n'a pas entendu sa voix – à l'époque c'était quelqu'un de différent, une fillette de sept ans aux mains potelées, avec une dent de devant en moins et des yeux verts qui vous brisaient le cœur sur commande –, alors au début il ne la reconnaît pas.

Mais c'est bien elle.

Il est assis derrière le standard du poste de police de Bulls Mouth sur Crouch Avenue, qu'il a comme d'habitude pour lui tout seul, même si à coup sûr il lui suffirait de passer la tête à la porte de la pièce de devant pour voir le capitaine Davis penché en arrière dans son fauteuil, les pieds sur le bureau et le Stetson sur les yeux. Encastré dans la fenêtre à la gauche de Ian, un vieux climatiseur vibre et fuit sur la moquette moisie, sans que ses efforts n'intimident beaucoup la chaleur de ce mois de juillet texan. La sueur dégouline le long du visage de Ian, il incline la tête et s'essuie la joue contre l'épaule de son uniforme. Maniant la souris devant lui, il s'adonne à une partie de solitaire sur l'ordinateur qui centralise les appels téléphoniques. Si les gens en ville savaient que c'est comme ça qu'il passe quatre-vingt-quinze pour cent de son temps, ils piqueraient une crise.

Mais la vérité, c'est que Bulls Mouth n'est pas une grande ville. Trois mille habitants si vous incluez tout le monde dans les environs : les prophètes de l'Apocalypse, les membres de sectes en tout genre, les dresseurs de serpents, les fabricants d'amphètes, les ados déscolarisés et les junkies – et aucune raison de ne pas inclure ces gens. Après tout, la police de Bulls Mouth répond bien à leurs appels.

Elle a beau être de la taille d'un gros village, Bulls Mouth est pourtant la deuxième plus importante ville du comté de Tonkawa, représentant un quart de sa population.

Ian prend sa grande tasse et boit une gorgée de la mixture froide qu'elle contient. Il grimace quand le liquide descend, mais avale quand même une seconde gorgée. Il doit bien boire trois cafetières de Folgers par jour, ingurgitant tasse après tasse au fil de ses cent parties de solitaire quotidiennes.

Au moment où il repose la tasse, l'appel arrive en provenance d'un téléphone public sur Main Street, juste au nord de Flatland Avenue. Une blague, probablement. À l'ère des portables, c'est le cas de presque tous les appels venant de téléphones publics. Des petits cons de lycéens qui chassent l'ennui estival en se livrant à ce genre de canulars. Au cours de sa jeunesse à Venice Beach, en Californie, il en a fait autant, alors difficile de trop leur en vouloir.

"Ici le 911, quelle est votre urgence ?" demande Hunt au micro de son casque, ses doigts à quelques centimètres du clavier noir, prêts à saisir l'information.

"Je vous en prie, aidez-moi !"

Cette voix est celle d'une fille ou d'une femme, impossible à dire, en tout cas elle est à bout de souffle et tremble de panique. La fille/femme halète contre le micro, qui grésille dans l'oreille de Hunt comme si un vent puissant soufflait là-bas, puis un petit cri aigu s'échappe du fond de sa gorge. Si c'est une blague, la personne au bout du fil est la meilleure actrice à laquelle il a jamais eu affaire.

"S'il vous plaît, madame, essayez de rester calme, et dites-moi ce qui se passe.

— Il est à ma poursuite. Il…

— Quel est votre nom et qui vous poursuit ?

— Je m'appelle Sarah. Attendez, non. Non. Je m'appelle Maggie, Maggie Hunt, et l'homme qui… j'étais… il est… il est…"

Dès qu'il entend ce nom – Maggie Hunt –, les lèvres de Ian se glacent et, comme une note grave pincée sur une corde métallique tendue au milieu de son corps, une étrange vibration le traverse. De la nausée en *fa* dièse mineur.

Il avale sa salive.

"Maggie ?" Il inspire par les narines, puis expire par la bouche, un long souffle frémissant. "Maggie, c'est papa."

Les funérailles ont eu lieu en mai, ça fait maintenant deux mois. Au départ, il ne voulait pas en entendre parler. Il pensait que c'était une façon absurde et excessivement ritualiste d'enterrer un passé qui était toujours, qui est toujours, bien vivant, et on n'enterre pas quelque chose dont le cœur bat encore. Finalement, Debbie est parvenue à le convaincre qu'elle en avait besoin. Elle avait besoin de tourner la page. En tout cas c'est ce que son psy, qu'elle avait ramené en bagnole depuis Houston, avait expliqué à Ian. Et donc ils ont organisé ces funérailles, des gens sont venus, le pasteur Warden a débité des platitudes tandis que derrière lui était exposé un petit cercueil vide.

Mais les mots du pasteur étaient aussi vides que le cercueil.

Des gens ont pleuré, ils ont chanté – faux – des cantiques, ils se sont agenouillés, ils ont baissé la tête, ils ont prié. Ils ont visionné des photos de la jolie petite Maggie âgée de zéro à sept ans – pas au-delà de sept ans, jamais au-delà de sept ans –, assise dans une chaise haute, le visage barbouillé de gâteau ; faisant ses premiers pas ; assise devant un fond bleu pour la photo figurant dans le livret annuel de son CE1 ; assise sur les marches devant l'entrée de leur maison au 44, Grapevine Circle, le genou écorché, un casque à vélo sur la tête et un immense sourire espiègle sur les lèvres.

Si elle était en vie, elle fêterait ses quinze ans en septembre.

Ian n'a ni chanté les cantiques, ni versé de larmes. Pendant tout ce temps, il est resté assis en silence sur le banc du fond. Le dos droit, les doigts entrelacés, les mains sur les genoux. Il faisait chaud dans l'église baptiste de Bulls Mouth, bien qu'on fût seulement en mai, pourtant il n'a fait aucun geste pour essuyer la sueur qui trempait son front et dégoulinait le long de sa joue. Il est resté immobile, sa tête aussi vide qu'une pièce sans meuble. Il n'a bougé que quand les gens sont venus vers lui pour lui présenter leurs condoléances. Il a serré leurs mains et les a remerciés, et quand quelqu'un voulait l'entourer de ses bras il acceptait, mais il n'avait qu'une envie, s'en aller. Rentrer chez lui, être seul.

Quand les gens ont commencé à partir, Debbie s'est approchée, accompagnée de Bill Finch, son nouveau mari. Bill était flic, lui aussi, il travaillait au Bureau du shérif du comté de Tonkawa, juste de l'autre côté de la prison par rapport au poste de police de Bulls Mouth, et il se trouvait à l'origine de nombreux conflits de juridiction avec le capitaine Davis, concernant des problèmes même mineurs que la ville avait l'habitude de gérer – au final, c'était à qui gueulerait le plus fort entre Davis et le shérif Sizemore. Bill faisait partie des trois seuls adjoints du shérif qui bossaient régulièrement à Bulls Mouth. Le QG du shérif se trouvait à Mencken. La police de Bulls Mouth assurait la plupart des missions de sécurité publique dans les environs, par conséquent tous les appels d'urgence étaient filtrés par Ian.

Debbie l'a serré dans ses bras et remercié d'avoir accepté ces funérailles. Ian et Bill se sont froidement salués d'un signe de tête, aucun des deux n'a tendu la main. Puis ils sont partis chacun de leur côté. Debbie et Bill vers leur maison, leurs jumeaux – âgés de trois ans maintenant –, leurs deux clébards et leur jardin avec sa piscine hors sol. Ian vers son appartement sur College Avenue et son frigidaire qui ronflait et sa montagne de regrets.

"Papa ? dit Maggie.

— Je... Je suis là, je t'écoute", répond-il après quelques instants durant lesquels il lui semble impossible de parler. Puis il se rend compte qu'il doit faire son boulot : "Dis-moi où tu es. Tu es sur Main Street ?"

Parfois, le lieu qui s'affiche sur l'écran du répartiteur informatique est incorrect. Si quelqu'un pourchasse sa fille, il veut être sûr d'envoyer une voiture au bon endroit.

"Je sais pas. J'ai besoin d'aide.

— Je comprends, Maggie. De l'aide va arriver. Mais il faut que je sache où tu es. Tu vois des panneaux avec des noms de rue ? Des enseignes de magasins ?"

Un silence. Il semble s'étirer à l'infini. Des continents entiers sont engloutis dans ce vide. Puis :

"Oui. C'est Main Street. La galerie commerciale de Main Street."

Deux mois plus tôt, elle était morte. Et à l'heure où ils parlent, la pierre tombale de Maggie se dresse dans le cimetière de Hillside, juste de l'autre côté de Wallace Street. Allée 17, carré 29. Mais il n'y a personne dans la terre en dessous. La fille qui devrait s'y trouver est à l'instant même devant la galerie commerciale de Main Street, un combiné de téléphone public à la main.

Et elle doit être en vie car Ian l'entend respirer.

"Bravo. L'homme qui t'a kidnappée, à quoi il ressemble ?

— Il est… Il est grand, aussi grand que toi, peut-être plus grand encore, et il est vieux. Comme un grand-père. Et il a plus beaucoup de cheveux. Sa tête brille sur le dessus. Et son nez, il est… il a plein de vaisseaux pétés et… oh mon Dieu, papa, il arrive !"

Le cœur de Ian bondit dans sa gorge ; il le ravale, pour que les mots puissent sortir.

"Tu portes quoi comme vêtements ?

— Hein ? Il arrive !

— Tu portes quoi, Mag ?

— Une robe. Une robe bleue avec des fleurs roses.

— Le nom de ce type, tu le connais ?

— C'est H…"

Mais il n'en saura pas plus. Il n'y aura rien d'autre – sauf un cri.

Ian entend le combiné du téléphone public heurter quelque chose en se balançant au bout de son fil. Ça cogne encore et encore, mais chaque fois le silence entre les coups s'allonge, jusqu'au coup final qui n'arrive pas… Et alors le vide est infini.

Si Maggie s'échappe, c'est seulement grâce à une porte ouverte. Sans cette porte laissée ouverte, elle n'aurait jamais tenté de sortir. Des années d'emprisonnement ont refroidi tous les espoirs qu'elle a pu un jour porter en elle, à tel point qu'ils semblent aujourd'hui complètement évanouis. Depuis longtemps, en fait. En reste-t-il la moindre trace ? Peut-être. Peut-être une petite étincelle.

Ses jours et ses nuits, elle les passe dans ce misérable sous-sol aux murs en béton. Elle est vivante, mais sous terre quand même. Enterrée. Emprisonnée dans ce qu'elle a toujours appelé le Monde du Cauchemar. Emprisonnée avec cette puanteur humide. Emprisonnée avec ces ombres qui paraissent vivantes. Emprisonnée avec ses pensées pour toute compagnie.

Et Borden, de temps en temps. La première fois qu'elle l'a vu, ça faisait déjà plusieurs jours qu'elle se trouvait là. Il était caché dans l'obscurité – un garçon petit et maigrelet portant des Converse Chuck Taylor, un jean Levi's et une chemise rouge à col boutonné rentrée dans son pantalon. Il n'avait pas une tête de petit garçon, cela dit. Entre le toupet et le museau, son visage était recouvert d'un pelage marron brillant, et il avait une crinière noire, de gros yeux chevalins noirs et luisants, des narines dilatées et de grandes dents carrées. Au début, Maggie avait peur de lui, mais la solitude s'est révélée plus forte que la crainte. Aujourd'hui il est l'unique ami qu'elle a.

Il ne lui a pas raconté comment il est arrivé ici, et Maggie est d'ailleurs la seule à savoir qu'il est là. Il se cache dès que quelqu'un ouvre la porte en haut de l'escalier, dès que quelqu'un commence à descendre les marches en bois. Maggie ne se cache pas, elle. Ça ne servirait à rien. Ils savent qu'elle est là. Ils l'ont amenée ici. Ici dans cet endroit horrible. C'est un endroit tout petit, où vous êtes à l'écart du reste du monde. À l'écart du soleil, de l'herbe, des arbres, des jeux avec les amis.

Pour ne pas oublier carrément l'existence du reste du monde, il n'y a qu'un moyen : regarder par l'unique fenêtre rectangulaire. Regarder, c'est tout ce qu'on peut faire. La fenêtre est trop étroite pour que même un chat s'y glisse. Mais le soleil brille sur Maggie le matin, il est clair et chaud sur sa peau. Une fois midi passé, les ombres s'étirent autour d'elle, s'allongent à mesure que l'heure avance. Mais les matins lui appartiennent.

La fenêtre est en partie obstruée par quelques touffes de mauvaises herbes qui poussent juste à l'extérieur, et maculée d'éclaboussures de terre. La grande peur de Maggie, c'est que les mauvaises herbes deviennent si épaisses qu'elles l'empêchent de voir dehors, ou de se tenir dans la lumière qui perce l'obscurité pendant quelques heures tous les jours. Presque tous les jours. S'il y a de gros nuages, elle n'aura droit qu'à une lueur grise sans épaisseur qui, elle ne sait pas pourquoi, lui fait penser à un rhume. Heureusement, en ce moment on est en été, le ciel est dégagé et la lumière est forte.

Était forte.

C'est l'après-midi et, bien qu'il fasse encore jour, le soleil est passé de l'autre côté de la maison et décline rapidement.

Quand les rayons du soleil pénètrent dans la pièce, Maggie se tient debout dans la lumière. Elle y demeure aussi longtemps que possible, se déplaçant en suivant les rayons sur le sol, mais maintenant que le soleil a disparu, elle reste assise sur le matelas dans le coin de la pièce, ses bras entourant ses genoux repliés. Un livre est posé à côté d'elle sur le matelas – parfois, Donald lui apporte des livres et lui donne même des cours –, mais là elle n'a pas envie de lire.

"Borden?" lance-t-elle dans l'obscurité, sans qu'aucune réponse ne vienne.

Alors elle compte. Un deux trois quatre cinq six sept huit. Elle aime compter. Quand elle ne compte pas, toutes sortes d'affreuses pensées lui occupent l'esprit et lui causent des brûlures d'estomac. Même lire ne lui permet pas toujours de repousser ces pensées. En comptant, elle arrive à les tenir à distance, en remplissant sa tête de chiffres. L'effet n'est pas immédiat : les premiers chiffres sont trop faciles, ils ne requièrent pas une concentration absolue et, entre chacun d'entre eux, les mauvaises pensées parviennent encore à s'immiscer dans son esprit. Mais, quand les nombres commencent à s'élever, deux mille vingt-trois, deux mille vingt-quatre, ils sont suffisamment grands pour lui remplir la tête et ne laisser de place à rien d'autre. En elle le silence se fait, et elle ne ressent plus de peur.

Elle n'en est qu'à trois cent dix-sept quand Beatrice descend l'escalier pour récupérer l'assiette de son déjeuner. L'assiette vide est posée sur la petite table de jeu où Maggie prend en général ses repas. Parfois, Borden s'assoit en face d'elle pendant qu'elle mange et ils discutent de choses et d'autres, quoiqu'elle ne se souvienne quasiment jamais de leurs conversations, et qu'il refuse toujours la nourriture qu'elle propose de partager.

Trois cent dix-sept…

La porte en haut des marches s'ouvre en grinçant et la silhouette imposante de Beatrice obscurcit l'embrasure de la porte. Beatrice appuie sur un interrupteur. Au milieu du sous-sol, une lampe jaune pendue à un fil marron s'éclaire, faisant fuir les ombres, remplissant la pièce d'une lumière pâle. Maggie plisse les yeux et regarde Beatrice descendre les marches. D'abord, elle pose le pied droit, puis le gauche, à côté du droit. Les pieds de nouveau côte à côte, Beatrice marque une pause, le temps de respirer. Puis elle reprend sa descente, toujours le pied droit en premier.

"Comment ça va, Sarah ? demande-t-elle une fois en bas des marches.

— Ça va.

— Bien."

Maggie ne dit rien.

"Tu veux que je te brosse les cheveux un moment avant que je fasse la vaisselle ?

— Non.

— Tu veux que ce soit toi qui me brosses les cheveux ?

— Non.

— Tu te sens bien ?

— Oui.

— Tu es sûre ?

— Oui.

— D'accord."

Beatrice s'approche de la table de jeu et prend l'assiette vide. Le centre est blanc, mais des branches de vigne et des fleurs bleues sont peintes sur le pourtour. Maggie déteste cette assiette.

"Tu as mangé tout ton repas.

— Oui, madame. Merci.

— Je préférerais que tu m'appelles pas madame.

— Pardon.

— Je préférerais que tu m'appelles maman.

— OK.

— Tu me dis toujours OK, mais tu le fais jamais.

— Pardon.

— D'accord."

Beatrice remonte les marches. Une fois arrivée en haut, elle ouvre la porte et se retourne vers Maggie :

"On mange du pain de viande au dîner. Avec une tonne de carottes râpées, comme tu aimes."

Puis elle éteint la lumière, sort et referme la porte derrière elle. Mais Maggie n'entend pas le clic du loquet, ni le bruit du verrou qui s'enclenche. Toujours assise, elle attend, écoute, mais n'entend rien.

Au bout d'un moment elle se lève et, pieds nus, se rend au bas de l'escalier. Elle regarde vers le palier. Une fine lame de lumière fend l'obscurité entre la porte et le mur. On discerne les marches du haut, arrondies et polies par toutes les chaussures qui ont frotté dessus, parsemées de quelques têtes de clous rouillées.

"Borden, dit-elle. Borden, c'est ouvert."

Quelque chose se débloque à l'intérieur de Maggie. Une longue éclipse de soleil prend fin, et la lumière entre en elle.

Avant même de prendre conscience de ce qu'elle fait, avant même que l'instinct se mue en pensée, son cœur tambourine et sa bouche s'assèche. Le long de son corps, ses mains forment des poings. Ses poings agrippent le tissu de sa robe. Elle monte, avançant ses pieds nus l'un après l'autre, du sol en ciment lisse et glacé à la marche granuleuse, plus chaude. Elle aime la texture du bois sous sa peau, elle lui paraît presque vivante, appartenant davantage au monde extérieur que n'importe quoi d'autre dans ce sous-sol.

Elle gravit une nouvelle marche, courbant délicatement la pointe du pied sur le bois, puis appuyant de tout son poids et se soulevant. La marche ne grogne pas, ne manifeste pas de mécontentement comme elle le fait quand elle doit supporter le poids de Beatrice. Elle accepte silencieusement Maggie, qui n'entend rien d'autre que les vibrations étouffées du téléviseur à travers les murs et le battement régulier de son cœur dans sa poitrine, ses oreilles et ses tempes.

Maggie monte une nouvelle marche – mon Dieu, faites qu'elle ne grince pas –, puis une autre encore.

Quand elle parvient enfin en haut de l'escalier, ses paumes la démangent, sa gorge est serrée. Sa respiration siffle comme si l'air passait dans un tuyau d'arrosage tout tordu.

Elle avale sa salive.

Puis elle saisit la poignée de la porte, froide et lisse au toucher. Elle tire. Le mince rayon qui pénétrait au sous-sol se transforme en bloc de lumière rectangulaire projeté contre le mur à la gauche de Maggie. L'ombre de son bras se découpe dessus.

Au-delà de la porte, elle distingue une cuisine avec du lino éraflé par terre, des meubles foncés, un plan de travail stratifié encombré de vaisselle attendant d'être lavée. Le four est très vieux, et bien qu'il ait jadis dû être blanc, il est désormais couvert d'éclaboussures de toutes sortes d'aliments. La fenêtre au-dessus de l'évier est ternie par des gouttes d'eau séchées, le plafond sali par des chiures de mouches.

Un cafard s'extrait d'un monticule d'assiettes empilées comme des pancakes en porcelaine, file en travers du plan de travail et disparaît dans l'évier.

Sur sa gauche, le son de la télévision parvient à Maggie et, même si elle ne peut ni les voir ni les entendre, elle sait qu'Henry et Beatrice se trouvent de ce côté-là. Puis soudain ils font du bruit. Un des deux fait du bruit.

Le plancher craque juste derrière le mur.

Maggie recule sur le palier, tire la porte jusqu'à ce qu'il ne reste plus qu'une fente à travers laquelle elle continue d'observer la cuisine. Sa respiration a du mal à franchir sa gorge. Elle a les yeux écarquillés et très secs, mais elle a peur de les cligner. Beatrice entre dans la cuisine. Les muscles de Maggie se raidissent et paralysent son corps.

Se dirigeant vers l'évier en inox, la femme se gratte entre les jambes à travers le tissu de sa robe. Elle ouvre le robinet. La tuyauterie gronde, gémit. Le robinet crache un jet couleur rouille, puis un flot orange coule un moment avant de s'éclaircir. L'eau qui sort est bouillante, elle embue la fenêtre au-dessus de l'évier malgré la chaleur dehors.

Beatrice verse du liquide vaisselle orange sur une éponge à récurer verte, prend une assiette sale – celle de Maggie – sur une pile, fait couler de l'eau dessus, la frotte jusqu'à ce qu'elle soit propre, la rince puis la glisse dans un égouttoir rouillé. Elle attrape une autre assiette, tournant toujours le dos à Maggie.

Maggie se dit que si elle ne s'enfuit pas maintenant, jamais elle ne le fera. La porte est déverrouillée. Elle l'ouvre, s'avance dans l'embrasure, ne bouge plus. Elle attend qu'on remarque sa présence. Son cœur bat si fort que Beatrice doit pouvoir l'entendre. Mais il faut croire que non. Le dos tourné à Maggie, elle continue de laver la vaisselle.

"Redescends avant qu'elle te voie !"

Maggie sursaute, lance un regard par-dessus son épaule.

Borden se tient sur une marche du milieu de l'escalier, sa tête de cheval dans la lumière, son corps dans l'ombre. Ses yeux – on dirait des grands trous laissés par une cuillère à boules de glace. Et sa bouche est couverte d'une espèce d'écume mousseuse.

Maggie déglutit. Puis elle secoue la tête. Non. Je ne redescends pas. Elle se détourne de Borden. Beatrice est toujours devant l'évier, en train de laver la vaisselle.

"Reviens ici !"

Non.

Bien qu'elle ne connaisse pas la disposition des pièces de la maison, elle sait qu'elle ne peut pas aller vers la gauche – c'est de là que vient le bruit de la télé –, alors elle part à droite en marchant aussi prudemment que possible, priant – *mon Dieu s'il vous plaît faites que* – pour que le plancher ne grince pas sous ses pieds. Un pied, puis l'autre. Un, deux. Tout doucement.

Beatrice cale encore une assiette dans l'égouttoir.

Devant Maggie, à sa droite, une porte donne sur un couloir. De vieilles photos sont accrochées de travers contre le mur du couloir. Elles baignent dans une lumière jaune striée d'ombres mouvantes, semblable à celle du soleil quand il se reflète sur un plan d'eau. Maggie espère que cette lumière est bien celle du soleil, et que le monde extérieur – le monde du *jour* – est tout proche.

Encore un coup d'œil vers Beatrice, en train de laver une casserole. Des morceaux de chou séchés collent aux parois. Beatrice fredonne tout en grattant. Maggie reconnaît la mélodie du cantique. *Jésus m'aime, je le sais, c'est la Bible qui me le dit. Auprès de lui il garde les petits, car nous sommes faibles et lui est...*

Un chien aboie. Maggie sursaute. Un cri aigu lui échappe de la gorge. Elle plaque ses mains – les deux – sur ses lèvres, dans l'espoir de le retenir, mais c'est trop tard. Il est lâché dans l'air, où Beatrice va pouvoir l'entendre.

Maggie savait qu'il y avait un chien dans la maison. Pendant des années elle a entendu ses griffes sur le plancher au-dessus de sa tête. Elle connaît même son nom : Buckshot. Mais c'est la première fois qu'elle le voit. Il se tient sur le pas de la porte vers laquelle elle se dirige. Sa langue pend de sa gueule et sa queue, qu'il remue frénétiquement, bat contre le chambranle.

Beatrice s'est arrêtée de laver la vaisselle. Épaules voûtées, bouche bée, bras ballants, elle regarde Maggie. Des gouttes d'eau dégoulinent de ses mains sur le lino vert sale.

Buckshot se met à grogner, un grognement qui enfle jusqu'à devenir une série d'aboiements vifs.

Maggie sursaute à nouveau.

"Reviens maintenant et tu ne seras pas punie !" lui chuchote Borden depuis le haut des marches.

"Henry ! s'écrie Beatrice. Henry, elle est sortie ! Sarah est sortie du sous-sol !"

Maggie lance un regard en arrière, mais Henry n'est pas là. Il va bientôt arriver. Elle se tourne à nouveau vers le seuil de la porte où Buckshot se tient, fouettant le mur avec sa queue, bloquant le passage. Il a le poil hirsute, des cicatrices qui lui couvrent la gueule et les flancs, mais ce n'est pas Henry. Maggie court dans sa direction. Quand elle passe à côté de lui, il lui lèche la main, sa queue frotte contre sa hanche, mais il ne la mord pas, et il cesse d'aboyer. À droite de Maggie, un couloir menant vers les profondeurs de la maison. À gauche, une porte en bois avec des carreaux de verre granité jaune qui laissent filtrer la lumière, mais empêchent les visiteurs de voir à l'intérieur. Elle saisit la poignée, abaisse un loquet en cuivre, tire la porte.

Un mur de chaleur se rue sur elle, un soleil éclatant l'éblouit, comme si elle venait d'ouvrir la porte d'un four et de découvrir un univers entier à l'intérieur. Le vent souffle sur son visage.

"Sarah, reviens ici ! Henry, elle s'en va !"

Elle se retourne. Beatrice tend les bras vers elle. Maggie traverse la galerie en courant, bondit par-dessus les marches et atterrit dans l'allée. Les gros graviers gris et pointus s'enfoncent dans la plante de ses pieds nus. Elle manque de tomber, rétablit son équilibre, regarde autour d'elle, se demandant quelle direction lui portera chance. À sa gauche, un pré où quelques vaches mastiquent pesamment. À sa droite, des noyers blancs, des chênes, des pins. Peut-être qu'elle pourrait disparaître dans ce bois. Elle se précipite vers les arbres.

Son cœur tambourine dans sa poitrine, sa gorge est sèche, à vif, mais le soleil chauffe sa peau et cette sensation-là n'a pas de prix : Maggie est dehors, dehors, dehors, une brise brûlante souffle dans son dos, l'aide à courir, la pousse vers la liberté.

Lorsqu'elle atteint l'orée des arbres, de l'autre côté de l'allée, elle jette un coup d'œil par-dessus son épaule et voit Henry qui lui court après. Qui la poursuit. Un vieil homme avec un ventre bedonnant qui se balance de gauche à droite comme la pendule d'une horloge, quelques mèches grises plaquées en travers de son crâne chauve mais soulevées par le vent, un visage déformé par une grimace, des yeux cruels, un gros nez rouge enflé comme une hémorragie interne sur le point de péter.

"T'as intérêt... crache-t-il hargneusement entre deux respirations difficiles. T'as intérêt à revenir ici tout de suite, Sarah !" Il manque de s'étouffer. "Reviens ici, tu m'entends !"

Elle pénètre dans les bois, court entre les arbres. Des rayons de soleil percent la voûte verte au-dessus de sa tête, éclaboussent son visage, ses jambes, ses bras. Les oiseaux chantent, s'envolent quand elle approche. La brise agite le feuillage estival. Elle est dehors. Elle s'est échappée. Elle jette un nouveau coup d'œil par-dessus son épaule et ne voit personne. Elle est à l'air libre. Aucun mur ne l'enferme.

Elle court jusqu'à ce que sa respiration lui fasse mal, jusqu'à ce que son point de côté soit insupportable, sautant par-dessus les plantes qu'elle pense être des orties ou du sumac vénéneux, se faufilant sous les vignes épaisses qui poussent entre les branches des arbres et s'enroulent autour de leur tronc. Elle court jusqu'à ne plus pouvoir courir, et alors elle s'arrête.

Courbée en avant, les mains sur les genoux, elle halète. Sa gorge brûle, mais ce n'est pas une sensation désagréable – l'air chaud et pur de l'été. Elle s'en remplit les poumons, encore et encore. Elle essaie de calmer sa respiration pour pouvoir écouter autour d'elle. Aucun bruit ne parvient à ses oreilles. Elle n'entend rien et n'aperçoit rien derrière elle.

Peut-être qu'il a laissé tomber. Peut-être qu'elle est vraiment libre, maintenant.

Elle s'avance vers un rayon de soleil qui pénètre à travers la cime des arbres, et elle se tient dans la lumière blanche. Un promeneur passant par là verrait une fille pâle à l'air fragile, scintillant alors qu'autour d'elle tout est plongé dans l'ombre de la forêt. Un promeneur verrait un ange. Mais il n'y a aucun promeneur alentour. Il n'y a qu'elle, les rayons du soleil et le silence des bois.

Elle s'accorde un moment de répit, se laisserait presque pleurer, puis elle se ressaisit et reprend son chemin. Au début elle marche, mais bientôt elle se met à trotter, et la revoilà en train de courir.

Malgré la douleur, ça fait du bien. Elle a passé des années enfermée dans un endroit où il lui était impossible de courir, alors c'est formidable d'avoir autant d'espace qui s'étend devant elle.

Cinq minutes plus tard, elle débouche sur une route blanchie par le soleil, couverte de fissures qui la sillonnent comme des fleuves sur une carte géographique.

Maggie prend à gauche, sans raison particulière, et elle poursuit son chemin le long de l'asphalte. Elle aime sentir le bitume sous ses pieds. Il est presque trop chaud, en tout cas il le serait si elle ralentissait, mais elle ne ralentit pas. Elle court toujours.

Henry regarde la télé, tétant une bouteille de bière comme si elle était remplie de lait maternel, quand Beatrice l'appelle depuis la cuisine :

"Henry ! Henry, elle est sortie ! Sarah est sortie du sous-sol !

— Et merde", grogne-t-il avant de se lever. Tenant la bouteille à la verticale au-dessus de sa bouche, il vide les dernières gouttes de Budweiser dans son gosier, puis pose le cadavre sur la table basse. "Comment ça se fait qu'elle soit sortie, putain ?

— Sarah, reviens ici ! crie Bee dans la cuisine. Henry, elle s'en va !

— J'arrive."

Il va dans la cuisine. Beatrice est de l'autre côté de la pièce, en face de la porte d'entrée qui est grande ouverte. Quand elle entend Henry, elle se retourne.

"Elle est sortie.

— Ah, putain…

— J'ai essayé de l'empêcher.

— Putain de merde.

— Je t'ai appelé !"

Henry ne prête pas attention à elle, il fonce vers la porte d'entrée. Pieds nus, Sarah traverse l'allée de gravier. Elle court vers le bois à l'ouest de la maison.

Henry bondit en bas des marches et s'élance après elle, tandis qu'une douleur lui contracte le ventre. Il a passé l'âge de ce genre d'exercice. Quand il aura rattrapé Sarah, il va lui faire regretter d'avoir couru comme ça. Et surtout de l'avoir fait courir, lui. Elle lui demandera pardon, elle le *suppliera* de la pardonner. Il va la faire crier pendant toute une semaine.

Lorsqu'elle atteint l'orée des arbres, elle lance un regard en arrière.

"T'as intérêt... menace-t-il en tentant de reprendre sa respiration. T'as intérêt à revenir ici tout de suite, Sarah !" Il s'étouffe. "Reviens ici, tu m'entends !"

Il sait qu'elle a peur de lui. Il préférerait que ça ne soit pas nécessaire. Si elle pouvait se rendre compte qu'elle fait désormais partie de cette famille. Dieu sait que suffisamment d'années ont passé. Elle devrait s'y être habituée, ça rendrait la vie plus facile à tout le monde, à elle la première. Ouais, c'est ce qu'Henry préférerait – mais il en va autrement. Au moins elle a peur de lui, au moins elle fait ce qu'il dit. Alors quand il lui crie de s'arrêter, il est sûr qu'elle va obéir.

Mais non. Elle lui tourne le dos et disparaît dans la forêt.

"Merde."

Il se précipite dans les bois, entraperçoit la robe bleue parmi les troncs d'arbres. Court après le bleu. Des branches lui griffent le visage, accrochent ses vêtements. Il essaie de ne pas perdre Sarah de vue, mais c'est impossible. Il faut qu'il fasse attention, sinon il risque de percuter un arbre. Il ne la voit plus. Puis il discerne à nouveau du bleu, à trente ou quarante mètres. Il file droit vers elle, mais la semelle d'une de ses bottes se prend dans une racine et il tombe par terre tête la première. Il crache les feuilles mortes qui se sont enfoncées dans sa bouche, se relève. Il la cherche à nouveau du regard, ne la voit pas. Il se demande s'il doit continuer de lui courir après, se rend compte qu'il ne la rattrapera pas à pied. Et puis ces bois sont encadrés par des routes, il faudra bien qu'elle montre son nez à un moment ou à un autre.

Il tourne les talons, court en direction de la maison.

"Bee, donne-moi mes clés !"

Quelques secondes plus tard, Beatrice apparaît à la porte d'entrée.

"Tu l'as rattrapée ?

— Non, bon sang, passe-moi mes clés !

— Les clés du pick-up ?

— Bah oui, évidemment ! Toutes mes clés sont sur le même porte-clés ! Dépêche-toi !

— D'accord."

Beatrice tourne le dos à l'entrée et disparaît un moment. Quand elle revient, les clés pendent de sa main. Elle les lance vers Henry, mais le trousseau atterrit dans les graviers, à plus d'un mètre cinquante de lui.

"Putain !" grogne-t-il avant de se pencher pour les ramasser.

Il se dirige vers son pick-up, un Ford Ranger vert de 1997 qu'il a acheté d'occasion chez *Davis Dodge* il y a deux ans. L'embrayage est un peu mou, mais il faut s'y attendre quand on achète sa bagnole à Todd Davis, le chef de la police – tout ça parce qu'on espère se faire moins souvent arrêter sur la route par les flics.

Quelques secondes plus tard, il passe brutalement la première, les pneus envoient gicler des graviers et le voilà parti le long de l'allée vers le nord, en direction de Crouch Avenue.

Il roule vers l'ouest sur la vieille route défoncée. Ses yeux plissés regardent à travers la vitre à sa gauche, dans les bois qui lui appartiennent, à l'affût de peau blanche ou de tissu bleu quelque part entre les arbres. De l'autre côté de la route, il y a la propriété du pasteur Warden, qui retentit des aboiements d'une meute de chiens. Ça ressemble au bruit d'une cour de récréation. Le pasteur Warden élève des teckels qu'il vend à des animaleries de Mencken et d'autres villes plus grandes. Peut-être même à des magasins de Houston. Ces maudits chiens ne la bouclent jamais. Henry se demande comment Warden peut supporter ça. Cela dit, peut-être qu'après avoir dû écouter les confessions geignardes d'une série de ses paroissiens dévorés par la culpabilité, le bruit de ces aboiements paraît bénin aux oreilles du pasteur.

Henry arrive sur Main Street et toujours pas de traces de Sarah, mais ça ne le surprend pas vraiment. En s'enfonçant dans la forêt, elle courait vers l'ouest, alors à moins qu'elle ne se soit perdue, il n'y a pas de raison qu'elle en sorte du côté nord. Il tourne à gauche et roule vers le sud, le long de la frontière occidentale des bois.

La bande grise de la route s'étire devant lui, sans le moindre signe de vie.

Dans sa poitrine, une sensation oppressante. Comme si son cœur était pris dans un étau.

Si Sarah sort des bois et tombe sur quelqu'un à qui elle raconte ce qui lui est arrivé, Henry peut dire au revoir à la vie tranquille qu'il mène depuis longtemps à

Bulls Mouth. Il connaît tout le monde en ville, et tout le monde le connaît. Et les gens l'apprécient, pour la plupart. Évidemment, c'est parce qu'ils ne le connaissent pas *vraiment*, parce qu'il est toujours en train de sourire, de donner des petites tapes dans le dos, de demander des nouvelles des épouses des uns et des autres – mais ils sont nombreux, les gens qui montrent leur vrai visage ? Pourquoi vous croyez qu'on a une peau ? C'est bien pour cacher ce qu'il y a en dessous : ce qui est moche. Enlevez la peau et qu'est-ce qui reste ? Rien avec quoi vous auriez envie de taper la conversation.

En roulant vers le sud, il regarde sur sa gauche, espérant voir Sarah émerger de la forêt.

"Où est-ce que t'es, sale petite garce ?"

Et la voilà. Pas dans les bois, mais au bord de la route, devant lui, approchant de la galerie commerciale de Main Street. Du moins il lui semble que c'est elle. À cette distance, ça pourrait être n'importe quelle fille en robe bleue, mais on dirait bien Sarah. Il passe la troisième et enfonce la pédale de l'accélérateur.

“C’est H…”

Il n’en saura pas plus. Il n’y aura rien d’autre – sauf un cri.

Ian entend le combiné du téléphone public heurter quelque chose en se balançant au bout de son fil. Ça cogne encore et encore, mais chaque fois le silence entre les coups s’allonge, jusqu’au coup final qui n’arrive pas… Et alors le vide est infini.

“Maggie ?”

Silence. Elle n’est plus là.

“Peña, quelle est ta position ? T’es en service ?

— Je suis au coin d’Oak Street et Flatland. Prêt à intervenir.

— T’es vers le supermarché Walmart ?

— J’arrive au niveau du parking.

— Fonce vers la galerie commerciale de Main Street. 4140 Main Street. Le suspect est un homme de race blanche d’une soixantaine d’années, grand, cheveux gris, début de calvitie. La victime est une fille de quatorze ans, Maggie Hunt, cheveux blonds, yeux verts, robe bleue. C’est une urgence.

— OK, je m’en occupe. Tu as dit que la victime s’appelle Maggie Hun…

— C’est ma fille”, interrompt Ian.

Puis, avant que l’officier de police Diego Peña n’ait

eu le temps de réagir, il ôte son casque et se penche au-dessus de la poubelle. Tout son corps tremble, vibre comme une onde sonore. Sa peau est couverte de sueur. Il a envie de vomir, mais quand il ouvre la bouche, rien ne sort. Il crache un filet de salive aigre dans la poubelle et regarde la boule de papier chiffonné qui se trouve au fond. Une feuille jaune, arrachée à un bloc-notes. Elle est recouverte de mots – c'est son écriture, mais il ne se souvient pas de ce qu'il a marqué. Peu importe. Tout ce qui compte désormais, c'est que sa fille est en vie. Il fixe ce papier des yeux pendant un très long moment.

Elle avait été kidnappée au printemps. Jeffrey, son grand frère, était censé la surveiller. Jeffrey est le fils que Ian a eu avec sa deuxième femme, Debbie étant sa troisième. Sa troisième ex-femme, désormais. Jeffrey était venu de Los Angeles pour passer les vacances de Pâques avec eux. Il avait quatorze ans à l'époque, quand Maggie avait été kidnappée. Et maintenant il en a vingt-deux. Il les a eus le mois dernier, le 27. Ian ne lui a pas envoyé de carte, ne lui a pas fait de cadeau. Après l'enlèvement de Maggie, pendant quelques années ils étaient parvenus à préserver difficilement leurs relations, puis elles se sont dissoutes, jusqu'à ce qu'il n'en reste rien. Sur la table basse de chez Ian, une partie d'échecs commencée il y a plus de trois ans attend toujours qu'on l'achève. Deux cartes d'anniversaire jamais envoyées traînent au fond de son tiroir à chaussettes. Joyeux anniversaire, fiston. Je t'aime. Il y a deux ans, Ian a essayé d'appeler Jeffrey, il a composé le numéro, laissé sonner, mais quand son fils a décroché, *allô*, il n'a pas réussi à parler. Les mots sont restés pris dans sa gorge, accrochés comme des hameçons.

Maggie avait été kidnappée au printemps ; ses ravisseurs ne peuvent pas s'en douter, mais Ian a perdu ses deux enfants cette nuit-là, bien que la perte de son fils se soit étirée sur plusieurs années. Ç'a été une disparition plus lente, c'est tout.

Elle a pourtant bien commencé cette même nuit de printemps. Un samedi soir où la lune était pleine, gonflée, blanche comme un os, flottant dans l'océan d'obscurité au-dessus de leurs têtes à tous.

Ian était au volant de sa Mustang 1965 partiellement restaurée, une voiture que son père lui avait achetée quand il avait dix-sept ans, à l'époque où ils vivaient à Venice Beach. Son père avait dit qu'ils pourraient la retaper ensemble, ce serait un passe-temps sympa. Ils s'étaient même rendus deux fois à la décharge de Downy, en avaient rapporté une aile, une porte de coffre gris mat, un feu arrière. Malheureusement, le suicide de son père avait contrarié le projet. Trois mois après avoir acheté la voiture, le paternel avait décidé de se tirer une balle de carabine dans la tête. Un jour, en rentrant du lycée, Ian l'avait retrouvé étendu par terre dans sa chambre.

Le soir de l'enlèvement de Maggie, Debbie et lui roulaient dans la Mustang, vitres baissées. L'air frais de la nuit printanière leur caressait agréablement le visage. La radio diffusait *Love Comes in Spurts* de Richard Hell. Debbie portait une robe d'été, dont le corsage avait du mal à contenir sa forte poitrine. Ian a tendu le bras, s'est mis à lui caresser l'intérieur de la cuisse, et elle a écarté légèrement les genoux.

"Je suis content qu'on ait fait ça", a-t-il dit alors qu'ils roulaient vers le nord le long de Crockett Street.

Ils venaient de dîner chez Morton's Steakhouse, et rentraient à la maison. "J'ai passé une très bonne soirée."

Doucement, Debbie a pris la main de Ian et l'a fait glisser sous sa robe, contre sa culotte. Il a senti la chaleur qu'elle dégageait, les poils pubiens hérissés qui tendaient le tissu, la moiteur agréable qui collait aux doigts.

Il a repensé à Venice Beach, où son père tenait jadis une boutique pour surfeurs. Un jour, il devait avoir onze ou douze ans, il était allé retrouver ses potes à la plage dans l'espoir qu'un des gars plus âgés lui refile une bière, et il avait vu une fille d'une vingtaine d'années dont les poils pubiens dépassaient du bikini. Elle était trempée et le tissu du maillot la moulait, laissant Ian voir la zone bombée entre ses jambes. C'était étrange, différent, excitant. Ça avait provoqué chez lui une réaction qu'il n'avait pas comprise. Il était allé dans l'eau, là où personne ne pouvait le voir, il s'était masturbé sur cette image mentale pendant qu'elle était encore vive dans sa tête, et il avait éjaculé dans l'océan, ce qui avait quelque chose de sexy, aussi. Aujourd'hui encore, ça l'excite chaque fois qu'il repense à cette fille de Venice Beach et à cette première mystérieuse expérience. Il ne se souvient pas du nom de famille de la fille avec qui il a fait l'amour la première fois – Jennifer quelque chose –, il n'arrive pas à se remémorer son visage, mais il se souvient de tous les détails de ce qui s'était passé quatre ou cinq ans plus tôt, ce jour-là à la plage.

Il a regardé Debbie dans les yeux.

"La soirée n'est pas encore terminée, a-t-elle dit en souriant. Elle est sur le point de devenir encore meilleure."

Ian l'a caressée un moment sous sa robe, avant de retirer sa main à contrecœur afin de tourner à droite sur Crouch Avenue. Il a pris à gauche juste après, sur Grapevine Circle. En roulant, il distinguait sur sa droite le réservoir de Bulls Mouth : l'énorme lune et les étoiles qui se reflétaient dans l'eau ressemblaient à de gros poissons lumineux. Puis Grapevine Circle a tourné sèchement à droite, et en sortant du virage ils ont aperçu une voiture de patrouille. Elle était garée dans la rue en double file, son gyrophare éclaboussait la nuit.

"Est-ce que c'est... ?

— Oh merde.

— Reste calme, a dit Debbie. C'est sans doute rien.

— Je *suis* calme."

Pourtant, il a remonté la rue à fond la caisse, avant de braquer à droite, d'écraser le frein et de stopper net la Mustang devant le 44, Grapevine Circle, à côté du véhicule de police. Sans se soucier de passer le point mort, il a coupé le moteur, arraché la clé de contact et il est sorti. Debbie est descendue du côté passager.

Sous le capot, le radiateur sifflait. On entendait la circulation sur l'I-10. Dans la journée, l'autoroute était inaudible, mais pas en plein cœur de la nuit. On entendait aussi les chiens du pasteur Warden aboyer à l'ouest. Quelques voisins se tenaient devant leurs portes, la tête tournée dans cette direction. Ils avaient tous la bouche ouverte. À cet instant-là, Ian les détestait tous, absolument tous. Et il se haïssait lui-même. Et Debbie aussi.

Ils n'auraient jamais dû laisser Maggie et Jeffrey seuls à la maison. Ian avait voulu passer une soirée en tête à tête avec Debbie, et Jeffrey avait quatorze ans, il était suffisamment grand pour garder sa sœur, mais si quelque chose était arrivé, jamais Ian ne…

Jeffrey se tenait sur la pelouse devant la maison, dans le cercle de lumière jaune du perron, il parlait avec le capitaine Davis, qui avait jugé la situation suffisamment grave pour s'extraire de son sommeil facilité par le whisky et débarquer en personne. Davis prenait des notes tandis que Jeffrey racontait. Jeffrey avait les yeux rouges et il s'essuyait constamment le nez avec le dos du poignet.

"Qu'est-ce qui s'est passé ? a demandé Ian en approchant. Où est Maggie ?"

Jeffrey et Davis se sont tournés tous deux vers lui, mais ni l'un ni l'autre n'a parlé.

"Où est Maggie ?"

Leur silence s'est prolongé.

Ian a saisi Jeffrey par les épaules, enfonçant ses doigts dans la chair pour le secouer.

"Où est Maggie, bon sang ?

— Chéri, est intervenue Debbie. Arrête.

— Ian", a dit le capitaine Davis en lui posant une main sur l'épaule.

Ian a repoussé brutalement sa main d'un geste du bras. Derrière ses lunettes et sa moustache, le vieil homme a cligné des yeux comme un hibou, mais n'a rien dit. Il s'est contenté d'incliner son Stetson en arrière sur sa tête, de coincer les pouces dans les poches de son pantalon, de se balancer sur les talons de ses bottes et de regarder ailleurs. Mais Debbie, elle, n'a pas détourné le regard.

"Ne me touchez pas", a dit Ian à l'un et à l'autre et à personne en particulier.

Puis il s'est tourné à nouveau vers son fils.

"Jeffrey, où est Maggie ?"

Jeffrey l'a regardé dans les yeux. Pour la première fois, Ian a vu la terreur qui y brillait, qui dansait comme une flamme derrière une fenêtre la nuit. Puis Jeffrey a baissé à nouveau les yeux. Il a regardé ses pantoufles en velours bleu, assombries par l'herbe humide. C'était un de ses cadeaux de Noël de l'année précédente. Deb les avait achetées dans un drugstore où elle était passée prendre des antibiotiques, et ils les avaient ajoutées au colis de cadeaux qu'ils avaient expédié en Californie, accompagné d'une carte de vœux polie adressée à Lisa, la mère de Jeffrey, la deuxième épouse de Ian.

"Elle est partie, a enfin dit Jeffrey, les yeux fixés sur ses pantoufles.

— Partie?"

Ian s'attendait à un accident, un bras cassé, des doigts brûlés sur une plaque de cuisson, une coupure – mais *partie*? Il n'arrivait même pas à comprendre ce mot.

Jeffrey a hoché la tête, sans lever les yeux.

"Partie où ça?"

Jeffrey a haussé faiblement les épaules.

"Je ne… Je l'ai mise au lit. Je regardais *David Letterman* et… et j'ai entendu un bruit dans sa chambre, comme si elle jouait. Je lui ai crié d'arrêter et de dormir. J'ai gueulé. Ensuite il n'y a plus eu le moindre bruit et j'ai commencé à regretter d'avoir crié. Je suis monté m'assurer que tout allait bien, je voulais m'excuser d'avoir été brutal… Mais quand je suis entré dans sa chambre… elle était…" Il a passé sa langue sur ses lèvres. "Elle n'était plus là."

Il a levé les yeux, les a rapidement baissés.

Ian a poussé Jeffrey et le capitaine Davis et il est entré dans la maison. Il est allé droit dans la chambre de Maggie. Dans ce qui était à l'époque la chambre de Maggie, et qui est aujourd'hui, dans ce monde différent, semblable à l'ancien mais pas vraiment identique, la chambre des jumeaux. Une chambre rénovée, repeinte, remeublée, méconnaissable.

La chambre était vide. Il s'est approché du lit et il a appuyé le dos de la main contre le creux de son oreiller. Froid. Toute la chaleur partie. Sous l'oreiller, une dent. Attendant une petite souris qui ne viendrait jamais. Il est allé à la fenêtre. Elle était ouverte et une brise soulevait les rideaux. La moustiquaire avait été arrachée. Quelques fils pendaient encore au châssis, le reste gisait par terre, juste à l'extérieur. Quand le vent soufflait la moustiquaire bougeait, comme une ombre vivante.

"Ian." Le capitaine Davis, derrière lui. "Tu ne devrais pas rester ici. J'ai demandé au shérif Sizemore de nous envoyer des gars de Mencken pour examiner la pièce."

Ian a hoché la tête, mais il a continué de scruter la nuit. Le vent a soufflé, déplaçant la moustiquaire. Après un moment de silence, il a entendu Davis quitter la pièce. Quelques secondes plus tard, il se retournait et faisait de même.

Il avait trente-huit ans à l'époque. Aujourd'hui, il en a quarante-cinq, même s'il se sent plus vieux encore. Trois mariages, un avortement, deux enfants (un fils auquel il n'a pas parlé depuis plus de trois ans et une fille qu'il a crue morte pendant près de sept ans), sept os brisés (quatre doigts, une clavicule, le nez, un orteil), une blessure par balle, quatre accidents de voiture, trois animaux domestiques morts, deux parents décédés. Oui, parfois il se sent plus vieux encore.

Lorsqu'on jette un coup d'œil par-dessus son épaule et qu'on se rend compte de tout ce qu'on traîne derrière soi, c'est facile de ressentir un certain accablement.

Quand il se réveille le matin, son cou est bloqué, sa main droite donne les premiers signes d'arthrite, son genou droit gonflé refuse de se plier pendant au moins une heure, son dos lui fait mal, sa tête est pleine de souvenirs qu'il voudrait pouvoir nettoyer au karcher. Il se lève, se douche et s'habille. Il se rase un jour sur deux – une paresse exceptionnelle, car il prend généralement soin de son apparence, mais qu'il peut s'autoriser parce qu'il est blond. Il mange deux œufs à la coque (accompagnés parfois d'un toast). Il boit toute une cafetière. Puis il se rend à son boulot, qui consiste à rester assis huit heures durant à jouer au solitaire et à répondre aux appels d'urgence. De temps à autre, il se déplace à la suite d'un appel, si quelqu'un a besoin de renfort et si c'est à proximité (il garde un gyro dans sa boîte à gants). Techniquement, il est bel et bien officier de police, et il revêt son uniforme tous les jours. Mais ça tient au fait que le conseil municipal a refusé l'embauche d'un civil pour pourvoir le poste de répartiteur, pas aux prérogatives du poste lui-même. L'essentiel du temps, Ian est donc assis dans son bureau et il répond au téléphone, c'est tout. Parfois les appels sont durs : des maris qu'une crise cardiaque a terrassés alors qu'ils étaient en train de nourrir les chevaux, ou qui se sont pris un coup de sabot alors qu'ils changeaient les fers ; des fistons qui se sont tranché un pouce en coupant du bois ; des épouses qui ont renversé huit litres de lessive à la chaux vive sur leur robe. Et certains jours ces appels-là ont tendance à s'enchaîner, comme si un vent mauvais avait ramené la poisse en ville. À la fin de ces journées-là, Ian se sent aussi vide qu'un potiron d'Halloween. Il rentre chez lui, gare sa voiture en bas de son immeuble, s'enferme dans son appart. Il regarde la télévision. Des sitcoms. Après quelques heures de télé, au cours desquelles il ingurgite six bouteilles de Guinness et, si c'est vendredi, un petit verre de scotch (en général du Laphroaig), jamais davantage, il s'endort sur le canapé.

Cinq ou six heures plus tard, il se réveille et recommence la même routine.

Mais pas aujourd'hui. Aujourd'hui, c'est différent. D'habitude, il sort à quatre heures, aujourd'hui il s'en va à trois heures et quart.

Il quitte son bureau et passe dans la pièce à l'avant du poste.

Le capitaine Davis est là où Ian s'attend à le trouver, penché en arrière dans son fauteuil, les bottes sur le bureau, le Stetson qui lui masque les yeux. Il a la réputation d'être paresseux, mais il est en poste vingt-quatre heures sur vingt-quatre, passe souvent ses nuits à s'occuper d'ivrognes et de maris qui battent leur femme, alors il s'octroie des petites siestes dès que possible. Ian ne considère pas ça comme de la paresse.

"Chef."

Le capitaine Davis grogne et essuie un peu de bave au coin de sa bouche.

"Chef."

Davis se redresse et remet son Stetson droit. Il se frotte les yeux, sort ses lunettes de sa poche et les glisse sur son nez. Il se masse le visage avec la paume de la main, cligne des yeux et les lève vers Ian.

"Ian ?

— Je viens de prendre un appel.

— Oui ?

— De Maggie.

— De…" Il cligne plusieurs fois des yeux. "De ta *fille*?"

Ian hoche la tête.

"T'es sûr?"

Il hoche la tête encore une fois.

"Elle a appelé d'un téléphone public devant la galerie commerciale de Main Street. Elle est en vie. Je viens d'envoyer Diego là-bas, et les gars du comté sont en route, mais j'y vais aussi. Peut-être que vous pourriez surveiller le téléphone?"

Davis secoue la tête.

"Non. Tu sais qu'il va falloir que je voie ça avec Sizemore. Thompson va se charger du téléphone."

Steve Thompson est l'autre officier de police de Bulls Mouth en poste dans la journée. Autant que Ian puisse en juger, c'est un bon flic quand il y a de l'action, autrement il a tendance à s'endormir. Après seize heures, il n'y a que deux policiers simultanément en service – un des trois employés à temps partiel qui répondent au téléphone et un gars dans un véhicule de patrouille. Et, bien sûr, ils appellent le capitaine Davis si nécessaire. De seize heures à minuit, c'est Armando Gonzales et un des temps partiels. Autrefois, c'était Diego Peña, mais ça fait déjà un moment que Peña travaille la journée. Il est passé du temps partiel derrière le téléphone au temps complet, puis à la journée, et ça sans traîner. De minuit à huit heures du matin, c'est Ray Watkins qui est en service.

Ian hoche la tête.

"D'accord. Il est où?

— Derrière, en train de laver mon pick-up. Dis-lui de se mettre derrière le téléphone et allons-y."

Ian hoche la tête.

“Tu portes quoi comme vêtements ?

— Hein ?” Elle lance un regard par-dessus son épaule et voit le Ford Ranger foncer dans sa direction. Derrière le pare-brise, le torse massif d’Henry est courbé sur le volant comme un ours sur sa proie. “Il arrive !

— Tu portes quoi, Mag ?

— Une robe. Une robe bleue avec des fleurs roses.”

Pneus crissant, le pick-up entre sur le parking. De la fumée s’élève du caoutchouc brûlé et son odeur empeste l’air. La portière s’ouvre alors que le moteur vrombit toujours. Maggie entend les pas d’Henry derrière elle. Elle jette un nouveau coup d’œil par-dessus son épaule et le voit avancer vers elle à grands pas, jurant tout bas tandis que ses poings s’ouvrent et se referment au bout de ses bras.

“Le nom de ce type, tu le connais ?

— C’est H…”

Mais elle ne prononcera pas une syllabe de plus. Henry la saisit par la taille. Elle hurle. Henry lui couvre la bouche de sa main. Il l’arrache au téléphone. Elle essaie de ne pas lâcher, de ne pas perdre ce contact avec son papa, *mon Dieu, papa, aide-moi…* mais le combiné glisse de ses mains couvertes de sueur et se balance au bout de son fil et tape contre un annuaire accroché à un anneau en métal. Elle essaie de hurler encore mais sans succès. La main plaquée sur sa bouche bloque le cri dans sa gorge.

Henry l'emporte malgré les coups qu'elle lui donne, malgré ses ongles qui le griffent. Elle essaie de lui écarter les doigts, de tourner la tête suffisamment pour pouvoir le mordre. Rien n'y fait.

"Espèce de petite salope, t'as intérêt à jamais plus essayer de t'enfuir !"

Par la portière ouverte côté conducteur, il la jette dans le pick-up. Elle atterrit à l'horizontale sur la banquette en vinyle beige et sa tête cogne contre la portière du passager. Elle se redresse et regarde autour d'elle, étourdie, désorientée. L'espace d'un instant, elle est perdue. Tout lui semble irréel. Puis elle voit la portière ouverte et reprend conscience de la situation et de ce qu'elle doit faire. Elle s'apprête à ramper vers l'ouverture, mais Henry apparaît dans l'encadrement.

Il s'engouffre dans le pick-up, referme la portière derrière lui et abaisse le frein à main. Le pick-up recule, Henry braque le volant, ils font face à la rue. Maggie regarde à travers la vitre, le téléphone public. Le combiné pend toujours au bout du fil. Papa.

Elle saisit la poignée du passager et ouvre, essayant de sauter du pick-up avant qu'il ne prenne de la vitesse, mais le véhicule vire brutalement dans la rue et une bourrasque referme la portière. Maggie a tout juste le temps de retirer sa main avant qu'elle ne se fasse coincer. Henry agrippe le dos de sa robe et tire Maggie vers lui. Il la frappe sur la tempe.

"Bon sang, tu vas arrêter ça, oui !"

Des larmes de douleur, de rage, d'impuissance dégoulinent le long du visage de Maggie.

"Je te déteste ! crie-t-elle.

— Ferme ta gueule, Sarah.

— Je m'appelle pas Sarah.

— Je t'ai dit de la *fermer*."

Il accompagne ce dernier mot d'une autre violente gifle.

"Non, ferme-la *toi* !"

Et alors elle l'attaque. Elle essaie de lui labourer son affreux visage. Elle lui donne des coups dans le torse et dans le cou. Il se défend d'une main, gardant l'autre sur le volant. Il cherche à l'agripper par la nuque. Elle enfonce les dents dans la peau tendue entre son pouce et son index. Il gémit de douleur et retire le bras. Elle crache le sang et la sueur au goût salé, s'essuie la bouche avec le dos de la main, et reprend son assaut. Il la repousse en y mettant toute sa force, elle bascule en arrière et se cogne la tête contre la vitre.

Alors qu'ils atteignent Crouch Avenue, le pick-up fait une embardée, avance encore d'une cinquantaine de mètres, oscillant entre les deux voies de la route, puis plonge à travers la clôture derrière laquelle le pasteur Warden garde ses teckels. Là où deux sections étaient raccordées par du fil de fer, le grillage se déchire et s'écarte en s'enroulant comme le couvercle d'une boîte de sardines, produisant un grincement atroce. Le frein du pick-up se bloque, Maggie est propulsée contre le tableau de bord, puis elle s'effondre sur le plancher.

Le pick-up dérape sur encore trois ou quatre mètres avant de s'immobiliser.

Henry passe la marche arrière et recule vers la rue. On entend encore du métal frotter, le véhicule tressaute plusieurs fois, puis ils franchissent l'accotement et se retrouvent sur le bitume.

Maggie se redresse et se jette à nouveau sur Henry.

Il la repousse une fois de plus, une fois de plus la tête de Maggie cogne contre la vitre côté passager. Ça fait mal, ça donne le tournis. Sa vue se trouble, elle perd l'équilibre, se sent sur le point de vomir. Du sang coule à l'arrière de son crâne.

Alors qu'elle tend la main pour toucher la plaie ouverte, elle reçoit un nouveau coup. Henry la frappe au-dessus de l'oreille. Derrière la tempe. Il préfère la frapper là où Beatrice ne verra pas de bleu. Maggie ressent quelque chose d'étrange, elle a l'impression de plonger dans un liquide épais… puis il n'y a plus aucune sensation. Juste l'obscurité qui s'abat sur elle.

Henry passe la vitesse, écrase l'accélérateur. Le pick-up bondit en avant. Il jette un coup d'œil dans son rétroviseur et voit au moins deux douzaines de teckels s'échapper à travers le trou dans la clôture. Il se dit qu'il y a de fortes chances pour qu'on s'aperçoive que c'est lui, le responsable. Son pick-up est sacrément éraflé. Si on vient lui demander des comptes, il dira qu'il avait bu un coup de trop, c'est tout. Il fera un grand sourire, présentera ses excuses, et si c'est le capitaine Davis qui frappe à sa porte, il lui dira : *V'savez comment c'est. Enfin, p't-être qu'y faut que je change de véhicule, celui-ci est plus tout jeune. P't-être que je passerai à votre garage. Dites au pasteur Warden que je suis vraiment désolé. Dites-lui que je le dédommagerai. V'z'avez des bonnes affaires en ce moment, des pick-up d'occasion qui sont arrivés récemment ?* Selon toute probabilité, ça devrait suffire à régler le problème de la clôture. Si ça devient effectivement un problème, ce qui n'est même pas sûr.

Ce qui lui cause vraiment du souci, ce sont d'éventuels témoins à la galerie commerciale. Comment expliquerait-il ce qui s'est passé là-bas ?

Pas de quoi s'inquiéter pour Horizon Video. Les gamins qui y bossent passent leur temps à l'arrière de la boutique, à fumer de l'herbe en matant des films pornos, et c'est seulement lorsque le carillon de la porte d'entrée sonne que l'un d'entre eux franchit le rideau de fumée pour se poster derrière le comptoir pendant que les clients font leur tour. Le salon de coiffure est fermé les dimanches et lundis, donc personne ne s'y trouvait. Reste le vieux cordonnier à côté d'Horizon Video, la blanchisserie, et Bill's Liquor – le magasin de vins et spiritueux. Dans le cas de chez Bill's, pas d'inquiétude non plus, sauf s'il y avait un client à l'intérieur pile à ce moment-là. C'est donc possible – avec un petit peu de chance – que personne ne l'ait vu.

Mais inutile de se ronger les sangs. Soit on l'a vu, soit on ne l'a pas vu. De toute façon, il le saura bientôt. Se faire du mouron n'y changera absolument rien.

Une remontée acide lui brûle le fond de la gorge, il glisse la main dans la poche de sa chemise et sort son rouleau de pastilles contre les maux d'estomac. Il enlève un morceau de peluche au bout, ouvre l'emballage et éjecte deux pastilles directement dans sa bouche. Elles ont une consistance calcaire, aucun goût. Il mâche lentement.

Puis il lance un regard vers Sarah. Elle est toujours sans connaissance, la tête appuyée contre la vitre, une traînée de sang pâle sur le verre au-dessus, quelques gouttes répandues sur l'accoudoir beige. Tandis qu'il la regarde, une nouvelle goutte tombe sur le vinyle.

“Petite salope, dit-il. Va surtout pas t'imaginer que j'en ai fini avec toi.”

Avec le bout de la langue, il enlève la poudre crayeuse collée sur sa molaire, puis rétrograde en seconde. Il met son clignotant – tac-tac, tac-tac – et tourne à droite sur l'allée menant chez lui.

Les pneus projettent une pluie de graviers sur la chaussée de la rue.

Il porte Sarah à l'intérieur de la maison. Beatrice est en train de râper des carottes au-dessus d'un saladier rempli de viande hachée. Quand il entre dans la cuisine, elle se tourne vers lui et regarde Sarah qui pend mollement entre ses bras. Un grognement inquiet s'échappe de la gorge de Beatrice.

"Qu'est-ce qui lui est arrivé ?

— Elle est tombée.

— Elle saigne ?

— Ouais.

— Comment elle est tombée ?

— À ton avis ? Elle a trébuché."

Beatrice ne trouve rien à lui répondre. Il passe devant elle, ouvre la porte du sous-sol d'un coup de pied, et emporte Maggie en bas des marches.

Ian monte dans sa Mustang et ferme la portière.

Un reste de cigare de sept ou huit centimètres dépasse du cendrier. Il le prend entre ses doigts, plante les dents autour du bout mâchonné et l'allume. Il tire une bouffée, louchant afin de contempler l'extrémité rougeoyante. Il baisse sa vitre, exhale une mince fumée bleue, crache un morceau de tabac collé à sa langue, fait rouler le cigare entre ses dents, démarre la voiture.

La radio se met en marche, mais Ian n'est pas d'humeur à écouter de la musique, il éteint immédiatement. Puis il décroche ses lunettes de soleil de sa chemise – des grosses lunettes métallisées de flic, vous y avez droit au sortir de l'académie –, les glisse sur son nez.

De la sueur dégouline le long de sa joue et goutte sur sa chemise. Au-dessus de Ian, le soleil blanc semble incrusté dans un ciel bleu comme de la céramique. Il tend la main vers le levier de la boîte de vitesses, passe la marche arrière en se brûlant avec le pommeau. Il retire sa main, la secoue. Tous les jours il se fait avoir. Il devrait se méfier, à force. Il regarde par-dessus son épaule et quitte sa place de parking en marche arrière, maniant le volant aussi délicatement que possible afin de ne pas se brûler, mais c'est dur de conduire une voiture du bout des doigts quand on n'a pas la direction assistée.

Avec le bras, il essuie la sueur sur son front, puis il passe une vitesse et s'engage dans la rue.

Il ne sait même pas vraiment pourquoi il se rend à la galerie commerciale de Main Street. Que le capitaine Davis aille là-bas, c'est normal. Il va falloir qu'il se coordonne avec le shérif Sizemore. Le Bureau du shérif du comté de Tonkawa prend en charge tous les crimes importants, et la police de la ville se met à sa disposition. Le comté a accès à des labos, à des enquêteurs, à des experts, et peut demander du renfort si nécessaire. La ville a neuf flics (dont trois à temps partiel), trois véhicules de patrouille achetés à la police de Houston (qui n'en voulait plus et s'était contentée de les repeindre et de changer l'huile avant de s'en débarrasser) et un poste de police plus petit qu'une maison de taille moyenne, avec une seule cellule de détention.

Et, de toute façon, ça fait plus de dix ans que Ian n'est plus un vrai flic, depuis qu'il a reçu une balle dans le genou et que Debbie l'a persuadé de déménager leur famille à Bulls Mouth, la ville natale de Debbie, où le calme règne, contrairement à Los Angeles, où Maggie serait en sécurité et où ils pourraient tous mener une petite vie tranquille, où Ian ne courrait pas le risque de prendre une autre balle.

Quand Ian arrivera à la galerie commerciale, il ne trouvera sûrement rien à y faire.

Mais ça n'a pas vraiment d'importance. Ce qu'il veut, c'est se tenir là où sa fille se tenait il y a peu. Il est convaincu qu'il sentira sa présence, comme un parfum encore dans l'air, même si elle a disparu le temps que Diego arrive sur le parking. Pendant tant d'années, il a cru qu'elle était morte, et maintenant il veut sentir sa présence, sentir qu'elle est en vie.

Il roule le long de Crouch Avenue jusqu'à ce qu'il atteigne Wallace Street, et là il prend à droite. Il passe devant le bureau de poste, la caserne des pompiers, le lycée de Bulls Mouth, fermé pendant l'été, et tourne à gauche sur Hackberry. Cinq minutes plus tard, il entre sur le parking de la galerie commerciale de Main Street, gare sa voiture à côté du véhicule de Diego, devant un écriteau indiquant :

RÉSERVÉ UNIQUEMENT
AUX CLIENTS DE LA BLANCHISSERIE.
MISE EN FOURRIÈRE
IMMÉDIATE.

Diego Peña est là, debout à côté du téléphone public, en train de se rouler une cigarette. C'est un homme maigre, à moitié espagnol, à moitié apache, aux cheveux noirs ondulés et à la peau noircie par le soleil. Sur le visage, il a une série de cicatrices en forme de petits nœuds serrés, la conséquence d'un appel reçu il y a cinq ans – à l'époque où il faisait les nuits – pour un cas de violence conjugale.

Jimmy Block et sa femme Roberta vivaient alors dans une maison au sud de la ville, à proximité de Clamp Avenue. Un voisin s'est plaint à cause du tapage. Diego a frappé à la porte et Roberta a ouvert. La moitié inférieure de son visage était couverte de sang, et un croissant de lune violet gonflait autour de son œil gauche, noyé dans un lac de larmes. Jimmy était tranquillement assis à la table de la salle à manger. Diego s'est approché dans l'intention de le coffrer et de lui faire passer la nuit en taule pour qu'il y réfléchisse à deux fois avant de taper encore sur sa femme – c'était le troisième appel qu'ils avaient reçu en un mois –, et alors Jimmy a attrapé un rouleau de fil barbelé posé sur la table – apparemment, le lendemain, il comptait clôturer l'élevage de vers de terre derrière son magasin d'appâts, afin d'empêcher les gamins qui se rendaient au réservoir de les lui piquer par dizaines –, et il a balancé le rouleau sur le visage de Diego. À un centimètre près, un des barbelés lui crevait l'œil gauche. Du coup, ce n'est pas la nuit que Jimmy Block a passée en prison, mais les six mois suivants.

Roberta en a profité pour faire changer toutes les serrures et demander le divorce.

Ian sort de sa voiture et plonge dans la fournaise de cette journée estivale. Il tapote son cigare pour que les cendres tombent, puis le coince à nouveau entre ses dents et le mordille.

La voiture du capitaine Davis arrive sur le parking, se gare derrière celle de Ian.

Diego plisse les yeux vers Ian.

"Ça va ?

— Non. Tu montes la garde devant le téléphone ?

— Ouais. J'me suis dit qu'il y avait peut-être des empreintes ou quelque chose d'autre dessus, et que le shérif allait envoyer des gars du comté depuis Mencken pour qu'ils examinent ça.

— Quelqu'un a voulu l'utiliser ?"

Diego secoue la tête.

"Tu veux venir dîner chez nous ? Ça ferait très plaisir à Cordelia.

— Non, je m'sens pas trop de sortir en ce moment.

— T'es sûr que tu tiens à être seul ce soir ?

— Ouais."

Le capitaine Davis s'approche de Ian, pose la main sur son épaule.

“Je vais voir ce que je peux trouver comme témoins avant que Sizemore débarque et foute tout en l’air.

— Je vous suis.”

Il lâche son cigare sur le bitume et l’écrase avec son talon.

“Si jamais tu changes d’avis, l’invitation reste valable, dit Diego.

— Merci quand même”, dit Ian.

Puis son regard passe de Diego au téléphone derrière. Il ressent une étrange envie de soulever le combiné, de le porter à son oreille et d’écouter, comme s’il pouvait entendre encore une fois la voix de Maggie. Elle était là aujourd’hui même. Elle l’a appelé de ce téléphone-là.

“Bon, dit Davis, allons poser quelques questions.”

Ils commencent par entrer chez le cordonnier. Les murs sont couverts d’étagères en bois où attendent des chaussures que des gens ont déposées pour réparation sans jamais venir les chercher : des mocassins blancs avec des boucles dorées, des bottes de cowboy en peau de serpent, des chaussures de ville ressemelées, des chaussures de marche. Des autocollants blancs sont fixés dessus, avec chaque fois un prix indiqué à l’encre bleue.

Derrière le comptoir en bois, au fond de la boutique étroite, se tient un vieil homme aux épaules voûtées et au visage évoquant un trognon de pomme abandonné au soleil. Il sourit, dévoilant un dentier très blanc, mal fixé : dès qu’il ouvre la bouche, ses dents du haut glissent de la gencive, il est obligé de refermer brusquement la mâchoire – clac – et de la remuer afin que le dentier se remette en place. Il a la main posée sur le comptoir. Les sillons de ses pouces et les extrémités de ses ongles sont incrustés de cirage noir. Un chiffon noirci traîne à côté de sa main, près d'une boîte métallique et d'une paire de chaussures bien astiquées.

"Qu'est-ce que je peux faire pour vous, messieurs ?" demande-t-il une fois qu'il a terminé de remuer sa mâchoire.

Tandis que le cordonnier parle, son regard passe de leur visage à leurs pieds. De toute évidence, c'est à l'aspect de leurs chaussures qu'il jauge les hommes qu'il croise. À la manière dont il fronce les sourcils, il est clair que ni Ian ni le capitaine Davis ne réussissent le test.

"Un petit cirage rapide, peut-être ? propose-t-il.

— Vous auriez pas entendu un peu de grabuge à l'extérieur, il y a un quart d'heure environ ? demande Davis.

— Du grabuge ?

— Du bruit, quoi.

— Une bagarre, précise Ian. Peut-être un cri."

Le cordonnier secoue la tête.

"Rien ?

— Non, j'regrette."

Ian tire son portefeuille de la poche droite de son pantalon et en sort une photo de Maggie. À force d'être manipulée, ses bords sont sales et déchirés. Il prend le temps de la regarder lui-même, cette photo de sa fille qui sourit, extraite de l'album de son année de CP, puis il la retourne et la pose sur le comptoir, devant le cordonnier.

"Vous avez déjà vu cette petite fille quelque part ?"

Le cordonnier secoue la tête sans même prendre la peine de regarder la photo. Ses yeux sont voilés, vagues, fixés sur un point vide vers le milieu de la pièce.

"Non. J'ai rien vu.

— Vous avez rien entendu non plus ?" demande à nouveau le capitaine Davis.

Le cordonnier secoue la tête, puis tapote sur l'appareil acoustique coincé derrière son oreille. "Peut-être que la pile est usée.

— Peut-être.

— Vous avez pas de mal à nous entendre, en tout cas, dit Ian.

— Ouais.

— Regardez cette photo, bon sang.

— Je vous ai déjà dit que je l'avais jamais…"

Ian frappe le comptoir avec le plat de la main, produisant un claquement sec, fort, et le cordonnier recule comme s'il avait pris un coup.

"Vous avez même pas encore pris la peine de vraiment regarder, putain.

— Doucement, dit Davis, posant une main sur l'épaule de Ian. Ce m'sieu n'a aucune raison de nous mentir."

Ian ne prête pas attention au capitaine. Il se penche au-dessus du comptoir et dévisage le cordonnier, l'obligeant à le regarder dans les yeux. L'artisan n'a pas l'air à l'aise, mais il soutient son regard deux secondes, avant de baisser les yeux au niveau du torse de Ian.

"Il s'agit de ma fille. Ça fait sept ans qu'elle a disparu. La photo a été prise avant sa disparition, alors elle a changé depuis. Aujourd'hui, elle a quatorze ans, elle en aura quinze en septembre. Y a vingt minutes, elle a passé un appel depuis le téléphone public juste devant votre magasin. Alors regardez cette putain de photo et dites-moi si vous l'avez vue."

Le cordonnier examine la photo. Au bout d'un long silence, il pose dessus son doigt noirci. Il la touche délicatement. Ian doit réprimer l'envie de la lui arracher – il croise les mains derrière le dos. Le visage du cordonnier s'adoucit et ses yeux deviennent plus nets à force de regarder la photo. Il se gratte la joue.

"J'ai pas bien vu la fille mais c'est possible que ça soit elle, dit-il sans lever les yeux.

— Vous avez vu l'homme qui était avec elle ?

— Celui qui l'a emmenée avec lui ?

— Celui qui l'a emmenée avec lui."

Le cordonnier hoche la tête.

"Je le connais pas. Mais ça fait seulement quatre ans que j'habite dans cette ville et je connais que les gens qui viennent dans ma boutique.

— Vous l'avez pas reconnu ?

— En tout cas je connais pas son nom. Mais je crois que je l'ai déjà vu quelques fois au supermarché Albertsons.

— Alors, si on vous montrait une photo, vous le reconnaîtriez ?"

Le cordonnier hoche la tête.

"Je crois.

— La soixantaine, cheveux gris, chauve sur le dessus, le nez couvert de vaisseaux pétés, environ ma taille ?

— Il est plus gros que vous, mais il est à peu près de votre taille, ouais." Il lève la main pour montrer. "Vous savez qui c'est ?"

Ian fait non de la tête.

"Elle me l'a décrit, c'est tout.

— Il était à pied ?" demande le capitaine Davis.

Le cordonnier réfléchit un moment.

"Non, finit-il par dire. J'ai entendu un moteur, mais j'ai pas vu le véhicule. Il a dû se garer sur un des côtés.

— Une voiture ou un pick-up ? demande Ian.

— Il a dit qu'il l'avait pas vu. Il peut pas deviner rien qu'à…

— Un pick-up, dit le cordonnier, avant de hocher la tête pour lui-même, comme s'il se le confirmait intérieurement. Ouais, un pick-up, c'est sûr.

— Merci, dit Ian. Votre aide nous a été très précieuse. Quelqu'un passera probablement avec un classeur pour vous montrer des photos de prévenus, et on vous demandera peut-être même d'aller à Mencken pour établir un portrait-robot si vous n'avez identifié personne."

Il récupère la photo de Maggie sur le comptoir, la glisse dans son portefeuille, range le portefeuille dans sa poche.

"Et si par hasard vous le revoyez, dit Ian, appelez le 911.

— D'accord", dit l'artisan.

Une fois qu'ils sont dehors, le capitaine Davis se tourne vers Ian :

"Bon sang, Ian, le jour où t'en as marre de répondre aux appels d'urgence, préviens-moi, je t'embauche immédiatement à la concession. Aucun client osera te dire non, tu me vendras toutes mes bagnoles en une semaine, j'suis sûr.

— Merci, chef."

Cora Hanscomb à la blanchisserie d'à côté prétend n'avoir rien vu ni entendu. Elle explique ça sans détourner le regard de son écran de télé. Elle est assise sur une chaise pliante métallique derrière le comptoir et sa main fait l'aller-retour entre le sachet de pop-corn sur ses genoux et sa bouche. Ses doigts sont couverts de cette espèce de faux beurre jaunâtre et luisant, et ses cuisses ainsi que le sol autour de sa chaise sont parsemés de grains de pop-corn.

“Rien ? répète Ian.

— Non.

— Trop occupée à mater la télé pour prêter attention à un kidnapping ?

— Faut croire.

— OK, dit Ian, un grand putain de merci à vous.

— Restez poli.”

Même ça, elle arrive à le dire d’un ton monocorde, sans détourner le regard de sa télé.

“Allez vous faire foutre”, lui répond Ian avant de pousser la porte.

Ils entrent chez Bill’s Liquor. Ian lance un regard sur sa gauche, là où se tient Donald Dean. Derrière un comptoir en formica orange, Donald a l’air de fortement s’emmerder. C’est un type mal habillé, d’environ quarante-cinq, cinquante ans, avec des cheveux châtains gras et une barbe tellement clairsemée qu’on dirait qu’un chat en colère lui a labouré le visage. Audessus de la barbe, sur le haut de ses joues, des cicatrices d’acné. Il est maigre comme un fil de fer, pâle, et son sourire, quand il sourit, ressemble à une grimace. Ses dents se chevauchent, on dirait qu’il en a trop. Il hoche la tête en direction de Ian, plonge la main dans un bac de raisin rouge qui se trouve entre un bac rempli de pieds de cochon au vinaigre et un autre bac rempli de viande séchée. Il arrache un grain de raisin qu’il mâche ensuite lentement.

Le capitaine Davis se dirige vers lui.

Ian tourne à droite. Il s’approche des réfrigérateurs au fond, parcourt les rayons du regard, ouvre une porte vitrée qui se couvre immédiatement de buée, et sort un paquet de six Guinness. La porte se referme en claquant quand il se retourne pour aller rejoindre Donald et le capitaine Davis au comptoir.

“… du tout ? est en train de demander Davis.

— Non.”

Davis se tourne vers Ian et dit :

“Lui non plus n’a rien entendu.

— Encore un qui devrait peut-être changer la pile de son appareil acoustique.

— Quoi ? J’ai pas de…

— Oubliez.”

Ian pose le pack de bières sur le comptoir.

Donald tape sur sa caisse :

“Ça sera tout ?”

Ian scrute les étagères derrière Donald. En dessous des rangées de bouteilles d’alcool fort se trouvent des paquets de cigares et cigarettes.

“Donnez-moi deux paquets de Camacho.”

Donald se tourne, cherche les cigares en question.

“Des Diploma ?

— Non, des Maduro. Tout en bas à droite.”

Donald prend un paquet et pianote sur sa caisse. Puis il sort un sac en plastique noir et y glisse les achats de Ian. Ian se doute bien que ces cigares seront secs et auront probablement le goût de crottes de chien qui brûlent. On est en plein été, et ils doivent traîner là depuis le printemps. Mais il s’en fout. Il a l’habitude de fumer des vieux cigares.

Pendant que Donald remplit le sac, Ian sort la photo de Maggie de son portefeuille. Il la montre à Donald.

“Vous vous souvenez de ma fille ?”

Donald hoche la tête. “Sûr.

— Vous avez vu personne qui lui ressemble aujourd'hui ?

— Non", répond-il en laissant pendre sa mâchoire. Ian peut voir les peaux de raisin incrustées sur ses molaires. On dirait des plombages rouge foncé.

"Et vous avez rien entendu ?"

Donald secoue la tête :

"C'est bien ce que j'ai dit au capitaine Davis.

— Et un type d'une soixantaine d'années ? Grand, cheveux gris, chauve sur le dessus, nez couvert de vaisseaux pétés. Massif."

Donald laisse échapper un ricanement étrange et grimace, montrant ses dents trop serrées, mais quand il croise le regard impassible de Ian, son sourire s'efface, et il baisse les yeux vers le comptoir. D'un ongle sale, il gratte nerveusement quelque chose de collé au formica, sans doute un bout d'étiquette de prix.

"Qu'est-ce qu'y a de drôle ?"

Donald secoue la tête.

"Rien, c'est juste qu'votre description correspond à au moins la moitié des vieux alcoolos de cette ville." Il regarde le capitaine Davis, puis Ian, et le sourire revient sur son visage. "Par exemple elle correspond à Henry, mon frère."

Le capitaine Davis émet un petit rire bref.

"C'est vrai, ça, dit Davis. Et comment va Henry, au fait ? Depuis le lycée, j'ai jamais eu l'occasion de lui dire autre chose que *bonjour*.

— Ça peut aller.

— Il bosse toujours à la fac ?

— Ouais, dit Donald en hochant la tête.

— Si jamais vous voyez quelqu'un qui ressemble à ma fille, insiste Ian, appelez-nous. Mieux vaut une fausse alerte qu'une piste négligée, d'accord ?

— Sans faute", dit Donald. Il essuie la sueur sur sa lèvre supérieure avec la paume de sa main, puis essuie sa paume sur son pantalon. "Sans faute."

Dehors, Ian et le capitaine Davis retrouvent le soleil. Même une fois que Ian a remis ses lunettes noires, la lumière reste éclatante. La chaleur les cerne, les oppresse. Ian sort un cigare du sac. Avec ses dents il arrache le bout, le crache sur le bitume, coince le cigare entre ses lèvres. Il l'allume, le regard fixé au-delà de la flamme, vers Diego. Debout les bras croisés, Diego observe un des types venus de Mencken qui relève des empreintes.

Puis le shérif lui-même arrive dans le gros 4 × 4 Ford Expedition que le comté de Tonkawa lui fournit, et il se gare en faisant crisser ses pneus. Il descend du monstre, cet homme mesurant un mètre soixante-cinq pour cent quinze kilos. Il s'avance vers Ian et le capitaine Davis, trimballant son ventre qui se balance comme un boulet de démolition.

Ian jette un coup d'œil à sa montre.

"Je vous laisse parler au shérif, dit-il. Il faut que je mette Deb au courant. Appelez-moi s'il y a du nouveau.

— Compte sur moi, dit Davis en lui tapotant l'épaule. Et Ian… viens faire un tour chez Roberta's ce soir, d'accord ? C'est pas le moment de rester seul.

— Je verrai", dit Ian, sachant pertinemment que c'est tout vu.

Quand Maggie ouvrit les yeux, elle ne vit que du blanc, du blanc, du blanc : le plafond. Elle frotta le bout de sa langue contre l'endroit où aurait dû se trouver sa dent branlante, mais elle ne sentit que de la gencive, d'où dépassait un petit bout de chair humide au goût légèrement métallique.

Quelqu'un m'a pris ma dent, se dit-elle. La petite souris a pris ma dent sans me payer. Elle me l'a volée.

Puis elle se demanda si la petite souris n'avait pas quand même laissé quelque chose, après tout. Elle se tourna dans son lit et écarta l'oreiller, mais en dessous il n'y avait que le drap froissé. Pas de billet attendant d'être découvert. Pas même une pauvre pièce de vingt-cinq cents. Quel culot de la part de la petite souris, venir dans sa chambre en pleine nuit pour lui arracher une dent qui tenait encore ! Quelle crapule, cette souris ! L'espace d'un instant, Maggie songea à glisser une fausse dent sous son oreiller – un bout de craie, peut-être, ou alors un caillou blanc si elle en trouvait un de la bonne taille –, puis à faire semblant de dormir en attendant que la petite souris revienne. Et quand elle reviendrait, Maggie l'attraperait et la forcerait à payer ce qu'elle lui devait.

C'est alors qu'elle la vit, par terre. Sa dent était à moitié enfouie dans l'épaisse moquette. Maggie sauta de son lit et la ramassa. Elle essuya la poussière qui s'était collée dessus, et la scruta à la lumière du soleil matinal qui entrait par la fenêtre ouverte de sa chambre. Cette dent était bien plus grosse qu'elle ne l'aurait cru, surtout la partie auparavant enfouie dans sa mâchoire. C'était impressionnant, et en même temps un peu dégoûtant. À nouveau, elle frotta sa langue contre sa gencive. Au-dessus du trou, il y avait comme un couvercle de peau qu'elle arrivait à soulever. C'était une sensation étrange. Elle se précipita vers le miroir de sa commode et se regarda, souriant. Puis elle courut dans la chambre de maman et papa pour leur montrer.

"Regardez !" cria-t-elle en entrant dans la chambre à la vitesse d'une balle, envoyant claquer la porte contre le mur. Les rideaux étaient tirés, bloquant temporairement et inefficacement la lumière du jour, et il y avait une drôle d'odeur d'adultes dans la pièce. L'air était presque aussi étouffant que dans un sac de couchage fermé.

Papa poussa un grognement et se redressa dans le lit. Il se racla la gorge, ça fit un sacré bruit. On aurait dit un de ces monstres dans les dessins animés du samedi matin. Il frotta ses yeux rouges, s'essuya la bouche, tordit son cou de gauche à droite – crac –, puis regarda Maggie. Mais son visage demeura inexpressif.

"Regarde ça, dit Maggie en lui tendant la dent pour qu'il l'examine.

— Ouah", dit papa. Il toussa, la main devant la bouche, puis bâilla. "Ce serait pas une dent d'adulte, ça ? Elle est énorme. Tu l'aurais pas volée quelque part ? Tu sais que la petite souris n'achète pas les dents volées, Maggie. C'est un crime puni par la loi.

— Je l'ai pas volée ! Regarde."

Avec trois doigts, elle serra la dent contre la paume de sa main droite, et avec ses deux index elle étira sa bouche en grand pour que papa puisse voir le trou qu'avait laissé la dent.

"Mon Dieu, dit papa. C'est assez grand pour y garer une voiture.

— Hé, les bavards, ça vous dirait pas d'aller dans le salon ? grogna une voix à peine audible. Maman a pas eu sa dose de sommeil.

— Hou, dit papa, en voilà une qu'est de bonne humeur ce matin."

Il fit un clin d'œil à Maggie et se leva. Un pantalon était roulé en boule par terre. Il le ramassa et l'enfila par-dessus son caleçon rouge.

"Allez, Mags, on va petit-déjeuner." Un sourire au coin des lèvres, il jeta un regard par-dessus son épaule, vers maman. "On va se manger des céréales avec des *tonnes* de sucre."

Ils allèrent dans la cuisine. Maggie grimpa sur un des grands tabourets alignés devant le comptoir qui séparait la cuisine de la salle à manger. Elle pivota vers la gauche, agrippant le bout du comptoir, puis pivota vers la droite, encore et encore. Autrefois, elle aimait faire des tours complets, elle aimait l'étourdissement que ça provoquait, c'était marrant, mais un jour elle avait accidentellement dévissé le tabouret, le siège était tombé par terre et elle s'était foulé le poignet en essayant de se rattraper, alors elle ne faisait plus ça.

Pendant qu'elle s'amusait sur le tabouret, papa farfouillait dans les placards.

Maggie agrippa le comptoir une dernière fois, s'immobilisa et dit :

"Qu'est-ce qu'elle fait avec toutes ces dents qu'elle

récupère, la petite souris ? C'est bizarre de collectionner les dents.

— Elle les transforme en étoiles.

— C'est vrai ?

— Peut-être.

— Non.

— Peut-être.

— Vraiment ?"

Papa hocha la tête, puis posa sur le comptoir deux bols qu'il remplit de Fruit Loops. Il rangea le paquet et sortit une grosse bouteille de lait qu'il versa sur les céréales. Il poussa un bol vers Maggie.

"Mange.

— Et ma cuillère, alors, idiot ?"

Papa gratta son nombril, en tira un bout de peluche grise qu'il lança vers elle.

"Et un peu de peluche, ça te dirait ?"

Maggie pencha la tête à gauche pour l'éviter.

"Beurk. Fais pas ça. J'veux pas de ta peluche puante.

— Ça pue pas.

— Qu'est-ce que t'en sais ?

— Pardon, pardon…

— T'as failli la mettre dans mes céréales !

— Exagère pas.

— Donne-moi une cuillère avant qu'elles soient toutes ramollies.

— OK."

Papa sortit deux cuillères du tiroir des couverts et lui en tendit une. Puis il plongea la sienne dans son bol et se remplit la bouche de céréales roses, vertes et orange. Il gratta son début de barbe blonde. Il enfourna une nouvelle cuillerée – du lait lui dégoulina sur le menton, qu'il essuya du revers de sa main.

"Qu'est-ce que tu veux faire aujourd'hui ?

— Aller caresser les animaux au zoo !
— Et s'ils te prenaient pour une des chèvres et qu'ils te mettaient en cage ?
— Ça arrivera pas, dit Maggie en roulant les yeux.
— Comment tu le sais ? T'es aussi têtue qu'une chèvre.
— J'sais même pas ce que ça veut dire.
— Tu crois pas qu'on devrait attendre que Jeffrey soit levé pour lui demander son avis ?
— Il adore le zoo.
— Il y est jamais allé.
— Alors il faut à tout prix qu'on y aille. Il repart dans deux jours, il faut qu'on se dépêche, il peut pas louper ça.
— T'as sans doute raison.
— Tu vois.
— D'accord.
— D'accord ?"
Papa hocha la tête.
"D'accord quoi ? répéta-t-elle.
— D'accord, c'est bon.
— D'accord on va au zoo ?
— OK.
— C'est vrai ?
— C'est vrai.
— Tu jures ?
— Je jure. Maintenant mange tes céréales avant qu'elles soient toutes molles.
— T'es le meilleur papa du mon…"

"Réveille-toi."
Une voix familière lui parvenant depuis des profondeurs marécageuses. Une odeur d'haleine puant l'oignon. Un bruit de déglutition.

Quelque chose de petit se brise en produisant un claquement sec. Peu après, une odeur d'ammoniac lui emplit les narines. Les yeux de Maggie s'ouvrent. De l'eau tiède lui coule le long des joues.

Tout est obscur, rien n'a de forme. Une ombre se tient devant elle, on dirait une vague silhouette humaine qu'on aurait découpée dans le monde réel. Derrière l'ombre, une lumière blanche aveuglante empêche Maggie de voir quoi que ce soit d'autre. Elle ferme les yeux, les ouvre à nouveau. Ses pupilles se contractent, s'adaptant à la pièce. L'ombre commence à se préciser avec des détails, de la couleur, de la profondeur, des traits humains. Ceux d'un homme. Un homme qui a un nom qu'elle connaît : Henry. Elle cligne à nouveau des yeux et le voit clairement pour la première fois depuis son réveil. Il est là, debout devant elle, les bras le long du corps, les poings qui s'ouvrent et se referment.

Puis il glisse la main dans la poche de sa chemise, sort un petit paquet de quelque chose, un petit rouleau de petits disques blancs, et il en fourre un dans sa bouche. Il mâche, avale.

Maggie ressent une douleur intense aux poignets. Elle sent du sang épais et chaud lui dégouliner le long des bras. Elle lève la tête, découvre ses poignets liés avec de la corde jaune et rugueuse. La corde pend à un grand crochet en métal vissé à une des poutres du plafond. Ses mains sont violettes, engourdies, ses doigts sont gonflés et légèrement repliés, les extrémités se touchant. Ce n'est pas la première fois qu'elle se retrouve ici, à subir le châtiment du crochet. *Tu t'es très mal conduite, Sarah. Très, très mal conduite.* Tandis qu'elle regarde ses doigts, lui viennent à l'esprit les paroles d'une comptine apprise au catéchisme :

Voici l'église et son beau clocher. Ouvrez la porte et mettez-vous à prier.

Ses pieds pendent très au-dessus du sol en béton gris et craquelé.

Henry se tient devant elle et la fixe des yeux. Ses poings s'ouvrent et se ferment, s'ouvrent et se ferment. Du bout de la langue, il se nettoie une molaire. Sa respiration fait un drôle de bruit. Elle devient plus profonde, plus forte, plus rapide.

"Désolée, dit-elle. Je suis désolée."

Il cesse de souffler. Un grand silence, puis il dit :

"C'est pas sincère, ça.

— Si.

— De quoi t'es désolée ?"

Un deux trois quatre cinq six sept huit.

Regardant autour d'elle, elle cherche Borden. Elle voudrait pouvoir se dire qu'elle n'est pas seule ici, en bas. Qu'elle n'est pas seule avec Henry. Peut-être que Borden se tient quelque part dans l'ombre. Même si elle sait qu'il ne pourra pas la sauver de la punition que lui réserve Henry, le voir lui apporterait quand même un peu de réconfort. Mais il n'est pas là.

Une main s'abat sur son visage, si fort que ses yeux s'emplissent de larmes et que, au-dessus de son oreille, une douleur se réveille et la lance. Elle l'avait oubliée, cette contusion à l'endroit où, tout à l'heure, Henry lui avait donné un coup de poing. À chaque battement de son cœur, la blessure palpite.

"Dis-moi de quoi t'es désolée ?" répète-t-il.

Elle baisse à nouveau les yeux vers ses pieds. Ils sont noirs de saleté, mais si elle bloque la douleur elle peut s'imaginer qu'elle est libre, qu'elle flotte au-dessus du sol. Quand elle bouge ses poignets, une fente par terre dans le béton se déplace de gauche à droite.

Dis-toi que tu flottes au-dessus du sol, voilà tout, sans le moindre souci car rien ne peut t'atteindre.

Il s'approche d'elle. Instinctivement elle s'écarte. Il la gifle – ses doigts claquent sèchement sur la joue de Maggie –, puis il lui agrippe le menton et lui penche la tête en arrière pour qu'elle le regarde dans les yeux. Elle y voit une cruauté sans merci, rien d'autre. Deux flaques d'eau putride. Elle déteste ses yeux.

"Tu sais pas ?

— Quoi ?

— Tu sais pas de quoi t'es désolée ?

— Je…" Elle passe sa langue sur ses lèvres, sèches et fendues. "Je suis désolée de m'être enfuie.

— Tu es désolée de t'être fait rattraper.

— Non.

— Ah bon ? Tu *voulais* que j'te rattrape ?"

Elle tourne la tête, regarde ailleurs. Elle sent des larmes fraîches lui monter aux yeux. Elle cligne des paupières pour les refouler. Elle n'a pas envie de pleurer devant lui. Elle ne veut pas montrer de faiblesse. Cet homme est cruel, et la faiblesse décuple sa colère, augmente les chances qu'il s'en prenne à elle.

"Tu voulais *pas* que je te rattrape.

— Non.

— Voilà ce qui te désole.

— Je sais pas.

— Eh bien moi *si*."

Et sur ce dernier mot il lui enfonce son poing dans le ventre, un coup qui chasse tout l'air du corps de Maggie. L'oxygène s'échappe d'un seul souffle. Si elle n'était pas accrochée par les poignets, elle se recroquevillerait comme un fœtus. Au lieu de ça, elle se balance sur le crochet, suffoquant comme un poisson au bout d'une ligne de pêche.

Henry la regarde se balancer, ses poings s'ouvrent et se referment.

"Tu m'as mis très en colère, Sarah."

Il l'a toujours appelée Sarah. Beatrice aussi. Encore une autre façon de la torturer. Encore une autre façon de lui embrouiller les idées, de lui faire perdre toute notion d'identité.

À peine reprend-elle son souffle qu'Henry la saisit par les hanches et l'immobilise. Il l'observe silencieusement. Puis :

"Qu'est-ce que t'as à dire pour ta défense ?"

Elle inspire, expire, sa cage thoracique se gonfle, son ventre se serre.

"Mon papa arrive, dit-elle.

— Quoi ?

— J'ai appelé mon papa et je lui ai tout raconté. Tu ferais bien de me relâcher. Sinon il va… il va te retrouver et il va te…

— Foutaises !" s'exclame Henry avec la violence d'une énorme vague s'abattant sur une plage – Maggie tressaille mais ne détourne pas le regard. "Tu mens. Avoue que tu mens."

Elle secoue la tête.

"Il va te retrouver, dit-elle.

— Henry ?" La voix de Beatrice qui résonne dans l'escalier.

"Quoi ?

— Tu vas arriver en retard à ton travail."

Il regarde sa montre.

"Putain… Je remonte, une seconde !"

Il saisit les hanches de Maggie, la décroche et la pose sur le béton froid. Puis il lui délie les poignets et enroule la corde ensanglantée pour la ranger, formant quatre cercles pas vraiment de la même taille.

Maggie regarde ses poignets. Le relief de la corde est incrusté dans sa peau. Elle rampe en arrière jusqu'à ce que son dos touche le mur. Levant les yeux vers Henry, elle attend un dernier geste violent, qui ne vient pas.

D'un mouvement de la tête, Henry lui indique l'évier rouillé dans l'angle :

"Nettoie-toi avant que Bee ne t'apporte ton dîner."

Puis, d'un pas lourd, il gravit la première moitié de l'escalier avant de se retourner :

"Tu as brisé le cœur de Bee en te comportant de cette manière. Tout ce qu'elle veut, c'est une fille. Elle t'aime, tu sais. Même si tu es une fille indigne, elle t'aime."

Il monte les marches qui restent, éteint l'éclairage au plafond et ferme la porte. Quelques secondes plus tard, on entend le verrou s'enclencher.

La seule lumière qui demeure au sous-sol est le gris de l'après-midi finissante, filtrant à travers l'unique fenêtre. Un gris couleur eau de vaisselle.

Dès que le sang se remet à circuler, Maggie sent une douleur lancinante dans ses mains. Pleurant en silence, elle s'efforce de plier les doigts. Ça fait trop mal, mais comme elle a l'habitude, elle sait que la douleur ne s'estompera qu'au bout de plusieurs minutes. Et elle sait aussi qu'avant de disparaître, elle s'amplifiera.

Mais il y a autre chose qu'elle sait désormais : elle a presque réussi à s'échapper.

Au bout de nombreuses années de captivité, elle est parvenue à sortir. L'espoir, qu'elle croyait mort depuis longtemps, bat dans sa poitrine, brûlant. Même ici, de retour dans le Monde du Cauchemar, elle sent que quelque chose est désormais possible. Le monde derrière la fenêtre n'est pas hors de portée. Elle l'a foulé de ses pieds. Elle a couru dans ses bois. Elle a entendu la voix de son papa dans le creux de son oreille.

L'évasion d'aujourd'hui était due à un coup de chance, elle le sait bien, mais si elle réfléchit à un plan d'action, une autre occasion se présentera. Et, cette fois-ci, personne ne la rattrapera.

Henry ouvre le frigo. Posé sur le rayon du haut, un repas à emporter que Bee lui a emballé dans un sac en papier kraft. Il jette un coup d'œil à l'intérieur : un Tupperware contenant un morceau de corned-beef, une soupe au chou et de l'eau. Chaque jour, c'est pareil, il a droit aux restes de la veille. Il a déjà hâte de manger son sandwich au pain de viande de demain. Dans le sac en papier, il y a aussi deux petits gâteaux au chocolat industriels. Il referme le sac, prend les cinq bières du pack de six qu'il a entamé au déjeuner – il tient le pack d'un seul doigt passé dans l'anneau en plastique vide.

Il franchit la porte d'entrée et sort sous le soleil de la fin d'après-midi. De longues ombres s'étirent au sol. Il descend les marches, traverse l'allée de gravier et monte dans son pick-up, laissant tomber son repas sur la banquette à côté de lui, arrachant une des bières de son anneau en plastique. Quand il l'ouvre, de la mousse dégouline le long du métal avant qu'il ne puisse porter la cannette à ses lèvres. Elle coule sur son menton, sur sa chemise et jusqu'à ses cuisses. Il avale deux grandes gorgées puis regarde ses Levi's.

"Et merde."

On dirait qu'il s'est pissé dessus.

Encore une gorgée, puis il repose la cannette entre ses jambes. Il fait chaud aujourd'hui, cette fraîcheur est agréable. Et de toute façon, avec cette chaleur, la bière qu'il a renversée aura séché avant qu'il n'arrive au boulot. Ça vaut mieux : un des administrateurs s'est déjà plaint une fois qu'il sentait l'alcool. Mais bon, aujourd'hui, c'est bien le dernier de ses soucis.

Ce que Sarah a dit quand ils étaient au sous-sol le rend malade. Elle lui a dit qu'elle a téléphoné à son papa. Qu'elle lui a tout raconté. Si c'est vrai, il va finir en prison. Pas dans la cellule du poste de police, où, dans sa jeunesse, il a passé plus d'une nuit à décuver, mais au pénitencier, où on enferme les vraiment sales types.

Il démarre le pick-up, passe la vitesse, fonce vers la rue.

La première Sarah était née il y a treize ans au Centre médical régional de Mencken. Ils n'avaient pas prévu d'avoir des enfants. Beatrice avait quarante-quatre ans, et au cours des vingt-huit années qu'elle et Henry avaient passées ensemble, jamais ils n'avaient utilisé de contraceptifs, alors Henry ne pensait pas qu'ils puissent avoir des bébés quand bien même ils l'auraient voulu. Mais Beatrice est tombée enceinte, et quand Henry a vu l'effet que ça produisait sur elle, ça l'a ravi. Jamais auparavant elle n'avait été aussi heureuse. Jamais de sa vie Henry n'avait entendu quelqu'un chanter autant.

Quand le bébé est arrivé, une petite fille, ils l'ont prénommée Sarah. Sarah Jasmine Dean. Poids : trois kilos deux cent cinquante. Elle avait un joli minois ovale et des cheveux blonds et fins qui formaient comme un petit nuage soyeux en forme de point d'interrogation au-dessus de sa tête. Elle souriait constamment, la bouche grande ouverte, les yeux verts brillant de mille feux. Elle remuait ses petits pieds et riait sans cesse.

Puis, un jour, elle n'a plus ri.

Beatrice a mis Sarah dans la baignoire, elle est sortie de la salle de bains le temps d'aller lui chercher ses jouets – un canard en plastique, une balle – et à son retour Sarah était sous l'eau. Beatrice a dit à Henry qu'elle n'avait pas quitté la pièce plus de deux secondes, mais il savait que ce n'était pas vrai. Elle avait tardé à trouver les jouets, elle avait perdu la notion du temps.

Après les funérailles, après la mise en terre du minuscule cercueil dans le cimetière de Hillside, Beatrice a passé ses journées à pleurer, assise sur le canapé. Henry voulait arranger les choses, la rendre heureuse à nouveau, mais il ne savait pas comment faire. Sarah n'était plus là, Sarah ne reviendrait pas.

C'est là qu'une idée lui est venue.

Il ne savait pas ce qu'en penserait Beatrice, alors il a attendu un long moment, dans l'espoir qu'elle finisse par se ressaisir, par se reprendre en main. Il avait pu compter sur elle pendant vingt-huit ans, malgré les arrestations en état d'ivresse, malgré les coups de poing qui laissaient des trous dans les murs, malgré les bagarres avec le frère de Maggie, mais il ne savait pas s'il pourrait compter sur elle maintenant. Le soutiendrait-elle s'il mettait son plan à exécution, un plan qu'il avait conçu pour elle ?

L'état de Beatrice n'a fait qu'empirer. Elle a cessé de se laver. Il lui arrivait d'uriner ou de déféquer sur le canapé. Regarder la télé, bouffer, pleurer, c'est tout ce qu'elle faisait. La vaisselle s'entassait dans l'évier et sur le plan de travail. La maison s'est mise à sentir mauvais. Tandis qu'il lui ôtait ses vêtements, elle restait assise, complètement amorphe, sans l'aider ni résister, et il la lavait avec un gant, mais rien n'y faisait, elle commençait à avoir des plaies, des petits trous dans la peau ressemblant à des brûlures de cigarettes. Certains se sont infectés. Mais elle ne bougeait toujours pas.

Ça devenait horrible. Il était temps d'agir.

Alors, pendant plusieurs jours, il s'est baladé en voiture, à la recherche de possibles Sarah *bis*. Il s'est posté devant deux garderies de Mencken, mais les gamines là-bas étaient trop vieilles pour faire l'affaire. Il a essayé le Centre médical régional de Mencken, mais n'a pas réussi à franchir l'accueil. Puis, enfin, il a eu un coup de bol dans un supermarché Albertsons. Ce jour-là, il ne cherchait même pas de Sarah. Il était simplement venu faire ses courses pour la semaine. Mais quand il a vu ce bébé assis sans surveillance dans un chariot, tandis que la maman se démenait pour caler ses sacs de provisions à l'arrière de son break, il a saisi sa chance. Il est passé devant le chariot, a attrapé le bébé, a contourné une Nissan grise avant de retourner vers son pick-up. Il marchait d'un pas vif mais normal, sachant que courir attirerait l'attention, et tout en avançant il jetait des coups d'œil au bébé. Elle avait un visage ovale, des yeux bleus, pas verts, et un ruban rose dans les cheveux. Ses yeux n'étaient pas de la bonne couleur, mais pas loin. Il a déposé la petite fille sur la banquette et l'a attachée avec la ceinture de sécurité. Au moment où il enfonçait la clé dans le contact, la femme s'est mise à hurler. Il l'a regardée à travers son pare-brise parsemé de cadavres d'insectes écrabouillés.

Elle se tenait à côté du break avec la mâchoire qui pendait, les sourcils froncés et les yeux brillants, écarquillés de terreur. Paniquant, elle a fait le tour du break et crié : "Becca ? Becca !" Puis : "Quelqu'un a pris ma fille !" Puis, s'agrippant les cheveux des deux mains : "Au secours ! Aidez-moi ! On a pris mon bébé. Quelqu'un a pris ma Beckie !"

Henry a démarré et quitté le parking. Dans son rétroviseur, il a aperçu un employé du supermarché qui courait vers la bonne femme, puis il a tourné à droite, s'est éloigné et n'a plus vu personne.

Beatrice a tout de suite aimé la petite fille. Son visage s'est illuminé, elle l'a serrée dans ses bras, lui a caressé les joues. Elle adorait ce bébé. Elle a insisté pour qu'Henry se débarrasse de tous les "vieux trucs" de Sarah, les affaires qu'ils ne lui avaient pas achetées eux-mêmes, les vêtements qu'elle portait le jour où Henry l'avait amenée, alors il les a mis dans un sac-poubelle, mais comme il ne voulait pas que quelqu'un les retrouve, il a préféré les enfouir dans les bois. La vie a repris son cours normal. La vie était même belle : ils formaient une famille heureuse, banale.

Mais, six mois plus tard, Henry a dû l'enterrer à côté de ses vêtements. Bee avait oublié de la nourrir. C'est ce qu'elle avait dit, mais Henry pensait qu'elle avait cessé de sécréter du lait après la mort de la première Sarah et n'avait pas voulu l'admettre – il avait vu le bébé lui téter le sein et réclamer à peine un quart d'heure plus tard. Enfin bref, la deuxième Sarah était morte.

Pendant une semaine, Bee n'a pas lâché le cadavre, refusant de laisser Henry le lui prendre. Elle tenait le petit corps, le berçait, essayait de le coiffer, même quand une poignée de cheveux est tombée avec un bout de peau qu'elle a remis en place, faisant comme si tout était normal. Henry a fini par le lui enlever pendant qu'elle dormait ; il a emporté le cadavre dans les bois et a creusé un trou. Il l'a mis au fond du trou et a essayé de réciter une prière, une de celles qu'il avait apprises à l'église, mais les mots ne lui revenaient pas, alors il a improvisé un couplet sur l'innocence des enfants, *Seigneur laisse entrer cet enfant au Paradis, amen*, puis il a balancé une pelletée de terre sur son visage pour ne plus le voir.

Deux semaines plus tard, il a trouvé leur troisième Sarah. Elle a vécu cinq années avant qu'Henry ne lui donne un peu trop vigoureusement la fessée. Il s'en voulait, c'était un accident regrettable, mais elle s'était mal comportée et elle méritait d'être punie, et si sa punition avait été un peu trop musclée, eh bien c'était autant sa faute à elle que celle d'Henry. Si elle avait été sage, jamais il ne se serait énervé. Il l'a enfouie sous terre à côté de la Sarah précédente et s'est mis en quête de la suivante.

La quatrième Sarah a hurlé de toutes ses forces quand il l'a attrapée, et il a dû lui plaquer la main sur la bouche pour la faire taire. Elle a cessé de crier, mais aussi de respirer.

Puis ç'a été le tour de cette Sarah-ci. Il a passé une semaine à chercher en vain, jusqu'à ce qu'il se décide finalement à faire un tour au zoo. Le zoo était situé au nord de la ville, près de l'autoroute I-10, et la plupart des gens qui le visitaient étaient des voyageurs de passage. Ils lisaient les panneaux au bord de la route…

ZOO DE BULLS MOUTH
W.-C. PUBLICS

… et leurs gamins les tannaient jusqu'à ce qu'ils acceptent de faire un arrêt d'une demi-heure. Vu qu'on était samedi, Henry pourrait probablement choisir parmi des dizaines de Sarah.

C'était une agréable journée d'avril avec une brise juste assez forte pour faire murmurer les arbres.

Les gamins couraient d'un animal à l'autre, passant les mains à travers les clôtures pour caresser les cochons vietnamiens, les lapins et les chevaux miniatures. Certains d'entre eux achetaient du céleri et des carottes à une femme qui se tenait derrière un chariot de légumes.

Tous les adultes étaient là avec leurs enfants. Se promenant seul, Henry avait peur qu'on le remarque, comme un géant venu prendre part à un festival de nains. Mais personne ne semblait se soucier de sa présence. Il était en public et se comportait en conséquence. Il avait un sourire idiot, bouche bée, gonflant les joues, il avait les yeux écarquillés, brillants, les mains dans les poches, et il déambulait tranquillement, sans but précis. Un vieil homme inoffensif, probablement venu avec sa petite-fille, attendant peut-être qu'elle sorte des W.-C.

“Souhaitez-vous quelques légumes pour nourrir les animaux ?

— Pas aujourd'hui, a-t-il dit avant de sortir ses mains de ses poches pour montrer qu'elles étaient vides et de hausser les épaules.

— La prochaine fois peut-être”, a dit la femme.

C'est alors qu'il l'a vue, la Sarah qu'il voulait, se tenant juste derrière la femme au chariot de légumes. Elle était à côté de son papa et d'un ado, et regardait un alpaga à travers la clôture.

“Regarde, Jeffrey ! s'est-elle exclamée quand l'alpaga lui a pris un bout de céleri dans la main.

— Je regarde, tête de linotte.
— Tête de linotte toi-même !”

C’était elle, c’était la bonne. Beatrice l’adorerait. Son visage ovale était lumineux, ses yeux verts communiquaient la joie et l’humour. Beatrice raffolerait d’elle. Il en était sûr.

Il a suivi cette famille à distance, attendant le bon moment, mais la main de la petite ne s’est pas détachée de celle de son père. Une fois qu’ils ont fait le tour de tous les enclos, ils se sont dirigés vers la sortie.

Il les a suivis jusqu’à un parking en terre battue à l’est du zoo, et les a regardés monter dans une Mustang modèle 1965, rouge avec un coffre peint en gris mat. Il a grimpé dans son pick-up, les a suivis jusqu’à Crouch Avenue, puis à gauche sur Grapevine Circle. Ils ont longé le réservoir de Bulls Mouth ; l’eau sur leur droite ; des arbres, des vignes vertes et des mûriers sur leur gauche. L’été venu, la moitié des baraques autour du réservoir étaient remplies de pots de confitures faites maison. Ils se sont garés dans l’allée du 44, Grapevine Circle. Henry a continué de rouler autour du réservoir, jusqu’à une intersection où il a pu faire demi-tour. Il s’est garé de l’autre côté de la rue, quelques maisons plus loin. Il a dû attendre plusieurs heures, jusqu’à ce que la mère et le père sortent ; même plus longtemps que ça, jusqu’à ce que l’ado qui la gardait la mette enfin au lit. Henry a patienté dans le pick-up, remplissant de pisse pas moins de trois cannettes de bière, des cannettes chaudes qu’il déposait sur l’asphalte juste à l’extérieur de la portière, sans détacher les yeux de la maison. Pour passer le temps, il chantonnait. À un moment, il a dû saluer de la tête quelqu’un qui passait par là. Une fois la petite fille au lit, Henry est descendu du pick-up et a fait le tour de la baraque. Par la fenêtre de sa chambre, il l'a vue se mettre en chemise de nuit. Petite Sarah. Il a attendu qu'elle soit endormie pour découper la moustiquaire à l'aide d'un cutter. Il fallait éviter de l'effrayer avant d'être assez près d'elle pour la faire taire.

En tout cas, le jeu en valait la chandelle. Quand il lui a présenté la nouvelle Sarah, le visage de Beatrice s'est éclairé autant qu'il l'avait espéré. Même le soleil n'aurait pas brillé plus fort.

Henry tombe sur un feu rouge à l'intersection de Crockett et Hackberry et enfonce la pédale de frein du pick-up. Il termine sa bière, vidant la cannette jusqu'à la dernière goutte avant de la jeter par terre, au milieu des autres cadavres, et d'en arracher une autre à son anneau de plastique. À sa droite, il aperçoit un des teckels du pasteur Warden qui creuse un trou dans les plates-bandes de fleurs devant la patinoire. Le chien a la gueule au ras du sol, des mottes de terre volent entre ses pattes, fendant l'air et retombant sur le trottoir. Il se demande si quelqu'un remarquera un jour les éraflures sur le pick-up et fera le rapprochement avec la clôture défoncée de Warden. Il y a probablement des traces de peinture verte sur le grillage de la propriété du pasteur.

Le feu passe au vert, Henry écrase l'accélérateur.

Il entre sur le parking à l'est du petit campus universitaire, se gare devant le bâtiment à un étage où tous les cours ont lieu, puis coupe le contact. Le rez-de-chaussée ne se vide qu'après vingt-deux heures, mais d'ici là Mike et lui auront largement de quoi faire avec le premier étage, qui n'est plus utilisé après seize heures.

Il termine sa deuxième bière, attrape les trois qui restent ainsi que son déjeuner, descend du pick-up.

Quand il pénètre dans le local d'entretien, Mike est déjà en train d'enfiler sa chemise de travail bleue. Mike fait partie du mobilier, ça fait trois ans qu'il est là, même si techniquement ce n'est pas un employé à temps plein de l'université. S'il bosse plus de cent quatre-vingts jours d'affilée, la fac doit lui payer l'assurance maladie, alors Henry est obligé de le virer tous les six mois, puis de l'engager à nouveau un mois plus tard. Henry s'en veut, mais il n'arrive jamais à obtenir l'autorisation d'engager un salarié à temps complet.

En franchissant la porte, Henry arbore un sourire : "Salut Mike. Désolé d'être en retard.

— Ça veut dire que tu me laisses les salles de cours, ce soir ?

— Je suis pas désolé à ce point-là.

— Mais Doug est toujours en train de m'accuser de voler les chips sur le présentoir.

— T'as qu'à pas les voler.

— Je suis payé six dollars de l'heure, Henry."

Henry hausse les épaules ; qu'est-ce qu'il y peut, lui ? Il se change, enfile lui aussi sa chemise bleue. Son chariot l'attend contre le mur. Il le tire vers lui et vérifie qu'il ne manque rien : les flacons de produits nettoyants sont remplis, il y a plein de sacs-poubelles, de gants en plastique, de papier absorbant, et deux ampoules néon au cas où il en voit des grillées. Une fois qu'il s'est assuré que tout y est bien, Henry pousse le chariot en direction du couloir.

Il a jusqu'à deux heures du matin pour mettre les salles en état pour les cours du lendemain. Son travail lui plaît. Il suffit de répéter encore et toujours les mêmes gestes, sans se poser de questions. C'est relaxant. Une fois que tu as trouvé ton rythme, la nuit passe toute seule.

Il se rend à la cafétéria, qui est fermée – elle est fermée entre seize heures et dix-huit heures –, déverrouille la porte et s'approche du présentoir des chips. Il vole un sachet, sort et verrouille à nouveau la porte. Doug s'en rendra compte, évidemment, mais peu importe. Henry n'aura qu'à faire porter le chapeau à Mike.

Ian gare sa voiture contre le trottoir de la maison où il était autrefois chez lui. C'est une maison tout ce qu'il y a de plus banal, une construction en briques séparée de la rue par une pelouse et un arbre aux branches ressemblant à des doigts cassés, mais fut un temps où elle lui appartenait. Aujourd'hui, un autre homme dort à côté de *sa* femme, regarde le base-ball sur *sa* télévision, mange de la nourriture préparée dans *sa* cuisine, dans des assiettes et avec des couverts que *sa* mère leur avait offerts, à Deb et lui, pour leur mariage, deux ans avant d'être emportée par un cancer aux poumons. Bill Finch se fiche bien du poids de ce passé ; pour ce type, c'est comme si toutes ces choses n'avaient jamais eu d'existence avant qu'il franchisse le seuil de la maison.

Après l'enlèvement de Maggie, Ian est passé par une longue période où il a vécu dans un étrange brouillard, et lorsque Debbie a fini par lui demander de partir, leur conversation a été pour le moins brève. Sans doute parce qu'il n'était déjà plus vraiment là. Il n'a pas détourné le regard de la publicité à la télé lui enjoignant de changer de marque de papier-toilette.

"Je veux que tu partes."

Un silence. Puis :

"D'accord.

— C'est tout ?"

Il a hoché la tête.

"Tu ne te mets pas en colère ? Tu ne comptes pas te disputer avec moi ?"

Il a secoué la tête.

"Non.

— Tu veux au moins savoir pourquoi ?

— Non.

— Je couche avec Bill Finch.

— Je sais."

Debbie est restée plantée là un long moment. Il ne l'a pas regardée, mais il sentait sa présence à la périphérie de son champ de vision.

"Très bien", a-t-elle fini par dire, avant de s'éloigner.

Le lendemain soir, il dormait sur le canapé de chez Diego et Cordelia.

Et une semaine plus tard il chargeait, dans un camion loué chez U-Haul à Paulson, le poste de télé de secours, quelques livres et étagères, un vieux canapé du garage, le lit de Maggie et ses vêtements et il se mettait en route vers son nouvel appartement. Il aurait eu les moyens de vivre dans une maison, mais il n'en voyait pas l'intérêt. Les maisons, c'était pour les gens avec des familles et un avenir plein de promesses d'expansion. Il ne faisait plus partie de ces gens-là. Son avenir s'était considérablement rétréci.

Les premières semaines ont été délicates, marquées par l'insomnie. Pas parce que Deb lui manquait – non, elle ne lui manquait pas vraiment –, mais parce qu'il avait l'habitude de dormir avec quelqu'un à ses côtés. Assez rapidement, cela dit, il s'est adapté à cette absence. Son corps a pris l'habitude de s'étendre à travers toute la largeur du lit. Il a arrêté de se redresser en pleine nuit pour appeler : "Debbie !"

Il a cessé de croire qu'elle était là, dans la pièce d'à côté.

Ian frappe à la porte d'entrée et attend.

Il se gratte le sommet du crâne, là où ses cheveux blonds sont le plus clairsemés, puis essuie la sueur sur son front avec son avant-bras. Il fait encore une chaleur infernale.

Debbie lui ouvre. Elle porte un short beige et le tee-shirt blanc qu'elle met au boulot avec, imprimé juste au niveau de la poitrine, *PINK'S SALON* en lettres cursives. C'est elle qui gère la boutique pour Vicki Dodd – si la famille Dodd a encore un peu d'argent, c'est bien grâce à Vicki et pas à Carney, son bon à rien de frère. Quoi qu'il en soit, Debbie doit tout juste être rentrée du boulot. Elle fronce les sourcils en voyant Ian. Une grimace très brève, immédiatement remplacée par un sourire, mais la grimace était vraie et le sourire est faux. Ian s'en rend parfaitement compte. Pour Debbie, sa présence physique est un rappel instantané de la plus grande perte qu'elle a jamais subie. Il ressemble trop à la fille qu'elle a passé les sept dernières années à tenter d'oublier. Elle n'a eu de cesse d'enterrer Maggie toujours plus profondément. Ian appartient à un chapitre de sa vie auquel elle ne veut plus penser.

“Ian.

— Deb.

— Qu'est-ce qu'il y a ?

— Tu as parlé à Bill ou au shérif Sizemore ?

— Non.

— Je peux entrer une minute ?

— Il est arrivé quelque chose ? Bill a eu un accident ?

— Bill va bien. Je pensais qu'il t'aurait peut-être appelée.

— Pourquoi ?

— Tu ferais peut-être bien de t'asseoir.

— Qu'est-ce qui se passe ?"

Il ne répond pas. Debout, immobile, il attend.

Elle scrute son visage, à la recherche d'indices, mais il ne laisse rien voir. Il conserve une expression neutre.

Debbie finit par s'écarter pour le laisser entrer.

Ian observe Deb tandis qu'elle s'assoit sur le canapé et lève les yeux vers lui. Les muscles de ses épaules sont contractés, les tendons dans son cou saillent, ses mains agrippent ses genoux. Fut une époque où Debbie le touchait avec ces mains-là, où elle le caressait. Mais c'était il y a longtemps, et il ne se rappelle même plus la sensation que ça lui procurait.

"Qu'est-ce qui se passe ? demande-t-elle à nouveau.

— Ça concerne Maggie."

Debbie soupire, son corps se relâche et elle retrouve sa posture familière, un peu voûtée.

"Ils ont retrouvé son corps", dit-elle.

Le soulagement perceptible dans sa voix, le "Dieu merci" qu'elle ne dit pas mais qu'il entend presque donnent à Ian l'envie de la saisir par les épaules, de la secouer, de lui crier : Pourquoi t'es comme ça, Debbie ? T'as pas honte ? C'est ta fille dont on parle. Ta *fille*. Comment oses-tu prendre un air soulagé en évoquant sa mort ?

Mais il sait pourquoi elle est comme ça. Elle veut tourner la page. Les funérailles n'ont pas suffi. Elles n'ont pas mis ce point final dont elle croit avoir besoin. Les cercueils ne peuvent pas contenir les souvenirs, et la terre ne peut pas les enfouir. Deb veut un cadavre. Elle ne se rend pas compte que même un cadavre ne lui donnerait pas ce qu'elle désire. Elle ne comprend pas que les morts ne meurent qu'une fois que tous ceux qui les ont connus et les ont aimés sont morts.

Ian secoue la tête.

"Non, dit-il. Y a pas de corps à retrouver. Elle est en vie."

Et elle n'a plus sept ans, elle n'est plus figée dans le temps. Elle a quatorze ans, elle en aura quinze en septembre, et aujourd'hui elle l'a appelé à l'aide. Elle lui a parlé au creux de l'oreille.

Il ne la laissera plus jamais mourir.

DEUX

Ian ouvre les yeux. Il est allongé sur le canapé, la tête tournée vers la droite. Un de ses yeux est fixé sur les chaussures qu'il porte au boulot. Elles traînent par terre près du mur à l'autre bout de la pièce. L'autre œil, écrasé par son avant-bras, ne voit qu'un bout de manche de chemise floue. Une des chaussures gît sur le côté. Un morceau de chewing-gum noirci colle au talon. Ian se redresse. Il a mal dans le cou. Le soleil brille à travers la vitre sale de la fenêtre du salon. Six bouteilles de Guinness vides sont alignées comme des quilles de bowling sur la table basse. Deux d'entre elles ont leur étiquette décollée et coincée à l'intérieur, comme si elles contenaient des messages jetés à la mer. À côté des bouteilles se trouve une casserole, au revêtement extérieur noirci par les flammes. Une fourchette en dépasse, des nouilles japonaises et une rondelle de carotte brûlée sont attachées au fond. À l'autre bout de la table, un échiquier où se dressent encore plusieurs pièces d'une partie interrompue. Ian couvre son visage de ses mains et frotte. La barbe naissante gratte ses paumes comme du papier de verre.

L'alarme de sa montre sonne. Il regarde son poignet, mais sa montre n'y est pas. Elle est sur le plan de travail de la cuisine. Ce qui signifie qu'il va devoir bouger.

"Merde."

Il se lève, va dans la cuisine et coupe la sonnerie d'une pression sur la montre. Puis il rince la casserole qu'il a utilisée la veille, met deux œufs à l'intérieur, ajoute suffisamment d'eau pour les submerger, pose la casserole sur la plaque. Il tourne un bouton qui fait clic, et une seconde plus tard, pouf, des flammes bleues à pointe orange apparaissent. Pendant que ça cuit, il va démarrer la machine à café, versant quelques cuillerées dans un filtre et remplissant le réservoir d'eau. Il enfonce un bouton. Un voyant passe du rouge au vert. Le liquide dégouline dans la carafe tachée. Les gouttes crépitent, dansent sur la surface qui chauffe.

Après s'être versé une tasse de café noir et avoir épluché ses œufs à la coque, il retourne s'asseoir sur le canapé. Il écarte les bouteilles de bière vides, ramène l'échiquier vers lui et examine la partie en cours. Il a l'impression de l'avoir commencée il y a une éternité, elle semble remonter à une autre ère, à la nuit des temps, mais jamais il ne se résoudra à l'abandonner. Il a acheté l'échiquier chez un brocanteur bas de gamme. C'est une boîte en bois de mauvaise qualité, avec une doublure en tartan à l'intérieur et, sur une des faces extérieures, un plateau avec des carrés de marbre veinés de brun. Les pièces ont été taillées dans le marbre, elles aussi, par un apprenti ou par un vieillard aux mains tremblantes, et parce qu'elles commençaient à s'abîmer le jeu ne lui a vraiment pas coûté cher. L'ensemble est couvert de poussière. Ian n'a jamais passé de chiffon dessus, par crainte de déplacer accidentellement des pièces, même s'il est resté tellement souvent immobile à regarder cette partie en cours, rejouant chaque coup dans sa tête, que s'il envoyait valdinguer tous les pions aux quatre coins du salon, il serait sûrement capable de les remettre à leur place en quelques minutes.

C'est son tour. Ça fait trois ans que c'est son tour. Et, depuis le début, il sait quel sera son coup. Il lui a fallu une heure de réflexion – avec une bonne dose d'alcool dans le sang – pour se décider. Déplacer la reine en B4. Mais il était tard le soir quand il est parvenu à cette conclusion, très tard même en Californie où, à l'époque, Jeffrey vivait encore avec sa mère, Lisa. Alors il a décidé d'appeler le lendemain. Et il a entamé un nouveau pack de douze qu'il a bu jusqu'au lever du soleil, jusqu'à l'heure de partir au boulot. Il y a trois ans, il s'autorisait encore à stocker dans son appartement plus d'un pack de six. Quand il est rentré du boulot ce jour-là, l'effet de l'alcool commençait seulement à s'estomper, il avait la gueule de bois et il ne se sentait pas le courage d'appeler Jeffrey. Alors il a laissé passer encore un soir. Puis un autre. Puis six mois. Comment téléphoner à un fils auquel on n'a pas parlé depuis six mois pour lui dire : "La reine en B4" ?

Ian prend sa reine noire toute poussiéreuse et la déplace. Il regarde, sirote son café. Le problème, c'est que tant que Jeffrey n'est pas au courant, le coup ne compte pas. Ian remet la reine sur sa case de départ et repousse l'échiquier. Peut-être appellera-t-il Jeffrey plus tard dans la journée…

Il verse du sel et du poivre sur un des œufs à la coque et l'enfourne tout entier dans sa bouche. Il le mâche lentement, puis avale avec une grande gorgée de café.

C'est étrange, plus on attend avant de faire quelque chose, plus c'est dur. Une petite tâche à accomplir, si vous la repoussez au lieu de la saisir à bras-le-corps, elle prend de l'ampleur, comme une boule de neige qui grossit en roulant, et ce que vous auriez pu ramasser d'une main et glisser dans votre poche a désormais la taille et le poids d'une planète.

Ian laisse échapper un rot et met du sel sur l'autre œuf.

Il monte dans l'ascenseur.

Son immeuble était au départ un hôtel, construit en 1924 par Carl Dodd. Pour une raison inconnue, Dodd pensait que Bulls Mouth allait grandir et devenir *la* grande métropole entre Houston et San Antonio. Mais ça ne s'est jamais produit. Il est mort et a légué l'hôtel ainsi que son empire de laiteries à Carney et Vicki, ses enfants, qui n'ont pas hésité à revendre l'hôtel à un investisseur de Houston en 1996. L'investisseur a converti l'hôtel en apparts pour étudiants pressés de quitter le domicile de maman et papa, mais la transformation s'est résumée à virer la vieille enseigne à l'extérieur et à en accrocher une nouvelle. De toute évidence, ça fait au moins vingt ans que l'ascenseur n'a pas été examiné par un technicien. Chaque fois qu'il monte dedans, Ian se dit que ça y est, c'est le jour où les câbles vont craquer.

Les portes se ferment en grinçant et Ian enfonce un bouton. L'ascenseur tremble violemment, comme terrifié à l'idée même de bouger, puis commence à descendre.

Les portes se rouvrent au rez-de-chaussée.

Ian jette un coup d'œil à sa montre. Il doit être au boulot dans moins de vingt minutes.

Maggie n'a presque pas dormi de la nuit. Les pensées d'évasion se bousculaient dans sa tête. Même compter ne la calmait pas. Elle perdait le fil des nombres et devait recommencer de zéro. Elle remuait sans cesse et les draps s'enroulaient autour d'elle, la ligotaient. Elle ne trouvait aucune position confortable et son esprit refusait de s'apaiser.

Maintenant que le matin est là, elle se tient sous l'unique fenêtre du sous-sol, sur la pointe des pieds afin que son visage soit illuminé par un des premiers rayons de soleil. La chaleur sur son visage est tellement agréable. Elle voudrait être dehors à nouveau. Elle voudrait sentir à nouveau les feuilles mortes et la terre sous ses pieds. Entendre les oiseaux chanter. Entendre l'air lourd s'animer au moment où un souffle de vent chaud s'engouffre à travers les branchages.

"Si tu t'échappes encore, il risque de te tuer."

Elle lance un regard sur sa gauche.

Une tête de cheval se détache dans l'ombre : des narines gonflées, un œil noir scintillant dans la faible lueur grise de la fenêtre tandis que l'autre demeure caché dans l'obscurité, le bout d'une paire de baskets Chuck Taylor. Voilà tout ce qu'elle voit de Borden. Le reste est englouti dans les ténèbres.

"Je crois qu'il en a tué d'autres avant toi."

Sa gueule ne bouge pas quand il parle. Les mots flottent dans l'air sans qu'il ait besoin de les prononcer : émis dans la tête de Borden, ils se reforment dans celle de Maggie.

"C'est ce que je crois aussi, dit-elle. Mais je peux pas rester.

— Tu as oublié ce qu'il t'a fait subir hier ?

— Non, dit-elle en touchant les plaies qui entourent ses poignets comme des bracelets.

— Alors comment ça se fait que tu penses encore à t'enfuir ?"

Elle ne répond pas. Elle se tourne à nouveau vers la fenêtre pour sentir la lumière sur sa peau.

"Ce sera pire la prochaine fois.

— Je sais.

— Même s'il ne te tue pas, ce sera pire."

Elle hoche la tête silencieusement. Et, grâce à Borden, elle se l'imagine. Pendue au crochet, plus aucune sensation dans ses mains violacées, les poignets en sang, le reste de son corps qui se balance sans défense, livré aux coups d'Henry. Elle a déjà vécu ça au moins vingt-cinq fois, et c'est toujours aussi terrible.

Elle peut donner des coups de pied. Ça éloigne Henry, mais de façon très provisoire et, dès qu'elle s'arrête – ce qu'elle est bien obligée de faire à un moment ou à un autre –, la punition que lui inflige Henry est encore pire. À la seule pensée du crochet, elle est restée obéissante en de nombreuses occasions où chaque atome de son être voulait se rebeller contre les horreurs du Monde du Cauchemar.

"Je sais", répète-t-elle.

Mais, alors qu'elle sent la lumière matinale du soleil sur son visage, elle s'en fiche. Non, elle ne s'en fiche pas, elle est terrifiée, et malgré ça elle croit que le risque vaut la peine d'être pris. Elle ne peut pas rester plus longtemps ici. Pas après ce qui s'est passé hier. La liberté vaut le coup.

"Même s'il te tue ?

— Même s'il me tue.

— Et moi, alors ?

— Tu peux venir.

— Impossible.

— Pourquoi ?

— Je ne pourrais jamais quitter cet endroit. C'est chez moi.

— Tu pourrais te trouver un autre chez-toi.

— C'est ici que je suis né. Dehors, je ne survivrais pas.

— Tu peux essayer.

— Ça ne marcherait pas. Jamais je ne pourrai partir.

— Pourquoi ça ?"

Un silence pour toute réponse.

"Borden ?"

Le silence dure. Puis :

"Si tu essaies de t'échapper, je le préviendrai.

— Tu ne peux pas faire ça.

— Si tu t'en vas…

— Si je m'en vais quoi ?

— Ne t'en va pas.

— Ne lui en parle pas.

— Moi, je dois rester, et toi aussi.

— Ne lui en parle pas !"

Il recule, et l'obscurité l'absorbe à nouveau.

"Borden ?"

Il ne répond pas. Elle ferme les yeux et s'imagine pendue au crochet, imagine le sang coulant de ses poignets, le long de ses bras, imagine la douleur terrible dans ses épaules et ses mains, imagine les coups qu'elle recevra.

Elle rouvre les yeux et regarde vers les ombres de la pièce. Elles sont aussi épaisses que du tissu, impossible de voir au travers. Dieu sait ce qui attend dans cette obscurité.

Tu ne peux pas partir.

Diego Peña déteste le soleil : l'astre trône au-dessus des arbres et se moque de Diego qui roule vers l'est sur Flatland Avenue, l'aveuglant de sa lumière blanche, lui faisant bouillir le cerveau et lui filant un sacré mal de crâne. S'il pouvait dégainer son arme de service et abattre cette saloperie, il ne se gênerait pas. Ça lui ferait plaisir de voir le soleil tomber comme un oiseau mort, s'éteindre comme une bougie.

Diego rote, ravale ce qu'il a failli vomir.

Il ne se rappelle pas combien de verres il a bus hier soir chez Roberta's, mais c'était au moins une demi-douzaine de trop. Il ferait mieux de ne plus aller dans ce bar, de s'en tenir au O'Connell's. Chez Roberta's, il n'arrive pas à se limiter.

Depuis qu'en répondant à un appel d'urgence, il s'est pris un rouleau de barbelé dans la gueule de la part de Jimmy Block, l'ex-mari de Roberta, cette dernière ne cesse de lui payer des coups. Six mois après l'incident, le divorce était prononcé et elle héritait du bar de Jimmy, *Jimmy's*, qu'elle rebaptisa immédiatement *Roberta's*, malgré les protestations de certains habitués grincheux qui encore à ce jour l'appellent Jimmy's. Diego rote à nouveau et avale ce qui remonte. Il n'aurait pas dû manger le reste de *rabo de toro* au petit-déjeuner. Mais il a cru qu'il avait déjà dégueulé tout ce qu'il avait à dégueuler. Il s'est dit qu'un petit peu de queue de bœuf absorberait l'alcool qui lui restait dans l'organisme.

À en croire l'expression sur le visage de Cordelia ce matin, la femme de Diego pense que quatre années passées à se soûler aux frais de la patronne, ça suffit. Bien sûr, il était penché au-dessus des toilettes à ce moment-là, et quand il a levé la tête, un filet de salive accroché au menton, elle s'est détournée et elle est partie, alors peut-être qu'il l'a mal lue, son expression, dans le bref intervalle avant qu'elle lui tourne le dos et maugrée :

"... hace lo que le sale de los cojones."

Ce dont il a besoin, c'est d'un cocktail *red rooster* : de la bière légère, du jus de tomate, une goutte de jus de palourde et un œuf cru. Ça lui ferait sacrément du bien. Il jette un coup d'œil à sa montre. Sept heures et demie. Le barman de la matinée chez Roberta's n'ouvrira pas avant encore deux heures et demie, alors il va devoir survivre sans.

Bon, dans ce cas-là, autant considérer qu'il est en service.

Plus ou moins.

Le pasteur Warden est entré chez Roberta's hier soir, vers huit heures et demie, juste quand il commençait à y avoir du monde, et il a annoncé qu'il paierait dix dollars par tête chaque teckel qu'on lui rapporterait.

"Morts ou vifs ?" a demandé Andy Paulson, assis sur son tabouret de bar, lançant un regard par-dessus son épaule, grimaçant un sourire entre ses dents en porcelaine cassées, tandis que de la mousse de bière pendait à sa ridicule moustache gominée.

"Vifs, a répondu Warden. Morts, et vous aurez droit à un sermon de six heures sur le péché d'ivresse dimanche prochain."

Il a tourné les talons et il est sorti. Dès que la porte s'est refermée, la moitié du bar a éclaté de rire. Mais ce matin, dix dollars par tête lui semble une proposition plus qu'honnête, même s'il n'est pas dans son assiette. Vu le regard que lui a jeté Cordelia ce matin, il ferait peut-être bien d'utiliser cet argent pour lui acheter des fleurs au supermarché Albertsons avant de rentrer à la maison.

Il prend à droite sur Main Street et longe Flatland Park, regardant s'il ne voit pas des chiens qui se promènent tout seuls. Mais il n'y a rien, alors il continue vers le sud, le long du golf à neuf trous de Bulls Mouth où Fred Paulson – frère d'Andy Paulson et propriétaire du loueur de camions U-Haul, à côté de la quincaillerie d'Andy sur Wallace Street – est en train de finir le parcours. Le visage rose de fureur, la bouche mitraillant des jurons comme s'il en avait acheté tout un paquet en promo à l'hypermarché Walmart, il saccage un bunker de sable à l'aide d'une cale. Il finit par jeter violemment son club dans le sable, par prendre la balle et la lancer sur le green. Il ramasse son club et sort du bunker sans se soucier de ratisser le sable pour la personne suivante.

Diego tourne à gauche sur Underhill Avenue. Il roule tranquillement, regardant tour à tour le golf à gauche et le bois à droite, parsemé de mûriers autour desquels pourrissent des tonnes d'énormes mûres. Arrivé à hauteur de Crockett Street, au niveau du quatrième trou, il aperçoit un teckel en train de creuser furieusement dans un bunker en forme de rein.

Il gare sa voiture sur le bas-côté et ouvre sa portière. Lorsqu'il se lève, Diego a le tournis, il agrippe la carrosserie pour ne pas perdre l'équilibre, cligne plusieurs fois des yeux et ravale de la bile. Le sang finit par monter jusqu'à sa tête, dissipant la sensation d'étourdissement, et il plisse les yeux pour affronter le soleil et regarder en direction du terrain de golf. Le chien continue de creuser. Diego s'élance vers le grillage qui entoure le golf – il ne fait pas plus d'un mètre de haut – et saute par-dessus. Ce qui s'avère être une erreur.

Il atterrit sur ses deux pieds, fait encore deux pas, puis tombe à genoux et vomit. C'est principalement du liquide, un souvenir du bon temps qu'il s'est payé hier soir et du petit-déjeuner qu'il a réussi à ingurgiter ce matin. Il crache, deux fois, puis se relève. Se bouchant alternativement chaque narine avec le pouce, il se mouche au-dessus du gazon. Il frotte ses yeux humides. Son estomac est un peu moins aigre. Peut-être qu'il est maintenant purgé, que sa gueule de bois est en voie de guérison. Peut-être qu'il va bientôt se sentir revivre. Il crache encore une fois, époussette les brins d'herbe collés à ses genoux et regarde vers l'endroit où il a vu le teckel.

L'animal est en train de faire ses besoins dans le rough juste après le quatrième trou. Diego se met à courir vers lui puis, par prudence, ralentit un peu le pas.

“Viens là, mon toutou.”

Après avoir fait monter le chien à l'arrière du véhicule, Diego se glisse derrière le volant. Il se penche vers la boîte à gants et l'ouvre. Il farfouille dedans, écartant des stylos, des serviettes en papier, d'autres trucs qu'il a entassés, jusqu'à ce que ses doigts sentent ce qu'il cherche. Il sort un petit flacon de bain de bouche qu'il garde spécialement pour ces occasions-là, se rince sans oublier de faire des gargarismes et recrache le désinfectant par la fenêtre.

Puis il démarre la voiture. Son objectif pour aujourd'hui : cinquante dollars de bonus teckel.

En franchissant College Avenue, il aperçoit la Mustang de Ian Hunt arrêtée à l'intersection, attendant que le feu passe au vert. Ils se font un signe de la main, puis Diego file et la Mustang de Ian tourne à droite sur Crockett. Ian se dirige sûrement vers le poste de police, ce qui n'est pas le cas de Diego.

Car maintenant que son organisme a évacué l'essentiel de l'alcool, son appétit est revenu.

Ian pousse la porte du poste de police. Assis à son bureau, le capitaine Davis s'occupe de paperasserie. Il lève les yeux quand Ian entre et lui dit : "Bonjour.

— 'jour. Comment ça se fait que Diego soit déjà en service à cette heure-ci ?

— Il est pas en service.

— Ah bon ?"

Davis secoue la tête.

"Quelqu'un a planté sa bagnole dans la clôture du pasteur Warden et tous ses chiens se sont fait la malle. Le pasteur est passé chez Roberta's hier soir pour annoncer qu'il paierait dix dollars chaque chien qu'on lui ramènerait."

Ian hoche la tête.

"Du nouveau concernant Maggie ?"

Davis souriait en parlant des chiens, mais son sourire vient de s'évanouir.

"Non. Le vieux cordonnier n'a reconnu aucune photo et le portrait-robot que les petits gars de Sizemore ont tiré de lui ressemble à un John Goodman chauve. Rien à en tirer, de ce vieux. On attend toujours les empreintes du téléphone, cela dit. Avec un peu de chance, ça nous donnera une piste. Sizemore a aussi demandé à Bill Finch et à John Nance de regarder les dossiers de disparitions d'enfants dans le comté, pour voir s'il y a un lien à établir.

— Finch ?"

Davis hausse les épaules.

"C'est pas moi qui décide.

— Je sais."

Ian se tourne vers le bureau du répartiteur, puis à nouveau vers le capitaine. "Vous pensez que vous pourriez appeler Sizemore, voir si on peut pas obtenir des copies de ces dossiers qu'ils examinent ? Peut-être que je pourrais y jeter moi-même un coup d'œil."

Davis hoche la tête.

"Bonne idée. Je vais peut-être envoyer Thompson les récupérer là-bas. Au fait, vous avez vu ça ?"

Il tend à Ian un exemplaire du *Tonkawa County Democrat*. Ian s'approche, le lui prend des mains. À la une de ce journal d'une vingtaine de pages, ce gros titre :

KIDNAPPÉE IL Y A PLUSIEURS ANNÉES,
LONGTEMPS CRUE MORTE,
UNE JEUNE FILLE EST DÉCOUVERTE VIVANTE.

Découverte vivante. Ouais, se dit Ian, un peu comme un homme qui se prend un direct dans le nez découvre ce que c'est qu'un poing. Il commence à lire le premier paragraphe.

Le journal explique que Maggie a été enlevée pendant que ses parents étaient *sortis dîner en amoureux*, qu'on l'a déclarée morte, que des funérailles ont été organisées *bien qu'aucun corps n'ait été retrouvé*. Il donne une description du ravisseur qui pourrait correspondre à n'importe quel type assez âgé. Ian jette le journal sur le bureau de Davis.

“C’est vous qui les avez prévenus ?”

Le capitaine Davis fait non de la tête.

“C’est Sizemore. Il a aussi fait une déclaration aux chaînes télés locales. Ça a permis que la photo de Maggie soit diffusée, avec une description du ravisseur et le numéro du shérif. *Si vous avez des informations permettant de localiser Magdalene Hunt ou son ravisseur, veuillez contacter le Bureau du shérif du comté de Tonkawa.* Tu connais la chanson. Il faut faire passer le message. Ça augmente nos chances.

— *Enlevée pendant que ses parents étaient sortis dîner en amoureux*, répète Ian en secouant la tête. Ça sonne comme si on avait laissé une petite fille livrée à elle-même.

— Vous n’étiez pas là. C’est la vérité, non ?

— Les faits, dit Ian. Pas la vérité.

— Enfin, ça a permis que sa photo soit dans le journal, et qu’elle passe à la télé. C’est ce qui compte.”

Ian hoche la tête, puis se dirige vers le bureau du répartiteur.

“Oubliez pas de demander ces dossiers au shérif, OK ? dit-il sur le pas de la porte.

— Compte sur moi.”

Après avoir démarré la cafetière, Ian va s’asseoir dans son fauteuil. Il pousse un long soupir et met son casque.

Ça lui paraît étrange. Comme si ce n’était pas la chose à faire ce matin. Comme s’il devait plutôt partir à la recherche de Maggie. Tout tenter pour la retrouver. Il en a le devoir, il en a l’envie. Mais, avant que le labo associe des empreintes à un criminel fiché, ou avant qu'il n'obtienne ces dossiers du Bureau du shérif, ou avant qu'on trouve au moins un indice, il n'aura vraiment nulle part où chercher. Ici, au moins, il sert à quelque chose. Certes, c'est une petite ville et souvent les journées passent tranquillement, mais depuis qu'il est à Bulls Mouth, Ian a contribué à sauver plus d'une vie. S'il ne peut pas encore sauver celle de Maggie, peut-être qu'entre-temps il peut en sauver une autre. Ça pourrait l'aider à dépenser cette énergie qui s'accumule dans ses tripes au point de lui faire mal, parce qu'il est bloqué, il faut qu'il aille de l'avant, mais il est bloqué par les circonstances. C'est comme essayer de tirer une balle avec un revolver au canon bouché, tout pourrait lui péter dans la main. S'il arrive à se sentir utile, ça lui permettra peut-être de relâcher un peu de pression, de rendre l'attente tolérable.

"Ici le 911, dit-il. Quelle est votre urgence ?

— Je trouve pas mes clés de voiture.

— Pardon ?

— Je suis en retard et je trouve pas mes clés de voiture."

Ian pousse un soupir. "Qu'est-ce que tu veux que je fasse, Thompson ?

— Je sais pas, que tu jettes un coup d'œil dans le bureau.

— Si elles étaient ici, t'aurais pas pu rentrer chez toi en voiture.

— Ah, pas con.

— T'as regardé dans tes poches ?

— Dans mes…" Un rire étonné. "Nom de Dieu, ça alors !"

Ian se verse une tasse de café et la boit dans un silence qui serait parfait sans le grondement du gros climatiseur encastré dans la fenêtre.

“Ici le 911. Quelle est votre urgence ?
— Bonjour, dit la petite voix d’une petite fille.
— Bonjour. Tu joues avec le téléphone ?
— Non.
— Tu appelles pour quoi ?
— C’est pour une amburgence.
— Vraiment ?
— Euh oui. C’est vous l’amburgence ?
— Oui, ici c’est les urgences. Comment tu t’appelles ?
— Thalia.
— Thalia, pourquoi tu appelles les urgences ?
— C’est ma maman.
— Quel est le problème avec ta maman ?
— Elle peut pas se lever.
— Qu’est-ce qui s’est passé, Thalia ?
— Papa l’a empêchée.
— Papa l’a empêchée ?
— Oui…
— L’a empêchée de faire quoi ?
— De faire sa valise.
— Elle voulait partir ?”
Silence à l’autre bout de la ligne.
Ian attend. “Thalia ?
— Oui ?
— Tu as hoché la tête, là ?
— Oui…
— Ta maman voulait partir ?
— Oui.

— Ta maman faisait sa valise et ton papa l'en a empêchée ?
— Oui.
— Comment il a fait ?
— Il l'a tapée.
— Et il est où maintenant ?
— Il est parti d'ici.
— Il n'est plus à la maison ?
— Non.
— Où est ta maman, Thalia ?
— Elle est fatiguée.
— Où est-ce qu'elle est ?
— Dans sa chambre.
— Elle dort ?
— Papa il l'a tapée et il lui a fait faire la sieste.
— Quand ça ?
— Avant qu'il est parti d'ici. Elle se réveille pas. J'ai faim.
— Est-ce que ta maman saigne ?
— C'est pas interdit si on appelle l'amburgence parce qu'on a faim ?
— Non, Thalia, tu as bien fait. Est-ce que ta maman saigne ?
— Elle a arrêté.
— D'accord. Je vais dire à un policier de venir te voir, OK ? Je veux que tu restes au téléphone avec moi jusqu'à ce qu'il arrive.
— Le policier c'est les gentils.
— On reste ensemble au téléphone, hein, Thalia ?
— D'accord."

Ian est occupé à regarder les dossiers que le Bureau du shérif lui a photocopiés quand il entend Diego pousser la porte du poste et marmonner une sorte de bonjour au capitaine Davis. Ian ôte son casque, se lève et passe du bureau du répartiteur à la pièce principale.

Diego se laisse tomber sur le canapé adossé au mur de façade. Une cigarette qu'il a roulée lui-même, mais pas encore allumée, pend à ses lèvres. Il remonte ses lunettes de soleil sur son crâne, s'en sert pour caler ses cheveux ondulés. Ses yeux sont rouges et il a l'air très fatigué. Quand il voit Ian sur le pas de la porte, il hoche la tête, le salue d'un grognement.

"T'en as chopé combien ? demande Ian.

— Quoi ?

— Des chiens.

— Ah, quatre. S'en est fallu de peu que j'en aie un cinquième.

— Warden t'a payé ?"

Diego hoche la tête, sort deux billets de vingt dollars de la poche de sa chemise. Il les tient devant lui un moment, puis les remet dans la poche.

"Elle a porté plainte ?

— Qui ? demande Diego.

— Genevieve Paulson.

— Ah, non. Un de ces jours, Andy va la tuer pour de bon. T'aurais dû voir son visage.

— C'était moche ?

— On aurait dit une prune avec des yeux.

— Et Thalia, comment elle allait ?

— Comme d'habitude. Toute souriante, toute gentille."

Ian secoue la tête. Ça le rend malade de penser à ce que grandir avec un père comme Andy Paulson laissera comme traces à cette jolie petite fille. Ça va lui foutre sa vie en l'air, elle va finir comme ces femmes qui vivent dans des camping-cars avec des maris qui les tabassent chaque fois que le chef à l'entrepôt leur gueule dessus parce qu'ils n'ont pas chargé le camion assez vite ou pas remplacé le réservoir de propane du chariot élévateur.

"Quelqu'un devrait aller parler à Andy.

— C'est ce que j'ai fait, je suis passé à la quincaillerie.

— Et alors ?

— Il est désolé et promet de ne pas recommencer.

— Comme toujours."

Diego hoche la tête.

"Comme toujours.

— Les avertissements n'ont aucun effet sur lui.

— Non, dit Diego, c'est pas un type que les paroles font réfléchir.

— Alors faudrait peut-être pas se contenter de paroles", dit Ian.

Maggie est assise en tailleur sur le matelas du sous-sol, l'assiette vide de son déjeuner posée par terre à côté d'elle. L'éclairage au plafond est éteint, le soleil est déjà passé de l'autre côté de la maison et des ombres commencent à s'étirer au sol. La lumière est faible et grise, et les ombres dans les coins sont denses. Elle les observe, guettant un mouvement. Borden a disparu, comme il fait parfois, et elle n'a pas envie qu'il la prenne par surprise. Après ce qu'il a dit ce matin, elle ne lui fait pas confiance. Depuis, elle ne l'a plus revu, bien qu'elle ait déclaré à haute voix qu'elle n'essaierait pas de s'enfuir une seconde fois. "C'est trop risqué, a-t-elle expliqué. Je crois que je vais rester ici, après tout." Elle l'a dit en faisant comme si elle se parlait toute seule, mais évidemment c'est à Borden qu'elle s'adressait. Espérons qu'il écoutait. Elle le soupçonne de l'épier constamment. Peut-être que ça le dissuadera de tout raconter.

Même si ça fonctionne, elle sait désormais qu'elle ne peut pas lui faire confiance. Elle a cru qu'il était de son côté, mais ce n'est pas le cas. Borden est du côté de Borden, c'est tout. Il va falloir qu'elle s'enfuie le plus vite possible, et qu'elle prenne soin de garder son plan pour elle. Même quand elle se croira seule, il faudra qu'elle soit discrète. Parce qu'elle n'est jamais vraiment seule.

Ce soir, c'est la première étape vers la liberté. Il n'est pas encore temps de passer à l'action. Il faut d'abord bien réfléchir. Mais ce soir, c'est le début. Bientôt, elle s'échappera du Monde du Cauchemar. Elle s'en fiche que Borden ne puisse pas partir. En fait, c'est mieux comme ça. Elle ne veut plus jamais le revoir. Bientôt, elle pourra s'échapper, se tenir sous les rayons du soleil et ne plus avoir peur.

"Tu vas rendre Beatrice très triste."

Elle regarde à gauche, à droite.

Il est de l'autre côté de la pièce, dans le coin le plus éloigné, près d'une pile de cartons. Ces cartons sont remplis de décorations de Noël, de vieux magazines avec des photos de femmes nues, de romans de cow-boys, de vieux vêtements reconvertis en chiffons. Pour l'essentiel, il est caché par les ombres, mais quelques parties de lui sont visibles. Il se tient droit, sans bouger.

"Je ne vois pas de quoi tu parles.

— Je sais que tu comptes toujours partir.

— Non… Non, c'est faux.

— Tu pourrais rester.

— Je *vais* rester.

— Beatrice t'aime, tu sais.

— Non elle ne m'aime pas.

— Bien sûr que si.

— Elle aime une petite fille qui s'appelle Sarah.

— Ça pourrait être toi, Sarah.

— Sauf que non, je suis pas Sarah.

— Tu pourrais, depuis le temps que c'est le nom qu'on te donne. Tu pourrais laisser Beatrice t'aimer. Si tu te laissais aimer, tu ne détesterais pas autant être ici.

— Mais ici je suis pas chez moi.

— Mais si, c'est chez toi. C'est pour ça que tu ne peux pas t'enfuir.

— Je…” Ce n’est pas une discussion qu’elle souhaite avoir. “Je vais pas essayer de m’enfuir.

— Je lis dans tes pensées.

— Tu mens.

— Tu sais bien que non. Je vois ce qu’il y a dans les recoins les plus sombres de ta tête. Tu ne peux rien me cacher.”

Des larmes montent aux yeux de Maggie. Elle sait que ce qu’il dit est vrai. Il est déjà arrivé à Borden de réagir à des pensées qu’elle n’avait encore jamais exprimées. Pendant des années, il a fait écho aux peurs les plus profondes de Maggie, qu’elle avait toujours tues : tes parents ont une nouvelle petite fille et ils ne pensent plus à toi ; un jour, pour te punir, Henry va te pendre au crochet et t’y laisser pour toujours ; tu vas mourir ici.

Elle cligne des paupières, essuie ses larmes. Elle regarde dans les gros yeux ronds de Borden, noirs comme des puits de goudron, qui luisent à l’autre bout de la pièce. Les narines de Borden enflent. Ses grandes dents rectangulaires forment quelque chose qui ressemble à un sourire. Quelque chose de très laid.

“Je lis toutes tes pensées.”

Maggie se frotte à nouveau les yeux.

“Parce que t’existes pas, dit-elle. C’est pour ça. Parce que t’es un être imaginaire.

— Tu ne pourras jamais partir.

— Mais j’ai plus besoin de toi.

— Tu ne pourras jamais partir.

— T’existes pas !

— Jamais, Sarah. Jamais.”

Elle ferme les yeux et essaie de se rappeler la première fois qu’elle a vu Borden. C’était avant qu’elle arrive ici. Avant qu’on la kidnappe. Elle en est sûre. C’était au zoo. Elle avait sept ans, elle venait de perdre une dent, elle était avec papa et Jeffrey, il faisait beau, c'était une belle journée. Il y avait un garçon de dix ans qui portait des baskets Chuck Taylor, un jean Levi's avec des revers aux jambes, une chemise rouge rentrée dans son pantalon. Ses manches étaient retroussées au-dessus de ses coudes et il gardait ses mains dans ses poches. Maggie avait donné les dernières carottes qui lui restaient à un cheval miniature, alors le garçon avait sorti une main de ses poches, et dans sa paume se trouvait un morceau de céleri qu'il avait tendu à Maggie. Il avait dit qu'il s'appelait Danny Borden, elle l'avait remercié et avait donné le bout de céleri au cheval. Danny Borden : un garçon normal avec des taches de rousseur sur les joues, des yeux marron et une frange parfaitement droite. Le Borden qui se trouve avec elle en ce moment n'est qu'une copie appartenant au Monde du Cauchemar.

Une copie qui n'a rien de vrai. Rien de réel.

Elle lève le regard vers lui. Son image tremble, s'évanouit comme sur l'écran d'une télé qui ne capte plus pendant une tempête, comme une flamme qui vacille avant de s'éteindre. Puis il réapparaît. Ses yeux roulent dans leurs orbites avant de se fixer sur elle :

"Tu ne partiras jamais.

— Tu me fais plus peur, lui répond-elle. T'existes pas."

Son image tremble à nouveau.

"Jamais, jamais tu ne partiras. Si tu essaies, je leur dirai.

— Ils t'écouteront pas. T'existes pas pour de vrai."

Il fait un pas vers elle, un pas hors de l'obscurité. Son image tremble et devient transparente. Maggie peut voir la pile de cartons derrière lui. Puis il redevient solide, mais pas pour longtemps, il avance vers elle en tremblotant. On dirait qu'il est sur le point de tomber en morceaux. Un bras semble fondre, puis reprend forme. Une jambe disparaît, puis réapparaît.

“Jamais tu ne…

— T’existes *pas.*”

Elle attrape une assiette par terre, la lève au-dessus de sa tête et la balance à l’autre bout de la pièce. L’assiette fend l’air avec un peu moins de fluidité qu’un frisbee, et si Borden existait bel et bien elle l’atteindrait en pleine tête, entre les yeux, mais il n’existe pas, alors elle passe à travers, heurte les cartons empilés contre le mur, tombe sur le ciment et se casse en mille morceaux.

Et il n’y a plus de Borden.

Quelques minutes plus tard, elle se lève. Le béton est froid sous ses pieds. Elle s’approche de l’endroit où gisent les bouts d’assiette brisée, projetés autour du point d’impact. Elle fait attention à chacun de ses pas – autant éviter de se couper. Avoir cassé cette assiette lui causera probablement assez d’ennuis comme ça.

N’y pense pas. C’est trop tard, ça ne sert à rien de se faire du souci.

Un deux trois quatre cinq six sept huit neuf dix onze douze.

Elle se baisse et ramasse le plus gros morceau. Il fait entre vingt et vingt-cinq centimètres et a la forme d’un croissant. Un bout est rond – le pourtour de l’assiette – et l’autre est très pointu. On y voit encore des branches de vigne et des fleurs bleues, peintes. S’il le faut, Maggie s’en servira pour poignarder Beatrice. Mais pas ce soir. Elle l’emporte derrière l’escalier. Sous la première marche, il y a un creux qui n’est rempli que d’obscurité. Maggie s’accroupit et tend le bras pour cacher le morceau d’assiette, mais elle hésite, n’ose pas. Et si une patte griffue jaillissait de l'ombre, lui agrippait le poignet, l'attirait dans la nuit ? Quelle bêtise ! C'est impossible, bien sûr. Dans l'ombre, il n'y a rien que de l'ombre. Elle le sait bien. Rien de plus gros qu'un chat ne pourrait se glisser sous cette marche. Pourtant, elle pose le morceau d'assiette sur le béton et le pousse dans l'ombre comme s'il était brûlant, en retirant vite ses doigts pour qu'ils ne touchent pas l'obscurité. Le jour où elle voudra récupérer le morceau, il faudra bien qu'elle y glisse la main, mais ça elle s'en inquiétera plus tard. Pour l'instant, elle veut simplement le cacher, et personne ne le trouvera là, pense-t-elle. À moins que Borden ne l'observe dans l'ombre…

Il n'existe *pas*.

C'est vrai : Borden n'existe pas et elle n'a pas besoin de se soucier de lui.

Au moment où Maggie se relève, la porte en haut de l'escalier s'ouvre en grinçant et la lumière s'allume. Se sentant coupable, comme si on l'avait prise la main dans le sac, Maggie fait le tour des marches et lève les yeux vers la porte.

Silencieuse, Beatrice se tient devant l'assiette brisée par terre. Ses cheveux plats et ternes encadrent son visage rond et triste. Les bords extérieurs de ses yeux trop écartés tirent vers le bas, tout comme les coins de sa bouche. On dirait presque que des mains invisibles s'agrippent à ses joues. Ses robes pendent toujours sans vie de ses épaules voûtées, et ceignent n'importe comment les bourrelets difformes de son ventre, lui donnant l'air d'un animal en peluche mal rembourré.

Beatrice se détourne de l'assiette et regarde Maggie. Sa bouche ouverte pend, sa respiration s'échappe bruyamment de sa gorge. Elle ravale sa salive et demande :

“Qu’est-ce qui s’est passé ?

— Je l’ai fait tomber, dit Maggie. Je… Je suis désolée.

— C’est un accident ?”

Maggie hoche la tête.

“On dirait pas qu’elle est tombée.

— Si.

— On dirait que tu l’as lancée.

— Non. C’est vrai, je le jure.

— Comment ça se fait qu’elle soit aussi loin ?

— Je vais nettoyer.

— T’as pas de chaussures. C’est dangereux. Je vais m’en occuper.”

Beatrice retourne vers l’escalier et gravit les marches, chaque planche ployant sous son poids. À chaque pas qu’elle fait, ses cuisses frottent l’une contre l’autre et sa robe produit une espèce de froufrou. Ce bruit évoque à Maggie celui du papier de verre que son papa utilisait dans le garage. Parfois, elle l’aidait à bricoler. Elle aimait sentir cette fine poussière de bois sur ses mains.

À chaque marche, Beatrice marque une pause – inspire, expire –, puis reprend son ascension. Quand enfin elle franchit le seuil de la porte qui mène à la cuisine, Maggie va s’asseoir sur son matelas, loin de ce qu’elle a caché.

Beatrice revient avec un balai, une balayette et un petit sac en plastique écrasé dans le creux de sa main. Elle descend les marches comme elle les a montées, une par une, s’arrêtant chaque fois que ses deux pieds sont sur la même planche, puis repartant. Elle s’arrête en bas de l’escalier, respire fort, douloureusement. Son visage est très pâle et des gouttes de sueur perlent sur sa peau grasse.

Maggie la regarde fixement, en se concentrant. *S'il te plaît meurs, s'il te plaît meurs, meurs, meurs.*

Elle s'en veut d'avoir de telles pensées, elle a honte, mais elle n'a pas le choix. Elle ne croit pas être capable de tuer quelqu'un – elle en est même sûre, cette idée la rend malade –, mais si Beatrice mourait toute seule… Elle sait qu'elle se sentirait coupable, mais de toute façon elle se sent déjà coupable, alors autant que ça arrive pour de bon. Tout serait tellement plus simple pour Maggie.

Elle éprouve une forme de pitié envers Beatrice. D'une certaine façon, Beatrice est prisonnière, comme elle. Mais si Beatrice venait à mourir, tous les problèmes de Maggie seraient réglés. Enfin, pour peu qu'elle meure au bon moment, quand Henry est parti à son travail et que la porte est ouverte. Si elle meurt quand Henry est là, il risquerait d'en faire payer le prix à Maggie. En tout cas, il n'aurait plus de raison de la garder en vie.

"Mon Dieu, soupire Beatrice tandis que sa poitrine monte et descend, monte et descend.

— Ça va ?" demande Maggie.

Au bout d'un moment, Beatrice hoche la tête.

Quel dommage ! se dit Maggie, et elle s'en veut aussitôt.

Puis Beatrice s'approche de l'assiette cassée, se penche et balaie les débris. Elle vide le contenu de la balayette dans le sac en plastique qu'elle a apporté avec elle, repasse un coup de balai, ramasse encore quelques bouts qui restent, noue le sac et se redresse.

Elle ne semble pas avoir remarqué qu'un gros morceau de l'assiette manque.

“T’amuse quand même pas à marcher pieds nus dans ce coin-là.

— Peut-être que je pourrais mettre des chaussures.

— Pour quoi faire ?

— Pour pas me couper.

— Henry a dit pas de chaussures.

— D’accord.”

Beatrice l’observe en silence un moment. Puis elle fronce les sourcils :

“Il t’a fait beaucoup de mal, hier ?”

Maggie frotte les croûtes minces qui ont séché autour de ses poignets. Elles ne sont pas plus larges qu’un petit doigt, mais les coupures sont profondes, et bordées de contusions violettes très douloureuses. Elle repense aux gifles qu’elle a reçues sur le visage et, du bout de sa langue, tâte sa lèvre déchirée. Elle se souvient du coup de poing dans le ventre qui lui a coupé le souffle, comme si elle se noyait. Et de la peur qu’elle a ressentie, la peur de mourir pour de bon cette fois-ci.

Elle hoche la tête.

“Je suis désolée, dit Beatrice. Ça me plaît pas quand y se conduit comme ça.

— Il arrêtera jamais.

— C’est pas qu’y veut te faire du mal. C’est juste qu’il a mauvais caractère.

— Il pourrait me tuer.

— Non, y ferait pas ça.” Elle pince les lèvres un moment, l’air songeur. “Pas exprès.

— Mais par accident oui.”

Beatrice souffle par les narines mais ne dit rien.

“Tu pourrais… tu pourrais me laisser partir.

— Sarah, tu sais que c’est pas possible.

— Comme ça il me ferait plus de mal. Et je raconterais à personne ce qui s’est passé. Je dirais pas où j’étais.

— Tu connais pas encore comment le monde fonctionne. Là-bas, dehors, les gens sont encore plus méchants qu'Henry, crois-moi. Je le sais bien.

— Mais je veux pas rester enfermée ici.

— Oh, Sarah. Combien de fois va falloir qu'on ait cette conversation ?"

Maggie baisse les yeux, regarde ses mains croisées sur ses genoux, les bracelets que forment les croûtes marron autour de ses poignets.

"Sarah ?

— C'est la dernière, dit Maggie sans lever les yeux.

— Bien. T'inquiète pas pour l'assiette. Je dirai pas à Henry que tu l'as cassée. Ça sera notre secret."

Beatrice remonte les marches qui protestent sous son poids.

Vas-y, tombe, casse-toi la figure et meurs. Meurs !

Beatrice atteint la marche la plus haute. L'ampoule au plafond s'éteint. Un instant plus tard, la porte se ferme, étouffant la lumière venue de la cuisine, et le verrou se met en place.

Les yeux de Maggie s'ajustent peu à peu à l'obscurité. Pendant un moment, elle reste assise sans rien faire.

Puis elle se lève, s'approche de l'arrière de l'escalier et scrute les ténèbres sous la dernière marche. Elle a envie de tenir à nouveau dans ses mains le morceau d'assiette tranchant. Mais elle a le ventre noué rien qu'à l'idée de glisser le bras dans l'ombre. Elle arrive à discerner un coin du morceau. Elle tend la main, touche la faïence et la tire vers elle. Aucune créature ne lui saisit le poignet, ne se frotte contre le dos de sa main, ne lui mordille le bout des doigts. Elle soulève le morceau d'assiette, le serre au creux de sa paume et imagine le planter dans le bras, la jambe ou le cou de Beatrice. Cette idée lui donne la nausée, mais elle est quand même prête à le faire. Peut-être pas dans le cou. Elle sait que c'est là que se trouvent des artères importantes et que toucher cette partie du corps pourrait être fatal. Elle ne veut pas tuer Beatrice, elle veut seulement la blesser suffisamment pour qu'elle ne puisse pas lui courir après quand elle s'enfuira. Si Beatrice devait mourir de mort naturelle, Maggie ne verserait pas la moindre larme, mais pas question de l'assassiner. Par contre, lui planter le morceau d'assiette dans le bras ou dans la jambe pour qu'elle ne puisse pas courir après Maggie, pour qu'elle ne puisse pas se précipiter sur le téléphone et prévenir Henry, Maggie en est parfaitement capable. Si c'est le prix de la liberté.

Maggie appuie le pouce contre le bout pointu. Il est très aiguisé, mais le côté également. Impossible d'attaquer comme ça, en serrant le morceau dans sa main. Elle se blesserait elle-même. Et il faut aussi qu'elle puisse s'en servir à distance. Elle a donc besoin de trouver quelque chose qui fasse office de manche.

Elle scrute les recoins sombres du sous-sol, à la recherche de quelque chose qu'elle puisse utiliser. Il y a son matelas enfoui sous les piles de couvertures, le carton dans lequel elle range ses quelques robes et les livres que Donald lui a apportés en cachette (elle les a tous lus au moins trois fois), le lavabo où elle se lave, la ventouse pour W.-C. qui lui sert à déboucher le lavabo, les boîtes de décorations de Noël, de chiffons, de magazines pornos, de romans western. Elle a lu tous ces romans, ça lui plaît que le gentil héros triomphe toujours à la fin, et elle a parcouru les magazines. Parfois, il y a des articles intéressants entre les photos cochonnes.

Elle s'approche du lavabo, prend la ventouse par terre et essaie d'en arracher la tige en bois. Sans succès. Elle essaie alors de dévisser la tige, dans un sens puis dans l'autre, et elle finit par y parvenir. Au bout de quatre tours dans le sens inverse des aiguilles d'une montre, elle réussit à séparer le bâton de la ventouse en plastique noir. Pourvu que le lavabo ne se bouche pas d'ici à son évasion – autrement Henry se rendra compte que la tige manque et la soupçonnera de préparer un coup ! Même s'il ne peut rien prouver, ça sera suffisant pour le mettre en colère. Il se dressera devant elle et son visage virera au rouge tandis que ses poings se serreront, s'ouvriront, se serreront… Ses narines enfleront, gonflant son nez affreux et malade. Il glissera la main dans sa poche et sortira un rouleau de ces trucs qu'il mange, il s'en fourrera un dans la bouche et se mettra à mâchonner. Il lui demandera ce qu'elle mijote et, quelle que soit sa réponse, il la traitera de menteuse. Et puis, quand la colère aura suffisamment monté, il se jettera sur elle. Elle aura beau courir, il la rattrapera. Il la poussera par terre et lui donnera un coup de pied dans le ventre. L'air s'échappera du corps de Maggie. Elle lèvera les yeux vers son visage écarlate, il lui flanquera un autre coup de pied. Et elle s'évanouira. Puis elle se réveillera pendue au crochet, et ce sera l'heure de sa punition. Ses poignets seront déjà en sang. Entre-temps, il aura trouvé l'arme qu'elle avait cachée, et voilà qu'il s'approchera d'elle avec le morceau d'assiette tranchant à la main. Il sourira, bien sûr, un sourire entièrement dépourvu d'humour.

Un deux trois quatre cinq six sept huit. Au début, elle avait essayé de compter à rebours, pour tout de suite se remplir la tête de gros nombres, mais compter à rebours lui donnait l'impression que, lorsqu'elle arriverait au bout, quelque chose de terrible se produirait. Cinq… quatre… trois… deux…

Elle ouvre un carton rempli de chiffons et en sort un tee-shirt jauni et déchiré. Il a l'odeur d'Henry, un mélange bizarre d'ail, de sueur, de bière et de détergent. Rien que sentir ça lui serre le ventre, lui noue la gorge. La bouche sèche, elle a du mal à respirer.

Au prix de grands efforts, elle réussit à déchirer le tee-shirt en lambeaux. Il faut d'abord qu'elle se serve de ses dents pour entamer le tissu, ce qui lui fait mal aux gencives, et le coton ressort de sa bouche teinté de rose – de sang et de salive –, mais après ça le tee-shirt se déchire facilement. Elle utilise les lanières de coton pour attacher le morceau d'assiette à la tige en bois. Elle fait plusieurs nœuds, dont un en X, très serré, sous la lame de faïence, pour qu'elle ne glisse pas. Ça a l'air de tenir. Au pire, la faïence cassera, mais ne se détachera pas du bois.

Et maintenant, comment s'y prendre ?

Maggie ferme les yeux et imagine la scène. Plusieurs scénarios lui viennent à l'esprit. Ils sont tous sanglants.

Au bout de quelques minutes, elle rouvre les yeux. Demain soir, quand Henry sera parti travailler, elle ira attendre sous l'escalier que Beatrice descende avec son dîner. À ce moment-là, au moins une heure se sera écoulée après le départ d'Henry. Plus Henry sera loin, meilleures seront les chances de réussite de Maggie. Elle attendra Beatrice sous l'escalier avec son poignard de fortune dans la main. Si Donald s'arrête pour dîner, comme ça lui arrive parfois – au lieu de se contenter d'emporter une assiette dans sa caravane garée derrière la maison –, Maggie patientera jusqu'au soir suivant. Mais si les choses se passent comme d'habitude, si Beatrice et elle sont seules à la maison demain soir, elle attendra sous l'escalier, son arme à la main, et quand Beatrice descendra elle donnera un coup de lame entre les marches. Elle coupera Beatrice au niveau des chevilles. Beatrice chutera dans l'escalier. Elle hurlera mais les murs sont en béton : personne n'entendra. Elle criera, dégringolera, et en bas des marches sa tête heurtera le ciment. Elle perdra conscience. Alors Maggie montera l'escalier quatre par quatre, franchira la porte d'entrée, traversera les bois et atteindra la rue. Elle courra le long de la rue jusqu'au téléphone. Elle appellera son papa, et papa viendra la chercher et il la ramènera à la maison. Il la laissera dormir dans ses bras. Elle sera en sécurité.

Si Donald vient, elle attendra après-demain soir – autant éviter d'avoir à l'affronter lui aussi. Mais elle ne supportera pas d'attendre plus longtemps. Il faut qu'elle sorte d'ici. Elle passerait à l'action dès ce soir si c'était possible, mais elle entend déjà Donald, là-haut. Elle l'entend rire devant la télé. En revanche, ça augmente les chances qu'il ne s'attarde pas demain soir. C'est assez rare qu'il dîne ici.

Elle y arrivera.

Demain soir elle se blottira dans les bras de son père.

Et elle n'aura plus peur.

Laissant son chariot sur le pas de la porte, Henry entre dans les toilettes des dames du premier étage. Il sort une paire de gants en plastique jaunes de la poche arrière de ses Levi's sales et les enfile. La face intérieure des gants est encore humide de sueur, alors ses mains s'y glissent facilement. Il remue les doigts pour mieux épouser le latex, puis entre dans la première cabine, poussant brutalement la porte peinte en marron, qui cogne contre la cloison métallique.

Dans chaque cabine, une poubelle en inox sert à recueillir les tampons et les serviettes hygiéniques. Henry décroche le réceptacle de son support, l'emporte vers le chariot et le retourne à l'envers au-dessus de sa grande poubelle. Il secoue, puis regarde à l'intérieur. Des tampons ensanglantés collent aux parois en inox. Henry tape le réceptacle contre l'intérieur de la poubelle. Il déteste cette partie-là de son boulot : devoir respirer cette odeur de sang caillé et de chatte moisie. Il lance un dernier coup d'œil à l'intérieur du réceptacle. Un tampon sanguinolent colle encore au fond. Il glisse la main, attrape le tampon entre deux doigts gantés et le jette.

Il retourne dans la cabine et remet le réceptacle en place.

Quand on y songe, c'est drôle qu'il soit en train de faire ça. Il se souvient de l'époque où cette fac n'existait même pas. Lorsqu'il était petit, ici, il n'y avait que des arbres, des mauvaises herbes, des vignes sauvages, des mûriers. Les vignes, il les escaladait. Leurs branches étaient si épaisses qu'elles formaient des espèces de paniers entre les chênes et les noyers blancs. Il grimpait dessus et s'y allongeait comme dans un hamac.

C'est drôle comme une ville qu'on habite peut grandir sans même qu'on s'en aperçoive. Vous vous tenez tranquille, mais autour de vous tout bouge, un jour vous levez la tête et vous vous sentez perdu : tous vos anciens repères ont disparu, et les nouveaux repères n'ont de sens que pour les autres, pas pour vous. La forêt dans laquelle vous jouiez quand vous étiez gamin a été abattue, transformée en bois de chauffage ; ça fait des décennies qu'elle est partie en fumée, tandis qu'une petite université a pris sa place, un endroit qu'en plus vous êtes censé nettoyer.

Et quand vous regardez dans le miroir, vous ne reconnaissez pas non plus le visage que vous avez devant vous. C'est qui, ce vieux type au visage gras, pataud, avec ses yeux qui ont l'air de boutons mal vernis, avec sa bouche qui ressemble à un trait griffonné rageusement ? C'est un inconnu, ce type. Vous ne l'aviez encore jamais croisé.

Ce matin, dans le *Tonkawa County Democrat*, on pouvait lire un article sur une petite fille kidnappée il y a sept ans, une fille qui bizarrement vient de passer un coup de fil avant de disparaître à nouveau, et cet article contenait aussi une description du ravisseur, une description qui pourrait correspondre au visage que vous voyez tous les jours dans votre miroir. Peut-être que cette personne est effectivement celle que la police recherche. Mais alors, c'est impossible que ce soit *vous*, dans le miroir. Un petit garçon innocent qui grimpait aux arbres en faisant semblant d'être Tarzan ne peut pas devenir un homme capable de pénétrer dans la chambre d'une fillette de sept ans et de la kidnapper en plein milieu de la nuit ! Un homme capable de bien pire encore… Alors comment se fait-il que ce soit précisément cet homme-là qui vous regarde quand vous êtes en face de votre miroir ?

Et comment se fait-il que ses souvenirs à *lui* se trouvent dans votre tête ?

La réponse est simple : *Arrête de te mentir à toi-même, Henry.*

Oui : cet homme, c'est lui. C'est la faute de Beatrice. En même temps, sans Beatrice, il ne serait rien. Il y a longtemps qu'il serait mort. Il aurait étouffé dans son propre vomi sur la terre du parking de chez O'Connell's ou sur l'asphalte de celui de chez Roberta's. Il se serait bourré la gueule et aurait percuté un arbre à cent à l'heure. Il se serait accidentellement tiré une balle dans la tête. Beatrice est la seule à lui avoir permis de croire qu'il avait peut-être quelque chose à donner à quelqu'un. Et ça malgré le fait qu'il n'a pas inventé la poudre, qu'il a un sale caractère, qu'il a autrefois multiplié les séjours dans la prison du comté à cause de l'alcool et des bagarres (eh oui, quand il boit ou qu'il se met en colère, il a tendance à oublier son sourire de boy-scout et sa personnalité de mec sympa, il a tendance à révéler sa vraie nature, celle qu'il garde habituellement enfermée à double tour dans une pièce tout au fond de ce qui lui tient lieu d'âme). Beatrice lui a été loyale. C'est pas comme la mère d'Henry, qui lui a toujours dit qu'il valait pas mieux que son père, un éternel minable incapable de trouver son cul même pour chier. Sa gentille maman qui lui a systématiquement répété qu'il était rien que de la graine de vicelard alcoolo.

Beatrice, elle, a toujours été dans son camp. Toujours. Alors est-ce que c'était mal de la part d'Henry de se montrer loyal envers elle, à son tour ? Il a fait ce qu'il devait pour que Bee soit heureuse, c'est tout.

Les journaux ne comprennent pas ce genre de choses. Pour eux, tout est noir ou blanc : il y a forcément un méchant. Alors qu'il n'a fait qu'accomplir son devoir de mari. Mais ça, comme les histoires de miroir, les journaux ne pigent pas.

Henry désinfecte les W.-C. à coups de spray, puis les essuie avec une serviette en papier bleue. Il passe à la cabine suivante, recommence le même processus.

Ian ne rentre pas directement chez lui après le boulot. Au lieu de suivre Crouch Avenue jusqu'à Crockett Street, il prend Wallace en direction du sud, passe devant le loueur de véhicules U-Haul, puis se gare sur le parking en terre battue de la quincaillerie agricole Paulson's. Ce qu'il est en train de faire pourrait lui coûter son badge, mais il s'en fiche. Il ne peut pas continuer à laisser Andy brutaliser Genevieve et Thalia. Ce n'est pas possible. Il faut qu'il fasse quelque chose.

Il sort de sa voiture, traverse le parking et entre dans la quincaillerie. Une odeur poussiéreuse mais pas désagréable de grain et de foin lui emplit les narines. Pas trace d'Andy. L'endroit a l'air abandonné. Le silence règne, rien ne bouge. Jusqu'à ce qu'un bruit résonne tout au fond.

Ian traverse le magasin et sort sous le hangar à l'arrière.

Andy est là, il a des crochets dans les mains et il est en train de charger trois balles de foin sur le vieux pick-up Chevy de Vicki Dodd. Quand c'est fini, il jette les crochets sur une meule de foin et donne deux coups à l'arrière du pick-up.

“À la semaine prochaine”, dit-il.

Par la vitre de sa portière, Vicki passe sa main couverte de taches de vieillesse, fait signe et démarre. Le pick-up s'éloigne, laissant Ian et Andy seuls.

Andy se tourne vers lui avec un sourire :

“Salut Ian, qu’est-ce que je peux faire pour toi ?

— Faut qu’on parle.

— De quoi ?

— De Genevieve.

— Ah, merde, Ian, je suis vraiment désolé de ce qui s’est passé. Je jure que ça ne…”

Mais Ian ne le laisse pas terminer. Il se jette sur Andy et le saisit à la gorge de la main gauche, tandis que de la droite il sort son SIG. Il plaque Andy contre le mur en tôle – un bruit de tonnerre résonne à travers le hangar – et appuie le canon du pistolet sur la tempe d’Andy.

“Et comment, que ça se reproduira plus.

— Ian, qu’est-ce que tu fous ?

— Je t’explique, p’tit con, que si tu touches encore à ne serait-ce qu’un cheveu de Genevieve, j’te ferai la peau. T’as compris ?

— Elle voulait partir. Elle allait prendre Thalia. Si y a bien quelqu’un qui peut comprendre ce que j’ai ressenti, ça devrait être toi. Ma fille, c’est toute ma vie, alors…”

Ian donne un coup de crosse contre la tempe d’Andy.

Andy lâche un grognement, ses genoux fléchissent. Ian le garde debout en le tenant par la gorge. Andy tousse, manque de s’étouffer, puis parvient à se redresser.

“Ça fait mal, hein ?

— Ian, écoute…

— Ta gueule. Ça m’intéresse pas. La prochaine fois que Genevieve veut partir, tu la laisses faire. Si elle reste, tu vas foutre en l’air la vie de la petite. Elle finira avec une enflure dans ton genre. Si tu l’aimes, tu lui rends sa liberté. C’est clair ?

— J'essaie de pas…

— Je te parle pas d'essayer, Andy. Si tu touches Genevieve encore une fois, j'te tue. Pour de vrai, pour de bon, et j'enterrerai ton corps là où personne le trouvera jamais. Tu me crois ?"

Andy hoche la tête.

"Je veux t'entendre le dire.

— J'te crois.

— Bien."

Oui, c'est bien comme ça, parce que si Ian est venu ici dans l'idée de faire peur à Andy, il se rend compte maintenant que ce qu'il a dit à l'instant est vrai. Il est parfaitement capable de mettre ses menaces à exécution. Il lui suffirait d'ailleurs d'appuyer sur la détente… mais il se retient. Il rengaine le pistolet et s'écarte d'Andy.

"À la prochaine."

Une fois rentré chez lui, il sort l'annuaire téléphonique, le pose sur ses genoux et tourne les pages jusqu'à ce qu'il trouve *PAULSON, A. et G.* Il compose le numéro et attend. Genevieve décroche au bout de quatre sonneries, et souffle un "Allô ?" prudent dans l'appareil.

"Genevieve, c'est Ian Hunt.

— Ian… ? Oh… Bonjour… Est-ce que… Il est arrivé quelque chose à Andy ?"

Ian se trompe peut-être, mais il lui semble entendre de l'espoir dans la voix de Genevieve.

"Non. Mais je voulais que tu saches que si tu décides de partir, il n'essaiera plus de t'en empêcher. On a eu une petite conversation entre hommes, et il a compris qu'il vaut mieux pas qu'il recommence à se comporter comme ce matin."

Une casserole à la main, Ian va s'asseoir sur le canapé. Il pose la casserole sur la table basse et remue les nouilles japonaises avec sa fourchette, avant de s'en enfourner une masse dégoulinante dans la bouche. Puis il prend les dossiers que le Bureau du shérif a bien voulu lui photocopier et les pose sur ses genoux. Il en ouvre un. Jamie Donovan a été kidnappée à Mencken en 2002, chez elle, dans sa chambre. Elle avait onze ans. On a retrouvé son corps dans un fossé quatre jours après son enlèvement. Des analyses ont montré qu'elle avait été sodomisée et mutilée après son décès. Le dossier contient une photo de Jamie, une photocopie couleur sur une feuille de papier à lettres. Brune. Des yeux marron tristes. Un air un peu timide.

Le portable de Ian sonne. Il se dit que ça doit être Jeffrey. Il pose la fourchette dans la casserole et prend le téléphone, regarde le numéro. Ce n'est pas Jeffrey.

"Allô.

— Ian.

— Deb.

— Comment ça va?"

Ian se frotte le visage. Sa barbe naissante le démange. "J'ai rien de nouveau au sujet de Maggie. Désolé.

— Je sais.

— Ah bon?

— Bill.

— D'accord. Ouais, c'est normal qu'il soit au courant.

— Oui.

— Alors pourquoi tu m'appelles?"

Debbie tarde à répondre. Ian écoute sa respiration. Puis il finit par lui demander :

"Y a un problème avec Bill? Vous vous disputez?

— Non, c'est pas ça. J'aurais mieux fait de pas appeler, excuse-moi.

— Ça va. Tu me déranges pas.

— Tu y as toujours cru, hein ? Qu'elle était encore en vie…

— J'ai toujours espéré.

— Tu n'as jamais eu de doutes ?

— Bien sûr que si.

— Mais tu n'as jamais perdu espoir.

— Non." Ian prend une bouteille de Guinness sur la table basse et boit une gorgée.

"Comment as-tu fait…" Encore un silence. Puis : "J'ai vu la façon que tu avais de me regarder hier.

— Quelle façon ?

— Comme si tu voulais m'étrangler. Comme si tu me haïssais.

— C'est pas ce que…

— Peut-être bien que je le méritais.

— Non, c'est faux. Tu as une vie – un nouveau mari, les jumeaux – et tu as parfaitement le droit de vouloir la vivre normalement. Je devrais pas t'en vouloir.

— Mais comment as-tu fait pour…

— C'est tout ce que j'ai."

Il regarde une dernière fois la photo de Jamie Donovan avant de refermer le dossier. L'image lui reste gravée dans la tête. Il boit une autre gorgée de Guinness. L'image change. Maggie. Elle sourit. Puis elle lance un regard par-dessus son épaule. Un homme apparaît derrière elle. La silhouette de l'homme est floue, alors Ian n'arrive pas à l'identifier. On dirait que sa tête a été effacée avec une gomme humide. Maggie pousse un cri, se retourne, regarde Ian : *Au secours*, dit-elle. *Papa, je t'en prie.*

"Je ne comprends pas, dit Debbie.

— *Maintenant que je suis mort tu chantes pour moi.*
— Quoi ?
— Rien. Qu'est-ce qui me reste d'autre, Deb ?
— Tu es soûl ?
— Non. Je me soûle plus."

Debbie demeure silencieuse un long moment. Puis elle demande :

"Si ce qui était arrivé à Maggie n'était pas arrivé, tu crois que toi et moi… tu crois qu'on serait encore ensemble ?

— Non.

— Pourquoi ? Pendant longtemps ça marchait bien entre nous.

— Mais il serait arrivé quelque chose d'autre. C'est la vie. Il y a toujours quelque chose. C'est seulement après, quand on regarde en arrière, qu'on peut s'en rendre compte. Quelque chose d'autre nous serait arrivé et on se serait séparés, et on en serait au même point ou presque, à se demander ce qui a bien pu se passer. La vie s'interpose. C'est pareil pour tout le monde. Tous ceux qui ont la chance de vivre, en tout cas."

À l'autre bout de la ligne il n'y a plus rien, même plus le bruit d'une respiration.

"Deb ?

— Je suis contente qu'elle soit en vie, tu sais.

— Je sais. Tu avais besoin d'une réponse, alors tu t'en es donné une. La seule réponse logique, en fait. Tu avais quatre-vingt-dix-neuf pour cent de chances de pas te tromper. Sept jours après sa disparition, c'était déjà normal d'imaginer le pire. Alors sept ans plus tard, il fallait être fou pour espérer encore.

— Vraiment ?

— Vraiment."

Ian entend un léger reniflement. Elle doit être en train de pleurer.

“Tu as prévenu Jeffrey ? demande-t-elle.

— Non.

— Tu devrais. Il se sent responsable, tu sais.

— Je sais, mais je crois pas qu’il ait envie de me parler.

— Peut-être pas, dit Debbie, mais il faut le mettre au courant, et c’est toi qui dois le faire.

— Je t’aime toujours, tu sais.

— Mais la vie s’interpose.

— Exact.

— OK, Ian.

— OK.”

Il coupe la communication et ouvre le dossier suivant.

TROIS

Ian prend à droite sur Crockett Street et roule vers le nord, en direction du boulot. Il passe devant la patinoire Skating Palace, devant le cinéma The Bulls Mouth Theater (où l'on joue ce qui se jouait ailleurs il y a six mois – une bobine rayée qui tourne sur un projecteur plus bruyant que les haut-parleurs), devant les restaurants Wok House et Morton's Steakhouse, devant la supérette Dairy Queen, devant un tas d'autres endroits.

Il prend à gauche sur Crouch Avenue et passe devant l'autoroute I-10, devant l'église baptiste de Bulls Mouth, devant le zoo, puis sort du virage qui borde la frontière nord des bois appartenant aux Dean et aperçoit un véhicule de patrouille approchant dans l'autre sens. Le conducteur klaxonne et baisse sa vitre. Arrivées côte à côte, les deux voitures s'arrêtent, et Diego salue Ian d'un hochement de la tête.

Un teckel aboie sur la banquette arrière.

“Qu'est-ce qu'il a fait de mal ? demande Ian.

— Il a essayé de braquer l'armurerie Sally's Gun & Rifle.

— Alors il a eu de la veine que tu l'aies embarqué. Faut vraiment pas être malin pour se frotter à Sally.

— Pas quand on tient à ses couilles, non.

— Alors tu t'es fait combien pour l'instant ?

— Soixante-dix dollars.
— Et il reste combien de chiens à récupérer ?
— Trois ou quatre, je crois.
— J'espère que tu comptes déclarer tout ça au fisc.
— C'est pas des vrais revenus. Juste de l'argent de poche pour la bière.
— Tu rigoles, ça fait cinq ans que tu paies plus ta bière.
— Quatre. Et moi, oui, mais je paie encore les tournées que j'offre à mes amis. Tu le saurais, si tu t'arrêtais de temps en temps chez Roberta's.
— Je me bourre plus la gueule.
— T'achètes un pack de six chez Bill tous les jours.
— Six bières, ça suffit pas à me soûler.
— Alors bois-les chez Roberta's.
— Elles sont pas au même prix.
— Je t'ai dit que c'est moi qui offre.
— On verra.
— T'es au courant, pour Genevieve ?
— Qu'est-ce qui lui est arrivé ? demande Ian.
— Rien, elle est partie. Pour de bon.
— Ah ouais ? Elle a bien fait.
— C'est marrant, quand Andy est passé chez Roberta's hier soir, le côté gauche de son visage était salement amoché. Il voulait pas en parler.
— Ouais, c'est marrant, dit Ian.
— Du coup ça m'a fait penser à ce que t'as dit : qu'il allait falloir lui mettre les points sur les I.
— Je me souviens pas d'avoir dit ça.
— Est-ce que… – Diego passe sa langue sur ses lèvres – est-ce que ça va, Ian ?"
Ian regarde sa montre.
"Faut que j'y aille, dit-il. S'agit pas d'être en retard au boulot.

— Ian…"

Ian remonte sa vitre, passe la vitesse et la Mustang décolle. Un peu plus loin, il jette un coup d'œil dans son rétroviseur : le véhicule de Diego est encore à l'arrêt en pleine rue, avec ses feux arrière rouges qui scintillent.

Sept minutes plus tard, Ian arrive sur le parking du poste de police.

À quinze heures, il sort, simplement pour prendre l'air quelques minutes. Il va à sa voiture, ramasse un reste de cigare dans le cendrier, l'allume avec une allumette et, du coin des lèvres, exhale un nuage de fumée bleue. Il plisse les yeux en regardant l'horizon. Il devrait sans doute manger un morceau. Quand il retournera à l'intérieur, peut-être qu'il pourra regarder ce qui traîne dans le frigo. Il doit rester du poulet de chez General Tso qu'il avait acheté lundi. Avec un peu de chance, aucun de ses collègues – qui peuvent parfois se comporter comme des sauvages – ne lui aura bouffé.

Pendant qu'il est dehors, il devrait en profiter pour passer un coup de téléphone. Deux coups de téléphone, en fait, liés entre eux. Les appels personnels, autant ne pas les passer depuis le bureau. Il sort son portable de sa poche, fait défiler la liste de ses contacts jusqu'à ce qu'il trouve celui qu'il cherche.

Trois sonneries, puis :

"Allô ?"

C'est drôle : Lisa ne lui manque pas, mais entendre sa voix lui donne la nostalgie du passé, du temps où son avenir était encore devant lui, encore plein de promesses. Il avait fait sa connaissance à vingt-deux ans.

À cette époque-là, il avait déjà été marié une première fois, à Mitsuko, une fille rencontrée à bord d'un métro, un soir à Paris. Leurs regards s'étaient croisés tandis que leur rame filait le long d'un tunnel sombre, et ils étaient tous deux descendus à l'arrêt Sentier. Rapidement, il était devenu évident qu'ils avaient la même destination, le restaurant Chartier. Ils avaient choisi une table à l'étage, près de l'escalier, et chaque fois qu'un serveur passait, Ian devait serrer le coude contre la poitrine pour éviter de se faire cogner. Il devait répéter ce geste très souvent, car les serveurs venaient chercher les couverts sur un chariot placé à côté d'eux. Ça aurait mis Ian de mauvaise humeur, sauf que chaque fois Mitsuko riait en disant : "La tête que tu fais !" Il se demandait bien quelle tête il pouvait faire, mais le rire de Mitsuko était adorable. Quinze jours plus tard, le voyage de Ian prenait fin mais, ne voulant pas être séparé de Mitsuko, il lui avait proposé de l'épouser. Il était rentré à Los Angeles, elle l'avait rejoint au bout d'une semaine et il lui avait passé l'alliance au doigt dans une de ces églises service rapide à Torrance. Deux mois plus tard, ils divorçaient. Mitsuko avait fini par trouver le courage de téléphoner à ses parents et, après vingt minutes passées à sangloter, elle avait annoncé qu'elle rentrait au Japon. Ian n'avait que dix-huit ans à l'époque et, en fait, il avait surtout ressenti un grand soulagement. En quelques semaines, il s'était rendu compte qu'il était loin d'être prêt pour le mariage.

Mais, quatre ans plus tard, en rencontrant Lisa sur le sable de Venice Beach, il s'était cru beaucoup plus mûr, beaucoup plus sage. À vingt-deux ans, on n'est plus un gamin ! Elle était belle et surfait mieux que la moitié des gars dans l'eau, sans parler de son sourire qui dégageait toute la confiance d'un vrai garçon manqué. En l'admirant sous le soleil de Los Angeles, il croyait contempler son avenir – avant même de connaître son nom. Un avenir heureux : cinq gamins, une maison au bord de la mer. Sa mère était encore propriétaire de la boutique de surf qu'avait ouverte son père (elle ne l'avait pas encore vendue pour payer les multiples opérations de chirurgie esthétique qui, espérait-elle, lui permettraient de décrocher un nouveau mari), mais c'est Ian qui la gérait, ce qui ne dérangeait pas sa mère tant qu'elle touchait suffisamment d'argent pour s'approvisionner en cigarettes et vodka. Alors il s'imaginait avec la boutique, la maison, les cinq gosses. Ça faisait cinq ans que son père était mort, et y penser n'était plus aussi douloureux. L'avenir n'avait jamais été aussi prometteur, en fait. Au moment où il regardait Lisa sortir de l'eau, planche de surf sous le bras, toutes les pièces du puzzle semblaient prêtes à s'assembler.

Mais l'avenir qu'il entrevoyait jadis appartient désormais au passé. Et, de toute façon, cet avenir avait vite perdu de son éclat. Au final, la réalité n'avait pas beaucoup ressemblé au rêve.

"Bonjour Lisa. C'est Ian.

— Ian ? Nom de Dieu ! On est retourné en 1985 ? Dites-moi que non ! J'ai jeté tous mes jeans délavés.

— Non, hélas, on est pas en 85.

— D'ailleurs, au ton de ta voix, je sens bien que c'est pas un appel motivé par la nostalgie.

— Eh non. J'espérais que tu pourrais me donner un numéro où joindre Jeffrey.

— T'as de quoi noter ?

— C'est bon, je le retiendrai par cœur."

Le téléphone sonne cinq fois. Ian est sur le point de raccrocher, mais la sixième sonnerie est interrompue par un…

“Allô.

— Jeffrey ?

— C’est qui ?

— C’est moi, Jeffrey.”

Un grand silence. Puis :

“Papa.

— Oui, c’est papa.

— Comment t’as eu mon numéro ?

— En appelant ta mère.

— Qu’est-ce qui se passe ?

— J’ai une nouvelle importante à t’annoncer.

— Quoi ?

— C’est au sujet de Maggie.” Comme Jeffrey ne dit rien, Ian continue : “Elle est vivante. Je voulais que tu le saches.”

À l’autre bout de la communication, il y a un silence, et derrière ce silence, un bruit comme celui du vent dans le désert.

“Jeffrey ?

— Vivante ?

— On l’a pas encore récupérée, mais elle est vivante.

— C’est vrai ?

— Avant-hier, elle a réussi à atteindre un téléphone et à appeler le 911. On est à sa recherche. En tout cas, c’était bien elle, elle est en vie.

— Nom de Dieu…

— Je sais. C’est incroyable.

— Oui.

— C’était pas de ta faute, Jeffrey. Je sais que tu as eu l’impression que je t’en voulais, je sais que j’ai pas été un père digne de ce nom. Je te demande de me pardonner. C'était pas de ta faute."

Jeffrey ne répond pas.

"Jeffrey ?

— Oui, je suis là.

— J'ai oublié de te souhaiter ton anniversaire, le mois dernier.

— C'est pas la première fois que ça t'arrive.

— Je sais. Pardon. J'aimerais…

— Écoute, je suis au boulot, faut que j'y aille…

— Tu travailles ?

— Évidemment."

Évidemment, oui : son fils a le même âge que Ian quand il a rencontré Lisa. Ian avait son propre appartement, il bossait à la boutique de surf de son père et avait déjà divorcé d'une première femme. Il ne comprend pas pourquoi ça le surprend autant de constater que son fils a grandi. D'une certaine manière, tant que Ian n'était pas prêt à redevenir son père, il souhaitait que Jeffrey reste l'adolescent qu'il était. Sauf que ça ne se passe pas comme ça. Jamais.

"Tu fais quoi comme boulot ?

— Je bosse pour une émission de téléréalité. Un de ces trucs débiles où des célibataires doivent tomber amoureux les uns des autres. Je suis monteur assistant. Je m'occupe essentiellement de mettre bout à bout des séquences sur ordinateur. Enfin bref, j'ai pas vraiment le temps de parler. Je suis content que tu m'aies appelé et que tu m'aies prévenu pour Maggie.

— OK, dit Ian. Hé, tu te souviens de notre partie d'échecs ?

— Ouais.

— Reine en B4. Je promets de pas te faire attendre mon prochain coup aussi longtemps.

— On s'en fiche, papa. Ça fait un bail que j'ai laissé tomber cette partie."

Clic.

Ian écarte le téléphone de son oreille et le regarde. Sur l'écran s'affiche la durée de l'appel : *3 : 53*. Moins de quatre minutes.

Il aurait dû parler d'autre chose. Il n'aurait pas dû mentionner cette foutue partie d'échecs. Il y avait d'autres trucs à dire.

Il jette son cigare par terre et l'écrase avec le talon de sa chaussure. Il range son téléphone dans sa poche, rentre dans le bâtiment et va s'installer directement au bureau du répartiteur. Il a finalement décidé de ne pas déjeuner.

Maggie fait le tour de l'escalier. À l'arrière, elle s'accroupit et scrute l'obscurité sous la dernière marche. Elle n'a pas envie de s'en approcher. Ça lui fait peur. Mais elle avale sa salive et glisse la main au cœur de l'ombre…

Il n'y a rien. Pas trace de son arme de fortune. Ses doigts palpent le béton froid, rien que du béton froid.

Borden a dû la prendre, pense-t-elle d'abord. Il a dû la prendre et la cacher ou la détruire ou encore la montrer à Henry qui va s'en servir pour la punir. Borden veut s'assurer qu'elle reste à jamais prisonnière du Monde du Cauchemar, coincée avec lui et ces ombres humides qui recouvrent tout.

Puis elle se souvient que Borden n'existe pas. Il n'y a pas de Borden. C'est un être imaginaire, et les êtres imaginaires ne peuvent pas vous faire de mal. Sauf si on les y autorise.

Alors c'est peut-être Henry.

Peut-être qu'il savait qu'elle mijotait quelque chose : il est descendu en pleine nuit et il a trouvé l'arme. Peut-être qu'en ce moment même il prépare sa vengeance. Il va l'attacher par les poignets avec la corde jaune ensanglantée, il va la pendre au crochet et la lacérer avec le bout pointu du morceau d'assiette, s'attaquant en priorité aux parties les plus sensibles de son corps, le ventre, la gorge, la…

Un deux trois quatre cinq six sept huit.

Calme-toi. L'arme est forcément ici.

Personne n'est descendu hier soir. Maggie se serait réveillée. Personne n'est venu la lui prendre, elle doit être ici.

Les doigts de Maggie effleurent le manche en bois. Elle l'agrippe, le tire hors de l'obscurité et se relève.

L'arme paraît facilement maniable. Maniable, solide et très dangereuse.

En regardant par la fenêtre, elle se rend compte que le soleil est déjà passé de l'autre côté de la maison. Les ombres ont commencé à s'étendre sur le sol comme des couvertures qu'on déroule pour un pique-nique. L'après-midi est là, le soleil a entamé son déclin. Avant, Maggie souffrait de voir le soleil s'enfuir à l'autre bout du monde. Tout ce qu'elle connaît, c'est ce qu'elle peut voir à travers l'unique fenêtre du sous-sol, dont elle a toujours espéré le plus de lumière possible. Mais, maintenant, elle a hâte qu'il fasse nuit. Que le soleil décline. Elle a hâte d'entendre le bruit de la porte qui se referme derrière Henry, le bruit du moteur de son pick-up qui démarre, le bruit de ses pneus qui s'éloignent le long de l'allée de gravier.

Elle n'a pas encore vu l'El Camino de Donald se garer devant sa caravane, ce qui signifie qu'il est encore tôt, mais il n'y en a quand même plus pour très longtemps. Encore une heure, peut-être deux, voire trois, mais pas plus. Alors elle saura si Donald mange avec Beatrice ou tout seul. En général, il mange seul dans sa caravane et Beatrice mange seule ici dans la maison – parfois même à la table de jeu, au sous-sol, avec Maggie –, et Maggie espère bien que ce sera le cas ce soir. Elle n'a pas envie d'attendre vingt-quatre heures de plus pour s'enfuir. Il est grand temps qu'elle parte.

Maintenant qu'elle a goûté à l'air libre, elle ne supporte plus la prison claustrophobe du Monde du Cauchemar.

Elle compte bien s'évader ce soir.

Donald se garera devant sa caravane et disparaîtra à l'intérieur. Il ne ressortira que plusieurs heures après pour venir chercher son repas, mais à ce moment-là Maggie sera déjà loin. Car entre-temps, Beatrice sera descendue pour apporter à Maggie son dîner… et Maggie l'attendra derrière l'escalier. Quand Donald entrera dans la maison, il trouvera Beatrice sur le ciment du sous-sol, gisant dans une mare de sang, et Maggie sera déjà dans les bras de son père.

Maggie regarde les ombres dehors. Ça doit être le milieu de l'après-midi, mais on sent déjà le soir.

On sent déjà la liberté.

Serrant fort l'arme dans sa main, Maggie hoche la tête.

Bientôt.

Diego file vers le nord sur Main Street. Il est en route vers la bibliothèque à l'angle de Wallace et Overhill. Georgia Simpson, la bibliothécaire, a des ennuis avec le fils de Fred Paulson. Apparemment, Junior est tombé ivre mort en plein milieu de la rangée des livres pour enfants, et Georgia n'a pas l'intention de s'approcher de lui. Il a du vomi sur ses bottes et sa chemise. Diego comprend qu'elle ne veuille pas gérer ça. Lui-même ne se réjouit pas à l'idée de se coltiner cette petite teigne. Ce type est une telle catastrophe que son propre père ne veut pas l'embaucher – du coup, Junior passe son temps à traîner, à boire et à foutre la merde.

Au moment où Diego passe devant le lycée – abandonné durant l'été –, un chien, un des teckels du pasteur Warden, sort en courant des bois à sa droite et commence à traverser la route.

“Merde !”

Diego écrase la pédale du frein et la voiture s'arrête dans un crissement de pneus – l'arrière se déporte à quatre-vingt-dix degrés vers la gauche, la carrosserie tangue sur ses suspensions. Le cœur de Diego cogne dans sa poitrine, ses mains agrippent le volant. Il déglutit, regarde la rue qui s'étire devant lui : le chien n'y est pas. Pourtant, il ne l'a pas heurté. Il aurait senti le choc.

Il cherche l'animal des yeux, tournant la tête à droite et à gauche. Le teckel se trouve sur le terrain de football américain, du côté ouest de la rue.

Diego gare la voiture sur le bas-côté en terre, projetant un nuage de poussière sèche estivale qui demeure un moment suspendu dans l'air avant de se désagréger. Après avoir laissé passer un camion, il ouvre la portière et sort du véhicule, un sac en papier graisseux à la main. Ce sac contient un reste de poulet frit qu'il a acheté hier matin au supermarché Albertsons. Trottinant vers le terrain de football américain – en piètre état depuis l'invasion de punaises de l'année dernière –, Diego sort un morceau de poulet du sac et appelle le chien.

L'animal est déjà au milieu du terrain, mais quand il entend Diego, il se retourne pour le regarder, l'air de se demander si Diego est digne de son intérêt. Il y a quelque chose dans sa gueule. Un os, peut-être.

Diego siffle.

“Allez, viens mon grand !” dit-il en s'accroupissant et en tendant le morceau de poulet.

Le chien trotte vers lui.

L'os qu'il tient dans sa gueule – si c'est bien un os – est gros. Trop pour appartenir à un écureuil, à un raton laveur ou à un lapin. De temps en temps, un chevreuil se fait renverser par une voiture – ça pourrait être ça. Un jeune chevreuil, pas encore de taille adulte.

Il y a trois ans, Carney Dodd – qui aujourd'hui est cloué dans une chaise roulante à la suite d'un autre accident – a percuté avec son pick-up un cerf gigantesque qui devait bien peser deux cent cinquante kilos, et Carney, qui n'a jamais été du genre à mettre sa ceinture de sécurité, s'est retrouvé propulsé à travers le pare-brise. Si on en croit ce qu'il raconte, il a fait un vol plané de cinq mètres avant d'atterrir sur l'asphalte tête la première, ce que tendrait à prouver toute la peau qui lui manquait le long de l'arête du nez et sur le front. Mais, toujours d'après ce qu'il raconte, il s'est relevé tout de suite, a sorti un Remington 1100 de son pick-up et a achevé la bête d'une balle en pleine gueule. “Prends ça, saloperie !”

Peut-être qu'un conducteur autre que Carney Dodd est rentré dans un cerf ou dans un chevreuil, peut-être que l'animal n'est pas mort sur le coup et a quitté la route avant de s'effondrer dans la forêt, et peut-être que ce teckel aux oreilles tombantes a trouvé le cadavre et a décidé d'en arracher un bout.

Voilà ce que se dit Diego, au début.

Puis, alors que le chien s'approche, une légère angoisse lui remue l'estomac.

Cet os est blanc, sans chair. À une extrémité, il y a une espèce de nœud. Des fils noirs, peut-être des tendons, peut-être de la matière végétale, en tout cas quelque chose qui pendouille. À l'autre extrémité… nom de Dieu ! une main. Une petite main humaine. Le bout des trois premiers doigts est rongé jusqu'à l'os – il manque même une partie de l'index – et de la peau noirâtre ou du muscle décomposé ou un autre truc dégueulasse colle encore par endroits au reste de la main, comme un gant de conduite.

Diego attrape le teckel par la peau du cou, le tire vers lui et écarte sa mâchoire. Il n'y a pas à réfléchir, il faut extraire ce bras de la gueule du chien. L'animal finit par lâcher, le bras tombe dans l'herbe. Vu comme ça, le bras n'a pas l'air réel. Les vrais bras sont attachés au corps des gens. Là, par terre, on dirait presque une bouteille de bière abandonnée après une petite fiesta en plein air.

Diego prend le chien contre lui et se lève. Il regarde le bras à ses pieds.

Un bras bien réel.

Le chien se débat contre son torse, essaie de lui mordre le visage. Diego écarte la tête de justesse, puis emporte l'animal vers son véhicule de patrouille. Il le met sur la banquette arrière, baisse un peu les vitres, puis va ouvrir le coffre. Il sort une paire de gants et un grand sac en plastique, enfile les gants et retourne sur l'herbe.

Ça lui fait tout drôle d'être en train de récupérer un bras sans corps sur le terrain de football derrière le lycée de Bulls Mouth. Il le ramasse et le glisse dans le sac en plastique. Pour fermer le sac, il est obligé de plier les os des doigts.

De retour dans sa voiture, il pose le sac sur le siège du passager et décroche la radio.

Une bande de ruban jaune dans la main droite, Diego pénètre dans les bois. Il a la nausée. Ça fait six ans qu'il est flic, et il en est à son troisième cadavre. Pour peu qu'il le trouve. La propriété des Dean est vaste, Dieu seul sait à quelle distance gît le corps. Bien sûr, si quelqu'un a tué un enfant et a voulu profiter de la présence des bois pour dissimuler discrètement le corps, celui-ci ne doit pas se trouver à plus de vingt ou trente mètres de Main Street. Il s'agissait seulement de se garer au bord de la route, de prendre une pelle avec soi et de transporter le corps suffisamment loin pour pouvoir creuser une tombe peu profonde sans être aperçu par les voitures qui longent la rue. Les pannes, ça n'est pas rare. Une vieille bagnole garée sur le bas-côté n'attire l'attention de personne. La plupart des gens ne la remarquent que si elle appartient à quelqu'un qu'ils connaissent.

Bon Dieu, comme ce bras était petit, se dit Diego. Un bras d'enfant de cinq, six, sept ans maximum. Et il n'en restait plus que de l'os et quelques lambeaux de chair racornie. Un cadavre assez ancien, donc.

Mais quelque part, une mère pleure sûrement encore.

Diego n'a pas d'enfants à lui, mais ça fait quatre ans qu'il élève Elias, son neveu aujourd'hui âgé de neuf ans. Les parents d'Elias – la petite sœur de Diego et son mari – sont morts dans un accident de voiture. Leur fils a survécu. Diego et Cordelia sont devenus ses parents, et au fil des ans Diego s'est fait à cette idée. Il préfère ne pas imaginer ce qu'il ressentirait si Elias disparaissait et que quelqu'un finisse par retrouver ses os secs dans la gueule d'un chien.

Non, mieux vaut ne pas imaginer ça.

En se frayant un chemin à travers les bois, il déchire des morceaux de ruban jaune et les noue à des branches d'arbre pour marquer son passage. Il se souvient de la terreur qu'il avait ressentie quand, gamin, il s'était perdu en forêt. Ça n'avait duré qu'une heure et demie, mais sa panique avait été telle qu'il ne s'était pas rendu compte du bruit de la circulation qui lui parvenait depuis la rue. Les quatre-vingt-dix minutes les plus longues de sa vie.

Même maintenant, alors qu'il s'est enfoncé d'une vingtaine de mètres dans les bois, la rue a complètement disparu derrière lui et la lumière sous la voûte des arbres est grise – à l'exception de quelques rayons qui ont réussi à percer entre les branches et les feuilles –, et la température de l'air est plus fraîche de quelques degrés.

Des brindilles craquent sous ses pieds. Le sol est plus mou qu'à l'extérieur, chacun de ses pas comprime la couche de feuilles mortes qui recouvrent la terre, et Diego évite soigneusement de se frotter au sumac vénéneux.

Il y a cinq minutes encore, il se voyait déjà en train de flirter avec Georgia Simpson pendant qu'elle rangeait des exemplaires de romans de Louis L'Amour et Zane Grey sur les rayons de la bibliothèque. Et maintenant, il est à la recherche d'un cadavre. Sacré revers de fortune. Il s'en passe des choses, en cinq minutes.

Il déglutit. Dans sa poitrine, son cœur bat à toute vitesse. Ça n'a aucun sens, mais après tout ça ne se contrôle pas, un cœur.

Il se dit qu'il ne reste peut-être rien d'autre que cet os. Il se dit qu'il n'y a aucune chance que le meurtrier – s'il s'agit bien d'un meurtre – traîne encore dans les parages. C'est purement et simplement impossible.

Et pourtant son cœur bat à tout rompre.

Un mouvement rapide sur sa gauche – Diego pivote et dégaine son SIG.

Un écureuil disparaît derrière un arbre.

Diego rit de lui-même et rengaine son pistolet. Il se remet à marcher.

Mais, à une cinquantaine de mètres de la rue, il s'arrête à nouveau. Il y a quelque chose par terre. Il regarde, déglutit. Des mèches de cheveux parmi les feuilles mortes. Ces cheveux sont très sales, mêlés de terre, mais une barrette bleue y est encore accrochée. Une barrette bleue avec une étoile en verre collée en son centre, comme un petit diamant. Cette barrette, c'est le pire, le plus émouvant. Les cheveux ne sont que des cheveux, après tout, mais la barrette... Diego imagine une petite fille devant son miroir, une petite fille fixant la barrette, souriant parce qu'elle se trouve jolie. Les cheveux sont blonds. Enfin, ils devaient l'être, à l'origine.

Diego noue un bout de ruban jaune autour d'une branche qui traîne par terre, et la plante dans le sol à côté de la tignasse. Puis il avance.

Encore une vingtaine de mètres, et il tombe sur une chaussure noire ornée d'une boucle en argent. Une chaussette blanche décorée par un petit nœud rose dépasse de la chaussure. La chaussette est trouée, et le pourtour du trou est taché de ce qui ressemble à du sang noirci. Peut-être qu'un insecte a mangé l'essentiel de la partie ensanglantée de la chaussette. Diego ramasse la chaussure. À l'intérieur, il y a un pied : du moins un bout d'os sec, le reste ayant jadis servi de repas à des mouches ou à des scarabées. La chaussure tient aisément dans sa paume, sans dépasser les bords de sa main. La fillette à qui elle appartenait ne devait pas avoir plus de deux ans. C'est-à-dire qu'elle était plus petite que l'enfant dont le bras sans corps se trouve en ce moment même dans le véhicule de patrouille de Diego.

Il y a donc plus d'un cadavre dans le coin – Diego en est convaincu.

Il repose la chaussure et noue du ruban jaune autour d'une pierre à proximité.

Et il avance.

À cent mètres de la route, il découvre un morceau de tissu pourri, en lambeaux.

Et encore vingt mètres plus loin, la terre a visiblement été remuée. Alors que, dans ces bois, le sol est uniformément recouvert de feuilles en décomposition – un terreau où poussent tout un tas de petits végétaux : herbes, champignons, arbustes, etc. –, ici, les feuilles ont été ratissées, la terre a été retournée, et…

“Oh putain…”

Impossible de dire combien de corps gisent ici, car seuls des morceaux dépassent, dans le plus grand désordre. Un bras par-ci. Un pied par-là. Un bout de tissu jaune. Une orbite qui fixe Diego depuis son crâne blanchi, dépouillé de chair.

Diego va s'appuyer contre un arbre. Il baisse les yeux. Le sol tournoie sous ses pieds.

Au bout d'un moment, il se ressaisit et commence à délimiter un périmètre avec du ruban jaune. Ça ne lui prend qu'une ou deux minutes, et dès qu'il a fini il retourne vers la rue, suivant les nœuds jaunes qu'il a laissés en cheminant vers ce cauchemardesque gisement d'os. Les types du Bureau du shérif ne vont pas tarder à arriver, et il faudra qu'il soit là pour les conduire à la scène de crime.

Mais, avant ça, il sort son portable et compose le numéro de Ian.

Ian ôte son casque et se lève. Il boit une gorgée de sa tasse de café froid, histoire d'humidifier sa bouche soudain sèche. Il passe dans la pièce principale du poste de police.

Le capitaine Davis est assis, téléphone collé à l'oreille :

"Ben laisse-la faire alors, bordel ! Je sais pas pourquoi tu m'appelles pour me poser la question si tu t'en fiches. OK, d'accord. Bon sang. D'accord, d'accord. Moi aussi, j't'aime."

Il raccroche.

"Capitaine ?

— Ouais ?

— Diego vient de faire une sacrée découverte. Peut-être liée à ce qui se passe avec ma fille."

Davis enlève ses lunettes, les nettoie avec un kleenex avant de les reposer sur son nez étroit. Il regarde Ian, cligne des yeux.

"Quelle découverte ?

— Au moins deux cadavres, dans les bois.

— Sans blague ?

— Sans blague.

— Alors Diego a retrouvé à qui appartient ce bras ?

— On dirait bien. Mais ça se limite pas à ça.

— Y aurait un lien avec votre fille ?

— Il s'agirait de cadavres de petites filles, oui.

— Diego a pas dit que l'une d'entre elles pourrait…" Il passe sa langue sur ses lèvres. "… que l'une d'entre elles pourrait être…"

Davis n'achève pas sa phrase, préférant tirer sur un fil qui dépasse de sa manche de chemise.

"Non, il croit pas que ce soit le cas.

— Il a dit pourquoi ?

— Il reste plus que des os, un peu de cheveux et du tissu.

— Mais il s'agit de petites filles ?"

Ian hoche la tête.

"Diego a appelé les gars du shérif ?

— Oui. Ils sont peut-être déjà sur place. De toute façon Nance est en ville, il est venu étudier le dossier avec Finch.

— J'y vais aussi. Tu veux m'accompagner ?

— On trouvera peut-être quelque chose qui nous mènera à Maggie.

— D'accord, dit Davis en se levant. On va demander à Thompson de te remplacer au 911. Tu viens avec moi dans ma voiture ou tu prends la tienne ?"

Ian gare sa voiture au bord de la route. Il n'a qu'une chose en tête : ce qui se trouve ici va peut-être le rapprocher encore de sa fille. Des cadavres de fillettes ont été découverts, au moins deux, et c'est bien triste, il en a conscience. Mais il ne ressent aucune réelle tristesse, ni aucun sentiment dans le genre. Chacun de ces cadavres était un jour l'enfant de quelqu'un, mais pas le sien. Sa fille à lui est en vie, et il va la retrouver et la ramener à la maison, saine et sauve. Si ces corps-là l'aident à y parvenir, alors… non, il refuse de se dire que leur mort valait la peine. Il repousse cette pensée, la bannit dans le coin le plus obscur de son cerveau, là où elle ne lui fera plus honte, et pourtant… c'est horrible, mais il sait que c'est vrai. Au plus profond de son cœur, ces cadavres lui donnent de l'espoir.

Il approuverait le sacrifice de centaines, de milliers d'enfants, si au bout du compte ça lui permettait de récupérer sa fille.

Ian sort de sa voiture et regarde les véhicules alignés sur le bas-côté. Il y a en deux du Bureau du shérif – ils ont fait vite, effectivement. Ils sont garés derrière la voiture de Diego, et derrière eux est garée la voiture du capitaine Davis, devant celle de Ian. Le shérif adjoint Kurt Oliver, qui est en poste à Bulls Mouth, est assis sur le capot de son véhicule. Il a les yeux fermés et la tête inclinée vers le soleil de l'après-midi.

"Un inspecteur est déjà sur place ?" demande Davis.

Oliver ouvre les yeux et tourne paresseusement son regard vers eux.

"Ouais, dit-il. John Nance est descendu de Mencken, et Bill Finch est là aussi.

— Quelqu'un d'autre ?"

Oliver secoue la tête :

"Le shérif arrive.

— Le médecin légiste ?

— Pas encore là."

Davis hoche la tête.

"Où sont ceux qui sont là ?"

Oliver se tourne vers les bois.

"Suivez les bouts de ruban jaune. Ça vous mènera aux corps."

Un aboiement – un chien à l'arrière du véhicule de patrouille de Diego. Davis pose la main sur l'épaule de Ian.

“Allons voir de quoi il retourne, dit-il en guidant Ian vers les arbres.

— Hé, Oliver, lance Ian, tu ramènerais pas ce chien chez le pasteur Warden avant qu’il succombe à la chaleur ?

— Pourquoi tu veux que je m’occupe de ça ?

— Je viens de te le dire, cette bête risque de crever avec la chaleur qui fait.

— Alors pourquoi t’y vas pas toi-même ?

— Parce que je vais voir la scène de crime. Toi, t’es assis là à rien foutre. Putain, Oliver, bouge-toi le cul et ramène ce putain de clébard chez…

— Le pasteur Warden te filera dix dollars si tu lui rapportes ce chien”, dit Davis.

Oliver se relève du capot de sa voiture.

“Sans déconner ?”

Davis hoche la tête.

“Fallait le dire, putain.”

Quelques minutes plus tard, Ian et le capitaine Davis arrivent à la scène de crime. Un des inspecteurs du Bureau du shérif, John Nance, a dégagé un grand trou – à moins qu’il ne s’agisse de plusieurs petits trous – dans lequel gisent les os de trois cadavres. Trois corps de sexe féminin, si l’on en juge par les restes de vêtements qui y demeurent accrochés – des robes en décomposition. Des fillettes. Celle qui a encore des cheveux, quelques mèches qui pendent de l’os, est blonde.

“Vous attendez pas le médecin légiste et l’équipe scientifique ? demande Davis.

— J’ai quasiment touché à rien. Les insectes ont tout nettoyé y a déjà bien longtemps. L’équipe scientifique devra se contenter de cheveux, de dents et de taches de sang… et encore, si elles sont pas trop abîmées.

— Ces filles ont toutes été enterrées à la même époque ?" demande Ian.

Nance se tourne vers lui.

"C'est aux experts de le dire, mais je crois pas."

Ian hoche la tête.

Nance a une cinquantaine d'années, ses cheveux sont gris et son visage ressemble à de la cire fondue. Debout, avec ses épaules tombantes, ses bras ballants, ses bajoues, on dirait un gros bonbon au caramel en train de se liquéfier. Heureusement, il n'est pas debout. Il est accroupi devant une rangée de squelettes et plusieurs piles constituées de divers objets personnels : des chaussures, des vêtements, des jouets. Ces choses étaient à l'origine contenues dans des sacs, mais deux des sacs se sont désagrégés, il n'en reste que de vagues lambeaux. D'un petit tas à côté du plus grand cadavre, Nance extrait une brosse à cheveux couvertes de terre et la pose sur une bâche en plastique que Finch et lui ont étendue sur sa gauche. Il met la brosse à côté d'autres objets qu'il a déjà sortis de terre : un bracelet, une paire de chaussures, plusieurs petites robes, une poupée borgne.

Bill Finch se tient debout au-dessus de Nance et filme l'opération à l'aide d'une caméra numérique miniature.

"Tu veux que je fasse aussi des photos ?

— Pour l'instant, c'est pas nécessaire.

— OK."

Diego, lui, est resté à quelques mètres de distance. Il termine de rouler une cigarette, la coince derrière son oreille et s'approche de Ian.

"Elles sont toutes trop jeunes", lui dit-il.

Ian hoche la tête.

“Je sais.

— Mais regarde-les. Maggie avait que sept ans quand…

— Maggie est vivante.

— Oui, dit Diego. Et pas ces filles. Viens jeter un coup d’œil aux vêtements. Certains sont trop grands, aucune de ces trois-là n’aurait pu les mettre. Je me demande si le tueur est pas aussi revenu enfouir les affaires de quelqu’un d’autre.

— Ah oui ? Pourquoi y ferait ça ?

— Je sais pas. Parfois les gens font des trucs bizarres.

— Tu crois qu’il y a des vêtements qui pourraient appartenir à Maggie ?

— C’est pas impossible.”

Ian fait le tour de la bâche, regarde les divers objets couverts de terre. On dirait le résultat de fouilles archéologiques. Aux yeux des extraterrestres qui en découvriront un jour les restes sous des montagnes de cendres, c’est à ça que ressemblera la fin du XXe et le début du XXIe siècle de la civilisation humaine. Ian s’attarde sur chaque objet, les examine un par un. Tout au fond de son être, il y a une forme d’insensibilité, comme si on avait remplacé ses entrailles par de la pierre.

“Ça, c’est à ma fille”, dit-il en pointant du doigt un peignoir rose plié en quatre, couvert de terre et de feuilles mortes. Près du col, il y a quelques gouttes de ce qui pourrait être du sang.

On a fait du mal à Maggie.

“À votre fille ? s’étonne Nance qui lève les yeux de la fosse.

— Je te présente Ian Hunt, lui dit Bill Finch.

— On s’est déjà rencontrés, il y a deux ans, dit Ian.

— Et vous dites que ça appartient à votre fille? demande Nance en désignant le peignoir d'un hochement de tête.

— Oui.

— Vous êtes sûr?"

Le soir où Maggie a été kidnappée, juste après le dîner, Ian était assis à la table du salon et il remplissait leur déclaration d'impôts. Debbie était dans leur chambre, elle s'habillait, et Maggie était dans la salle de bains. Elle l'a appelé. Quand il a poussé la porte de la salle de bains, il l'a trouvée au milieu de la pièce, son petit corps maigrelet dégoulinant sur le carrelage tandis que la baignoire faisait des glouglous en se vidant.

"Qu'est-ce qui se passe?

— J'ai oublié de prendre une serviette.

— Et alors?

— Tu peux m'en apporter une?

— J'peux t'en apporter une quoi?

— Une *serviette*!

— C'est pas ça que je veux dire.

— Tu peux m'en apporter une, *s'il te plaît*?

— Une quoi?

— *Papa!*

— OK, OK."

Il est allé prendre une serviette dans le placard à linge et la lui a lancée.

"Et un peignoir.

— T'as pas oublié de te laver, au moins?

— Non! Enfin…

— Enfin quoi?

— J'ai pas savonné derrière une de mes oreilles.

— Pourquoi ?

— Pour faire une expérience."

Un large sourire a éclairé le visage de Maggie, révélant ses dents écartées.

"Quel genre d'expérience ?

— Maman m'a dit que si je me lavais pas derrière les oreilles y aurait des brocolis qui pousseraient.

— Elle t'a dit ça ?"

Maggie a hoché la tête.

"Mais tu l'as pas crue ?

— Je sais pas. C'est une expérience.

— Et tu t'es lavée partout ailleurs ?

— Bah oui, je suis pas une grosse dégueu !

— D'accord. Je te sors ton peignoir.

— Le rose !"

Trois gouttes de sang près du col, comme trois petits points à la fin d'une phrase… Le peignoir couvert de terre et de feuilles mortes. Étendu sur une bâche en plastique à côté d'objets qu'il n'a jamais vus auparavant. Des choses qui appartenaient à d'autres petites filles, aujourd'hui mortes.

"Oui, dit Ian. C'est son peignoir.

— OK, dit Nance. Si une de ces filles est en vie, et si c'est la fille d'un des nôtres – *votre* fille –, alors y a pas à hésiter."

Le capitaine Davis cligne plusieurs fois des yeux.

"C'est-à-dire, inspecteur ?

— C'est-à-dire qu'on a intérêt à fondre sur le principal suspect avant qu'il ait le temps de se préparer. On le mitraille de questions, on laisse entendre qu'on en sait beaucoup plus qu'on dit, et on voit comment il réagit.

— Le principal suspect ?
— Le propriétaire de ces bois, qui que ce soit.
— Henry Dean, dit Ian.
— Il va falloir qu'on ait le feu vert de Sizemore, et…
— Je suis pas sous les ordres de Sizemore, dit Davis.
— Mais c'est le Bureau du shérif qui s'occupe d'enquêter sur les meurtres, dit Bill Finch. C'est pour ça que Nance est ici. On a affaire à un triple homicide. Pas à une affaire de chauffard ivre qui se fout en l'air le samedi soir."
Les yeux plissés, Davis fixe longuement Finch, puis dit :
"OK, c'est bon.
— Alors on attend l'autorisation de Sizemore, dit Nance, puis on emmène Henry Dean au poste pour l'interroger, on l'intimide le plus possible, et on voit s'il craque.
— On est quand même tout près de Main Street, dit Diego. N'importe qui aurait pu profiter des bois pour se débarrasser de ces corps.
— Oui, mais pourquoi choisir précisément cet endroit ? demande Davis. Pourquoi prendre sa bagnole et s'emmerder à venir jusqu'ici ?
— C'est vrai, dit Nance.
— Je crois qu'y faut que nos deux bureaux collaborent étroitement sur cette enquête, dit Davis. Je connais Henry Dean, je le connais depuis le CP, et je sais quel est le meilleur angle d'attaque avec lui.
— Depuis le CP ? demande Nance.
— Ouais.
— Vous le croyez capable de ces meurtres ?
— Pas incapable, en tout cas.

— Sa personnalité correspond ?
— Sa personnalité ? J'en sais foutre rien. D'après mon expérience, on sait jamais qui est capable de quoi jusqu'à ce qu'on prenne les gens la main dans le sac."
Nance hoche la tête, puis se tourne vers Bill Finch :
"Et le shérif, il est où quand…
— On parle de moi ?"
Le shérif Sizemore s'approche d'eux, son ventre proéminent se balançant comme un boulet de démolition.
"Bonjour shérif", dit Nance.

"Je veux aller chez Dean", dit Ian alors qu'il retourne en direction de la rue aux côtés du capitaine Davis et de Bill Finch.
Diego est resté sur la scène de crime afin d'expliquer au médecin légiste de quelle façon il a découvert ces corps, et de lui donner l'heure à laquelle leur mort a été légalement constatée.
Davis secoue la tête.
"N'y songe même pas, Ian. Cette affaire te concerne de bien trop près.
— Il s'agit de ma fille.
— Écoute, Ian…
— Je viens.
— Tu seras d'aucune utilité, dit Finch. Sizemore veut seulement qu'on le ramène au poste pour que Nance et lui l'interrogent.
— Il se pourrait qu'il vous suive pas si facilement, dit Ian.
— On prendra Oliver avec nous.
— Oliver arrive même pas se torcher le cul tout seul. Ma fille se trouve peut-être dans cette maison,

Finch. Je sais qu'il y a aucun aspect de ma vie dans lequel tu t'es pas encore immiscé, mais ça reste *ma* vie. *Ma* famille.

— Calme-toi, dit Finch, je sais que c'est possible que Maggie soit là-bas. Je sais que c'est ta fille et que tu l'aimes. Mais regarde-toi, mon vieux. T'as les nerfs à vif, alors que rien encore prouve que ce type ait fait quoi que ce soit. Pas question que tu nous accompagnes. Tu nous gênerais plus qu'autre chose.

— Vous avez aucune autorité sur mes officiers, Finch, dit le capitaine Davis.

— Officier de police? Il en a que le titre. Il passe sa journée derrière un bureau. Et vous avez dit vous-même que c'était une affaire qui le touchait de beaucoup trop près.

— C'est vrai, dit Davis, mais moi j'ai le droit. Il travaille pour moi. En revanche, ça me plaît pas de voir le type qui lui a piqué sa place dans le lit de sa femme essayer de…

— J'ai piqué la place de personne…

— Ça va, dit Ian. Le débat est clos. Je viens."

Franchissant la limite des bois, ils se retrouvent dans la rue baignée de soleil.

"D'accord, dit Davis, mais tu sors pas de ta bagnole, sauf si on t'appelle. Et ça, c'est pas négociable.

— OK, dit Ian. Ça marche."

Il a la bouche très, très sèche.

Maggie fait les cent pas, les yeux levés vers le plafond. D'étranges bruits lui parviennent d'en haut : ça tape, ça parle, ça va et ça vient, on déplace des choses. Tout ce remue-ménage inquiète Maggie. D'habitude, le seul bruit qu'on entend ici est celui de la télévision – une espèce de rêverie diurne à laquelle on s'adonne les yeux grands ouverts. Mais là, c'est différent. Et différent, ça ne lui plaît pas. Elle n'en veut pas. Ça l'angoisse.

Qu'est-ce qui se passe, là-haut ? Peut-être qu'ils sont au courant de ses projets et qu'ils sont en train de construire un instrument de torture horrible dont ils vont se servir pour la punir. Peut-être qu'ils…

Un deux trois quatre cinq six sept huit.

Ils ne sont au courant de rien. C'est vrai qu'ils font des bruits bizarres, c'est vrai qu'ils parlent de quelque chose d'important, c'est pour ça qu'Henry élève la voix en s'adressant à Beatrice, mais ça n'a rien à voir avec Maggie. Quand Henry est en colère contre elle, Maggie le sait tout de suite. Néanmoins, elle est quand même inquiète.

Aujourd'hui, c'est le jour de son évasion, et tout le reste doit se dérouler normalement. Il faut qu'aujourd'hui soit encore plus normal que les autres jours. Un jour parfaitement normal, parfaitement prévisible, afin de lui faciliter le travail, afin qu'elle sente encore plus vite l'air frais dans ses poumons, le soleil sur sa peau, les bras de son papa autour d'elle.

S'il se passe des choses étranges en haut – et on dirait bien que c'est le cas –, son plan risque de tomber à l'eau.

Mais non. Ça va marcher. Il le faut. Un point c'est tout. En douter n'a aucun intérêt.

Elle fait le tour de l'escalier et sort l'arme de la pénombre pour la troisième ou quatrième fois de la journée. Sans hésitation. La pensée de rester ici ne serait-ce qu'un jour de plus est pire que tout ce qui pourrait se trouver dans le noir.

Quand elle se représente ce qu'elle compte faire avec cette arme, ça lui donne envie de vomir, comme si son ventre était plein de lait pourri, mais en même temps elle a hâte que le moment vienne. Elle a hâte d'en avoir terminé avec ça, de pouvoir gravir les marches, franchir la porte d'entrée et se tenir sous le soleil doré.

Elle ferme les yeux et imagine le bout pointu de l'arme tranchant la chair autour de la cheville de Beatrice. Elle imagine ce qu'elle verra sous la peau, comme si elle regardait à travers une fente dans un morceau de cuir épais : des leviers et des poulies, toute la machinerie organique qui constitue un être humain, et des grosses gouttes de sang, du sang rouge foncé qui se déversera sur la marche en bois sale, tandis que Beatrice basculera comme un grand arbre qu'on abat.

Maggie va y arriver. Il faut être patient, c'est tout. Encore deux heures à attendre, puis Beatrice descendra cet escalier et alors elle…

Un frottement métallique : de l'autre côté de la porte, quelqu'un tourne le verrou.

Maggie regarde par la fenêtre. C'est beaucoup trop tôt. L'El Camino de Donald n'est même pas encore de retour dans l'allée. C'est beaucoup, beaucoup trop tôt.

Est-ce qu'elle doit quand même passer à l'action? Ou est-ce qu'elle doit attendre? Il se passe quelque chose, quelque chose qu'elle ne comprend pas et, si elle attend, rien ne dit qu'elle aura une deuxième chance. Ça ne se déroule pas comme prévu. Le scénario n'est pas respecté. Absolument pas.

Borden a vendu la mèche. Il existe donc bel et bien, et il veut qu'elle reste ici, à jamais prisonnière du Monde du Cauchemar. Il veut qu'elle souffre et…

Non, Borden n'existe pas. Il n'a jamais existé.

La porte en haut de l'escalier s'ouvre en grinçant et une large silhouette remplit l'embrasure. Beatrice. C'est Beatrice et elle descend. Elle n'a pas d'assiette dans les mains. Elle n'apporte pas le dîner. Maggie s'en doutait. C'est trop tôt. Henry est encore à la maison, les ombres ne se sont pas suffisamment allongées, alors ce n'est pas l'heure du dîner. Les vibrations de la voix grave d'Henry traversent le plancher. Et il y a d'autres voix là-haut. Maggie les sent plus qu'elle ne les entend. Elles ne vibrent pas de la même façon que celle d'Henry. Il y a d'autres voix et il y a un problème.

Maggie se glisse à nouveau derrière l'escalier, se dissimule dans le noir, serrant l'arme dans ses mains moites. Elle n'arrive pas à se décider. Doit-elle ranger l'arme ou s'en servir? Si elle ne saisit pas sa chance, en aura-t-elle une autre? En haut, il y a des voix qu'elle ne reconnaît pas, et tout à l'heure ça cognait, Henry criait.

Mais son plan prévoyait qu'elle attende le départ d'Henry, dans deux heures environ.

Et si Henry ne comptait plus partir? Rien ne dit que les choses vont reprendre leur cours normal.

Peut-être que c'est maintenant ou jamais.

Il ne faut pas qu'elle attende. Quand elle attaquera Beatrice, cette dernière hurlera. Henry entendra, il descendra l'escalier en courant pour voir ce qui se passe, et alors Maggie lui tranchera les chevilles à lui aussi. Ça ne le neutralisera sans doute pas complètement, mais peu importe. Tant que ça laisse suffisamment de temps à Maggie pour gravir l'escalier et sortir de la maison…

Elle peut le faire.

Son plan peut encore fonctionner.

L'escalier grince à chaque pas que fait Beatrice en descendant. Sa respiration est forte, lourde. Ses pieds raclent sur le bois des marches, qui ploient sous sa masse.

"Sarah ?"

Maggie ne répond pas. Dans le noir, derrière l'escalier, elle agrippe son arme. Son souffle reste coincé dans sa gorge. Rien que de l'air mort. Attendre la suite, c'est tout.

Beatrice descend encore une marche et sa cheville droite est maintenant juste devant les yeux de Maggie, visible entre deux planches de bois. Blanche, molle, facile à atteindre – facile à trancher.

Elle peut le faire.

Son cœur tambourine dans sa poitrine.

Elle a l'impression que son visage est gelé.

Elle peut le faire. Oui. Et comme il *faut* qu'elle le fasse, elle *va* le faire. C'est comme ça que ça marche. Elle a la force. Elle a le courage. Son papa le lui avait dit. Son papa lui avait dit un jour qu'il n'avait jamais rencontré personne d'aussi courageux qu'elle.

Beatrice soulève la jambe gauche pour la descendre à hauteur de la droite.

Maggie dresse l'arme qu'elle tient entre ses deux mains, puis tranche la chair entre les planches, traçant une ligne rouge là où auparavant il n'y avait que de la peau intacte et blanche.

Le sang gicle sur les mains et les bras de Maggie. Il est chaud. Elle ne s'attendait pas à ce qu'il soit aussi chaud.

Beatrice hurle.

Retour rapide. Regardons le soleil se lever à l'ouest, remonter au-dessus de l'horizon. Contemplons les nuages dans le ciel couleur de jean délavé : le vent les avait dispersés, voilà qu'ils se reforment en une masse compacte. Dans les rues, les voitures avancent en marche arrière. Un verre brisé se reconstruit et s'envole du carrelage sur lequel il était tombé pour revenir dans la main droite de Roberta Block, qui le replonge dans un évier empli d'eau savonneuse où il redevient sale. Un vautour traverse le ciel en volant à reculons. Genevieve Paulson se rassoit sur le lit de la chambre d'amis chez ses parents, des larmes remontent le long de ses joues et disparaissent au coin de ses yeux. Thalia, sa fille, ravale des mots qui ne lui brisent donc plus le cœur avant de sortir en marche arrière de la chambre et de refaire le chemin jusqu'à la cuisine où sa grand-mère ôte des ingrédients aux cookies qu'elle prépare. Les aiguilles de toutes les horloges avancent dans le sens inverse de celui qu'elles suivent habituellement, ravalent leur tic-tac.

Arrêt.

Comme si on l'avait cloué au bleu, le vautour de tout à l'heure se fige dans le ciel au-dessus de la maison des Dean, légèrement au sud de Crouch Avenue.

Pendant un moment, rien ne bouge. On laisse passer quelques secondes, puis – soulagement – le temps redémarre à nouveau, cette fois-ci dans le bon sens. Le vautour passe au-dessus de la maison, plane au-dessus des bois tandis que ses narines cherchent à capter une odeur de mort.

Et Henry Dean franchit la porte d'entrée de sa maison. Ses clés se balancent au bout de son index. Il n'y a plus de bières dans le frigo, il faut qu'il aille en acheter maintenant s'il veut en boire deux ou trois avant de partir au boulot. Et s'il veut en emporter avec lui après. La nuit passe plus vite quand on est légèrement éméché. Il descend les marches et traverse l'allée de gravier jusqu'à son pick-up. Il ouvre la porte d'un geste brusque, se glisse derrière le volant en raclant ses Levi's contre la vieille banquette rugueuse. Il démarre le moteur, passe la première, relâche l'embrayage et enfonce sa botte contre la pédale de l'accélérateur. Les pneus font gicler une volée de graviers et le pick-up bondit en avant.

Arrivé au niveau de la rue, il tourne à gauche, puis ouvre sa vitre pour faire entrer l'air dans la cabine – c'est un four qu'a fabriqué Ford, pas une bagnole. Mais il n'allume pas le climatiseur. Henry refuse d'avoir recours à l'air conditionné. Pendant des millénaires, les gens s'en sont passés, alors lui aussi. Il laisse ça aux chochottes.

De la sueur dégouline de son front, s'arrête au niveau de son épais sourcil gris, avant d'être détournée vers sa joue par le barrage de poils. Il essuie sa joue avec la paume de sa main, repousse l'humidité vers ce qui lui reste de cheveux.

Puis il prend à gauche sur Main Street et se dirige vers Bill's Liquor.

Un peu plus loin, à travers les vapeurs brûlantes qui s'échappent du bitume craquelé, il aperçoit plusieurs véhicules garés le long de la route. Instinctivement, il lève le pied.

"Putain de merde…"

Il rétrograde en troisième, puis en seconde, puis en première alors qu'il approche. Deux véhicules du Bureau du shérif du comté de Tonkawa, un autre de la police de Bulls Mouth. Un des shérifs adjoints est assis sur un capot, il fume une cigarette, le regard plongé dans le vide.

Henry arrête son pick-up à sa hauteur et baisse la vitre.

"Salut m'sieu le shérif adjoint ! Comment va ?

— Bien, Henry, bien. Et vous ?

— On fait aller, répond-il en souriant. Malgré la chaleur…

— Vous l'avez dit, mon vieux. Insupportable, ce cagnard.

— Bah, pourquoi y a autant de flics, ici ?"

L'adjoint lance un regard par-dessus son épaule et, comme il ne voit rien qui l'inquiète, il se penche vers Henry d'un air conspirateur.

"Vous voulez vraiment savoir ?

— Ah non, j'espérais que vous alliez me raconter un gros bobard, hé hé.

— Des cadavres, mon vieux."

Les muscles du visage d'Henry se figent. Il essaie de ne rien laisser paraître.

"Des cadavres ?

— De petites filles. Y en a deux ou trois enterrés dans les bois.

— Non, vous me faites marcher ?

— Absolument pas."

Henry se force à siffler et à secouer la tête d'un air incrédule.

"Nom de Dieu.

— J'vous le fais pas dire.

— Faut vraiment être un salopard pour tuer des petites filles.

— Faut surtout être complètement malade. À tous les coups, il les a d'abord violées."

Le visage d'Henry manque de s'empourprer ; un étau de colère lui serre la poitrine. Henry n'est pas un violeur. C'est un bon père de famille. Il aime sa femme et jamais il ne la tromperait. Surtout pas en violant une petite fille, manquerait plus que ça ! Il ressent une forte envie d'attraper ce shérif adjoint par le col de sa chemise et de lui fracasser la tête contre le cadre métallique de la portière du pick-up. Mais, au lieu de ça, il hoche la tête :

"Ouais, à tous les coups. Quel monde de tarés ! J'espère qu'vous allez le retrouver, ce salaud.

— Et comment ! il perd rien pour attendre, dit le shérif adjoint.

— Allez, bonne chance", dit Henry en le gratifiant d'un salut militaire.

Il passe la première et repart en direction du sud le long de Main Street. Dès qu'il sait que l'adjoint ne peut plus le voir, son visage devient blanc comme neige et son expression sympathique laisse la place à une grimace morbide. Ses yeux s'assombrissent et les coins de ses lèvres se plissent vers le bas.

Dans sa tête, il n'y a qu'une brume grisâtre où aucune pensée ne peut émerger, où il n'y a de place que pour une peur viscérale, animale, irréfléchie. Mais, en approchant de Hackberry Street, il aperçoit la voiture du capitaine Davis qui vient vers lui, et derrière elle une Mustang rouge de 1965, et voilà qui suffit à dissiper d'un coup la brume.

Ils ont trouvé les corps. La police ne va pas tarder à en tirer les conclusions qui s'imposent. Même si, par miracle, il n'y avait pas de preuves sur les cadavres eux-mêmes – mais c'est à peu près sûr qu'avec la technologie dont ils disposent aujourd'hui, ils vont déceler plein de traces d'Henry –, c'est sur sa propriété qu'on les a découverts. C'est lui qu'on va interroger en premier. Ils se pointeront peut-être avec un mandat de perquisition. Le shérif Sizemore est pote avec des juges qui pourront accélérer les choses. S'ils obtiennent un mandat de perquisition, ils découvriront Sarah. Et c'en sera fini.

Cette petite garce avait dit qu'elle avait appelé son papa. Il n'avait pas voulu la croire, parce que ça signifiait que la vie d'Henry était sur le point de s'écrouler – c'était impossible. Sauf que c'est bien ce qui s'est passé. C'est bien ce qu'elle a fait. Mais les corps, comment elle savait pour les corps ? Elle devait forcément savoir, sinon…

Une fois que les deux véhicules sont passés, Henry fait demi-tour en plein milieu de la route.

Finie la bière. Fini le boulot. Sa vie est finie, finie, finie.

Il est temps de passer à un plan B. Il roule vers chez lui, vers la maison où il habite depuis plus de quarante ans, et se demande ce qu'il doit faire maintenant. Son frère Ron a une baraque en Californie, à Kaiser, une petite ville minière quasiment déserte située juste à côté de la frontière avec l'Arizona. Il pourrait y aller avec Beatrice et Sarah. Ils resteraient planqués là-bas jusqu'à ce que les choses se tassent. Parce que tel que c'est parti, il va y avoir un sacré remue-ménage. Les gens n'apprécient pas qu'on tue des petites filles. D'ici à quelques jours, tous les journaux télévisés l'auront déclaré coupable. Il leur faut un méchant, aux médias. Mais Henry et sa famille peuvent se terrer à Kaiser jusqu'à ce que ça se calme, et ensuite… bon, ensuite, les choses ne sont pas encore très claires dans sa tête.

Si la police n'a pas suffisamment d'éléments pour l'arrêter, il pourra peut-être rentrer chez lui. Le fait qu'il se soit enfui paraîtra suspect, mais ne prouvera rien. Enfin, le plus probable, c'est quand même que Bulls Mouth fasse bientôt définitivement partie de son passé. Alors il faudra qu'ils descendent au Mexique. À l'heure actuelle, c'est trop risqué, mais quand un peu d'eau aura coulé sous les ponts, ils devraient arriver à passer la frontière sans encombre. Une fois là-bas, il ne sait pas encore de quoi ils vivront, mais ils trouveront bien une solution. Avec un peu de chance, ils auront même une baraque au bord de la mer. Il a toujours rêvé de voir l'océan. À moins qu'ils ne tentent le Canada. Là-bas, on parle anglais. Bref, il a encore le temps de voir.

Devant lui, le véhicule du capitaine Davis et la Mustang se rangent sur le bas-côté. Henry les dépasse quelques secondes plus tard. Il garde la même vitesse, se retient d'appuyer sur le champignon. Il ne faut pas attirer l'attention.

Sur Crouch Avenue, il prend à droite puis, deux minutes plus tard, de nouveau à droite pour s'engager dans son allée. Ses pneus font pleuvoir des rafales de graviers contre la maison avant qu'il n'arrête le pick-up.

Il gravit les marches en bois en courant presque, traverse la galerie en deux enjambées, pousse la porte et déboule dans la maison.

“Bee !

— Quoi ?”

Il entre dans la cuisine.

Beatrice est devant l’évier, une assiette toute savonneuse entre les mains. Elle fronce les sourcils en voyant l’expression sur le visage d’Henry.

“Qu’est-ce qui se passe ?

— Pose ça. Il faut qu’on se tire d’ici.

— On s’en va ? Pourquoi ?

— Parce qu’y faut, c’est tout. Fais tes bagages. Emporte tout ce que tu veux. Tout ce que tu peux fourrer dans des cartons en moins de vingt minutes. J’ai comme l’impression qu’on a pas intérêt à traîner dans c’te ville.

— On quitte Bulls Mouth ? Mais pourquoi ça ?

— On a des ennuis.

— Quel genre d’ennuis ? On a fait quelque chose de mal ?

— Non, rien, mais c’est ce que vont dire les gens. Prépare tes affaires. Faut qu’on se tire.

— On part pour longtemps ?

— Probablement pour toujours. Putain, Bee, c’est pas le moment de poser des questions.

— Mais comment on va faire pour tout emballer en vingt min…

— On prend pas tout. Que les choses dont on a besoin. Alors maintenant bouge-toi le cul, bon sang ! On a pas de temps à perdre. Les flics vont débarquer d’un moment à l’autre. Active-toi !”

Le menton de Beatrice se met à trembler et les larmes luisent dans ses yeux. Un glapissement étrange et triste lui échappe de la gorge.

“Pardon, pardon Bee, excuse-moi de t’avoir crié dessus, mais on doit partir. J’ai pas le temps de répondre à un tas de questions. Ce qu'y faut, c'est que tu ailles dans le garage, que tu trouves des cartons et que tu les remplisses de choses utiles. Tu crois que tu peux faire ça ?" D'une main calleuse, il lui caresse sa joue lisse et ronde. "Tu peux y arriver, Bee ?"

Elle hoche la tête.

"T'es une brave fille. Allez, c'est parti."

Il lui dépose un baiser rapide sur les lèvres, puis se tourne vers la chambre.

"Bill's Liquor, j'écoute.

— Salut Donald.

— Salut Henry. Qu'est-ce qu'y a ?

— On quitte la ville, Bee et moi. Tu ferais peut-être bien d'en faire autant, même si je sais pas si c'est totalement nécessaire en ce qui te concerne.

— Qu'est-ce qui s'est passé ?"

Dix-sept minutes plus tard, on frappe à la porte d'entrée. Henry ne s'y attendait pas tout à fait aussi tôt. Il espérait qu'ils auraient déjà pu quitter la ville. Ils auraient mieux fait de partir sans bagages. Si seulement ils avaient grimpé directement dans le pick-up. Mais abandonner toutes ces affaires qu'ils ont passé une vie entière à accumuler, sans même emporter…

"Henry ?

— J'm'en occupe, Bee !

— D'accord."

Il ferme les yeux, expire et rouvre les yeux. Puis il glisse la main entre le matelas et le sommier du lit. Quand il la ressort, il tient au bout de son bras un Lupara à canon court. Il l'ouvre et vérifie que les deux canons sont bien chargés. C'est le cas. Il coince le fusil dans le dos de ses Levi's, puis va chercher quelques cartouches supplémentaires dont il se remplit les poches. Il ne pense pas qu'on en viendra à un échange de coups de feu, mais il ne l'exclut pas – car hors de question de se retrouver avec la gueule dans les graviers, tandis qu'un connard du Bureau du shérif le menotte et lui enfonce son genou dans les couilles. Ce qu'il espère, c'est que le capitaine Davis est venu seul, simplement pour l'informer de leur découverte. *Désolé de vous déranger, Henry, comment va ? Bon, bien, tant mieux. Je passais juste parce que... vous auriez rien remarqué d'étrange dans vos bois, par hasard ? Pas de rôdeurs ou de trucs dans le genre ?* Henry espère que ça se limitera à ça, mais rien ne le garantit. Avant de sortir de la chambre, il s'arrête devant le placard et prend une carabine de 22 sur l'étagère du haut.

Personne n'est jamais parti à la guerre avec trop d'armes.

Il retourne dans la cuisine. Beatrice est en train d'empiler de la vaisselle dans des cartons. Il l'attrape par le bras et la fait pivoter vers lui.

“Pas de vaisselle, Bee. On va pas embarquer de la *vaisselle*, bordel de Dieu !

— Mais…

— Écoute-moi, descends au sous-sol et attends que je t'appelle.

— D'accord.

— Allez, vas-y.

— D'accord.”

Elle hoche la tête, réprime des larmes.

On frappe à nouveau. Buckshot aboie devant la porte.

“J'arrive.”

Il lance un regard par-dessus son épaule : Beatrice ouvre la porte du sous-sol, franchit le seuil et disparaît.

Parfait, au moins elle sera en sécurité là-bas en dessous. Il se dirige vers la porte d'entrée. Buckshot est assis devant et la fixe des yeux. Il aboie encore une fois. Derrière le verre granité de la vitre jaune, il y a deux silhouettes. Henry appuie la carabine contre le mur, là où ils ne pourront pas la voir une fois la porte ouverte.

Il sort de la poche de sa chemise un rouleau de pastilles contre les brûlures d'estomac. Les yeux fermés, il en mâchonne une. *Rien vu d'anormal, non. Non, m'sieu, rien de spécial, tout va comme sur des roulettes. Pour vous dire la vérité, je surveille pas de trop près ce coin-là de mon terrain. Les arbres, ça pose pas de problème, sauf quand ils ont bu un coup de trop et qu'y vous rentrent dedans. Mais ceux-là, y sont au régime sec, ha ha !*

Du bout de la langue, il nettoie la poudre crayeuse qui colle à une de ses molaires.

“Sois gentil, mon grand”, dit-il au chien en lui caressant le sommet du crâne.

Un poing s'élève de l'autre côté de la paroi vitrée.

Avant qu'il ne frappe une troisième fois, Henry saisit la poignée et ouvre la porte.

Assis dans sa voiture, Ian regarde le capitaine Davis et Bill Finch traverser l'allée de gravier et s'approcher de la porte d'entrée. Il voudrait être à leurs côtés. Il voudrait regarder cet homme dans les yeux. S'il pouvait regarder dans les yeux de cet homme, il saurait. Au lieu de quoi il est enfermé dans sa voiture. La vitre est baissée et un vent qui souffle comme un four à convection lui brûle le visage. Il a la bouche sèche, les yeux qui piquent, l'estomac aigre. Il prend un reste de cigare dans le cendrier et le coince entre ses dents, se met à le mâchonner sans l'allumer.

Davis lève la main et frappe sur le verre granité jaune qui couvre la moitié supérieure de la porte d'entrée. On entend le bruit étouffé d'un chien qui aboie.

Ian se penche en avant et attend. La porte ne s'ouvre pas. Les secondes passent.

"Frappez encore", marmonne Ian.

Au bout d'un moment, le capitaine Davis lève à nouveau la main, mais Bill Finch lui saisit le poignet avant que son poing ne touche la porte.

"C'est moi qui commande ici", dit-il.

Davis hausse les épaules, cligne des yeux.

"Si ça vous fait plaisir de jouer les rois de la forêt…"

Finch le dévisage longuement, avant de se tourner vers la porte et de frapper lui-même.

Derrière la porte, le chien aboie à nouveau. Puis on entend une voix à l'intérieur, même si Ian ne distingue pas les mots de là où il se trouve. Et la porte reste toujours fermée. Davis et Bill Finch se tiennent côte à côte, ne bougent pas, attendent. Encore.

“Et merde”, lâche Ian entre ses dents.

Il extirpe le cigare humide de sa bouche et le jette dans le cendrier, puis il ouvre sa portière et sort dans l'allée. Les graviers crissent sous ses pieds et le capitaine Davis lui lance un regard qui l'arrête net. Il reste à côté de la voiture, la main sur la portière à moitié fermée, sans remonter à l'intérieur de la Mustang ni avancer vers la maison.

Bill Finch s'apprête à frapper à nouveau quand la porte s'ouvre enfin.

Le chien aboie.

“Allez, tais-toi”, dit gentiment Henry Dean en le caressant.

Alors voilà cet homme. Est-ce lui qui a kidnappé Maggie, qui a pris à Ian sa fille ? La chair du visage affaissée, le crâne dégarni, les yeux aussi morts que des cailloux enfoncés dans une boue visqueuse, le nez saillant, couvert de vaisseaux pourpres. Ian pense l'avoir déjà croisé au moins une douzaine de fois en ville. Ils se sont salués d'un hochement de tête, peut-être même dit bonjour. Rien que d'y penser, il en est malade. Tant d'occasions ratées d'attraper ce salaud par la gorge et de l'étrangler. Tant d'occasions ratées de récupérer sa fille. Depuis sept ans, seul ce vieillard obèse se tenait entre Ian et Maggie ? Si toutefois c'est bien lui.

Quand Henry Dean lève les yeux vers les flics, une lueur éclaire ses yeux et un grand sourire s'affiche sur son visage.

“Bonjour, messieurs. Qu’est-ce qui me vaut le plaisir de votre visite ?

— Il faut qu’on parle”, dit le capitaine Davis.

Bill Finch lance un regard noir à Davis, puis se retourne vers Henry Dean.

“Il s’agit d’une affaire très sérieuse”, dit-il.

Henry Dean se passe la langue sur les lèvres.

“Ah merde.

— Merde ?

— Vous savez pourquoi on est là ?

— Bah bien sûr, dit Henry. Il peut s’agir qu’d’une seule chose.

— Ah oui, laquelle ?

— Quelqu’un a vu mon pick-up et a fait le rapprochement.

— Votre pick-up ?

— Toutes ces éraflures.

— Et alors ?”

Henry glisse quelque chose dans sa bouche, une pastille de menthe ou un médicament, avant de les fixer des yeux avec étonnement.

“Vous êtes pas là parce que j’ai abîmé la clôture du pasteur Warden ?”

Le capitaine Davis secoue la tête.

“C’est beaucoup plus sérieux que ça, dit Bill Finch.

— Ah. Merde. Faites comme si j’avais rien dit, alors. Qu’est-ce qui se passe ?”

La sueur dégouline le long du visage de Ian. Il serre la portière de sa voiture tellement fort que les os de sa main lui font mal.

“Qu’est-ce que vous attendez pour arrêter ce connard ?” marmonne-t-il.

Impossible qu’il ait entendu Ian, mais les yeux d’Henry Dean lancent un regard éclair vers Ian, avant de se refocaliser sur les hommes qui se tiennent devant lui.

“Vaudrait peut-être mieux que vous sortiez, dit Bill Finch.

— Que je sorte ? dit Henry avant de se mettre à rire. Mais pour quoi faire, bon sang ?”

Davis pose la main sur son arme de service. “Il y a quelqu’un d’autre dans la maison, Henry ?

— Capitaine. Todd. On a grandi ensemble. Qu’est-ce que vous faites avec votre main sur votre pistolet ?

— Répondez à la question, ordonne Bill Finch.

— Ma femme est là, dit Henry.

— Il va falloir que vous veniez au poste avec nous pour répondre à quelques questions.

— Ça concerne quoi ?

— Sortez.”

On entend le bruit étouffé d’une femme qui crie.

Le capitaine Davis et Bill Finch regardent par-dessus les épaules d’Henry, dans la direction du cri. Henry Dean en profite pour sortir une arme de derrière son dos – un fusil à canon court – et le torse de Bill Finch explose.

Le chien à côté d’Henry se met à aboyer comme un fou.

Une brume sanglante flotte dans l’air, tandis que le corps de Finch s’écroule sur le sol usé de la galerie, puis dégringole les trois marches menant à l’allée de gravier. Finch gît sur le dos, le regard perdu dans le vaste ciel bleu.

Davis fait un bond de côté, mais ça ne suffira pas pour échapper à la balle du deuxième canon, qui l’atteint en plein visage. Il n’a même pas le temps de crier. En une fraction de seconde, son visage se transforme en un masque de sang et de muscles. Des dents et des fragments d'os se répandent dans l'allée derrière lui, à l'intérieur d'un triangle rouge qui s'élargit, comme si sa tête était un sachet de ketchup qu'on avait écrabouillé.

Quand Ian regarde à nouveau vers l'entrée, Henry Dean a déjà laissé tomber le fusil à canon court par terre et il est en train de sortir une carabine de derrière la porte.

Tout en plongeant derrière sa voiture, d'un seul geste fluide Ian défait son étui à revolver et dégaine son SIG. Il lève brièvement la tête pour jauger sa position par rapport à celle d'Henry Dean, et un coup de feu retentit. C'est à peine plus fort qu'un pétard, et pourtant c'est le bruit de la mort. La balle racle le coffre de la voiture et des éclats de métal gris le blessent au crâne et à la joue.

Le chien continue d'aboyer furieusement.

Ian s'aplatit par terre, les graviers s'enfoncent dans son bras et dans son ventre, il essaie d'apercevoir Henry par-dessous la voiture mais il n'a pas de bon angle. Il ne voit que des graviers et le bas de la maison.

"Chope-le, Buckshot ! Chope !"

Un bruit de course sur les graviers. Des aboiements. Une forme marron rasant le sol de l'autre côté de la voiture.

Ian se tourne à temps pour voir le chien virer à l'angle de la Mustang et fondre sur lui en montrant les crocs. Il a les yeux noirs, des fils de bave écumante pendent de sa mâchoire – il bondit sur Ian qui parvient tout juste à braquer son pistolet et appuyer sur la détente.

Un bref couinement puis plus rien.

Le chien continue son vol plané et atterrit sur Ian : son museau sans vie rebondit contre la gorge de Ian, sa salive chaude lui coule le long du cou, son sang lui imbibe l'uniforme. Ian repousse le cadavre, qui tombe sur les graviers avec un bruit de sac de viande humide et visqueux.

"Espèce de fumier !" gueule Henry, et un autre coup de feu résonne. La balle soulève un jet de graviers.

Ian se redresse en position accroupie, en prenant garde que sa tête ne dépasse pas le niveau du coffre de la Mustang. Il inspire. Expire. Henry doit être sur la galerie, il doit le guetter. Ian va devoir faire feu et aussitôt se baisser s'il ne veut pas finir avec une balle en pleine tête comme le capitaine Davis. Cet Henry est un rapide.

Ian inspire. Expire. Il bloque sa respiration dans sa gorge et se relève d'un bond, prêt à tirer. Mais il n'en a pas le temps.

Avant même que ses yeux se posent sur Henry Dean – qui se tient désormais en bas des marches, pieds écartés, œil gauche fermé, carabine appuyée contre la clavicule, braquée là où il avait deviné que Ian surgirait –, il sent quelque chose craquer dans sa poitrine, juste à droite de son sternum, comme si quelqu'un lui avait asséné un coup de maillet. Ça ne fait même pas mal. Pas au début. Mais il n'arrive soudain plus à respirer. Quand il essaie d'inspirer, il entend un étrange bruit de succion sous sa chemise. Il baisse les yeux, étonné. Le tissu est taché par un petit cercle de sang. Ian regarde Henry Dean et s'apprête à lui demander ce qui vient de se passer, nom de Dieu, mais Henry est déjà en train de remonter les marches et de rentrer à l'intérieur de la maison. Ian tombe sur ses genoux, que l'impact fait craquer. Les graviers lui mordent la chair, il s'en rend compte mais ça ne le fait pas souffrir. Il baisse à nouveau les yeux et voit des gouttes de sang s'éparpiller sur l'allée.

Ça ne devait pas se passer comme ça.

Et le voilà étendu face contre terre, à respirer de la poussière blanche et crayeuse. Il crache. Chaque fois qu'il essaie de respirer, un sifflement grave s'échappe de sa poitrine, comme s'il avait un pneu crevé à la place du torse.

Des bruits de pas rapides sur les graviers.

Ian se tourne sur le côté pour voir…

Henry Dean est en train d'aider Beatrice, sa femme, à monter dans un pick-up Ford Ranger vert. Ça paraît impossible. Il y a un instant, Henry se tenait dans l'allée, sa carabine braquée sur Ian tandis qu'une fumée blanche sortait du canon. Comment a-t-il eu le temps de rentrer chercher sa femme dans la maison, de l'amener dehors et de la faire monter dans leur pick-up ? Beatrice pleure, son pied droit est couvert de sang et un lambeau de chair lui pend de la cheville.

Ian cligne des yeux.

L'instant d'après, Beatrice est assise dans le pick-up, la portière fermée, et Henry Dean est en train de remonter les marches de la galerie.

Qu'est-ce qui est arrivé au temps ? Quelqu'un a foutu le temps en l'air.

J'ai besoin de mon flingue. Avec mon flingue, je peux encore lui régler son compte.

Allongé, Ian roule pour se tourner de l'autre côté. Ça fait mal, et les graviers pointus dans son dos n'arrangent rien. Il cherche son pistolet. Là, à un peu moins d'un mètre ; le flingue est à sa portée. Il tend le bras, étire les doigts le plus possible jusqu'à ce qu'ils touchent l'arme. Il la fait glisser vers lui, saisit la crosse et, toujours sur le dos, pivote vers la maison.

Henry Dean force Maggie à franchir la porte d'entrée, l'entraîne dehors en la tirant par le bras. Elle est pâle, maigre, du sang lui coule du nez, mais c'est bien elle. Maggie. Sa fille. Elle a tellement grandi. C'est presque une femme. Et ce type qui lui agrippe le poignet l'a volée à Ian, il a privé Maggie de son enfance !

Ian lève son flingue.

Mais Henry Dean le voit, attire Maggie vers lui, la soulève et s'en pare comme d'un bouclier. Elle essaie de repousser les mains d'Henry, n'y parvient pas. Du sang dégouline de ses narines, tombe sur les gros bras d'Henry.

"Tu tirerais sur ta propre fille, Hunt ?"

Ian tente de viser les jambes d'Henry, il voudrait les dégommer comme des quilles, mais sa main tremble trop, il craint de toucher Maggie. Jamais il ne pourrait se le pardonner.

Henry Dean avance vers lui, protégé par le corps de Maggie et, une fois qu'il est assez près, d'un coup de pied il envoie valdinguer le flingue de Ian.

"Papa ! Papa ! Au secours !"

Elle tend les bras vers lui, une bulle de sang gonfle sous sa narine gauche puis éclate. Un torrent de larmes coule le long de ses joues. Ses dents sont ensanglantées.

Ian tend les bras vers elle.

"Maggie… Ma chérie…"

Alors Henry Dean prend son élan et sa botte vient s'écraser contre le visage de Ian.

Noir complet.

Quand Ian reprend conscience, la première chose qu'il entend, c'est ce sifflement de pneu crevé. Ce bruit étrange d'air qui fuit de sa poitrine. La douleur est plus forte que tout à l'heure, elle écrase littéralement Ian. Quelque chose est bloqué à l'intérieur. Comme si une porte avait été fermée et verrouillée. Et il ne peut presque plus respirer.

Ses yeux sont ouverts, ils fixent une roue à l'arrière de la voiture. De la rouille et de la boue. Et, de l'autre côté de sa voiture, il y a celle du capitaine Davis, avec une radio à l'intérieur. Ian se retourne, parvient à se mettre à quatre pattes. Prenant appui sur le pare-chocs arrière de sa Mustang, il pousse et réussit à se lever. Le véhicule de Davis n'est qu'à cinq, six mètres de là. S'il arrive à l'atteindre, tout ira bien. Thompson est derrière le téléphone du central, il suffit que Ian parvienne jusqu'à la radio pour le prévenir. Ian fait un pas en avant, ses genoux ploient, il s'écroule. D'abord sur les rotules, puis sur son flanc.

Derrière le téléphone, il y a Thompson.

Ian a un téléphone, lui aussi.

Il glisse la main dans sa poche et palpe son portable. Pas besoin d'aller jusqu'à la voiture. Il suffit qu'il appelle le 911. C'est la première fois qu'il est à l'autre bout du numéro des urgences. Dès qu'il pourra parler à Thompson, tout s'arrangera.

Tout ira bien.

Henry jette Maggie dans le pick-up et monte à côté d'elle. Elle se tourne pour regarder son papa à travers la vitre arrière. Ça fait tellement longtemps qu'elle ne l'a pas vu, et il est là, sur les graviers, étendu sur son flanc droit. Il saigne de la poitrine, sa tête est appuyée contre les graviers et du sang très rouge coule de son nez. Ce sang lui inonde le visage, il a les yeux fermés et il ne bouge pas du tout. Son bras droit est étiré devant lui, à plat sur les graviers, paume vers le haut. À quelques dizaines de centimètres de sa main, il y a un pistolet. Maggie voudrait tant qu'il le ramasse et qu'il tire dans les roues pour crever les pneus du pick-up. Son papa pourrait encore empêcher Henry de partir. À moins qu'il ne soit mort. Car il ne bouge vraiment plus.

"Assieds-toi, petite salope !" ordonne Henry.

Il l'attrape par l'épaule et la force à se redresser.

Le moteur vrombissant, les pneus crachant des graviers, le pick-up fait demi-tour et commence à descendre l'allée. Ils passent à côté d'un homme sans visage. C'est un policier, elle le reconnaît à l'uniforme, mais il n'a plus de visage. Ensuite, ils passent devant un autre policier, dont la poitrine n'est plus qu'une cuvette rougeâtre remplie d'un liquide noir. Ça doit être du sang, qu'est-ce que ça pourrait être d'autre ?

“Henry, je saigne, se plaint Beatrice.
— Je sais, Bee.
— Pourquoi je saigne ? Qu’est-ce qui s’est passé ?
— Plus tard.
— Mais pourquoi je…
— Plus tard, j’ai dit. Maintenant tais-toi, faut que je réfléchisse.”

Les pneus du pick-up crissent en tournant à droite sur Crouch Avenue, laissant de belles traces de caoutchouc noir sur le vieil asphalte gris.

“Mais pourquoi je saigne ?
— Et si tu la fermais enfin, ma chérie ?
— Pardon, dit Beatrice. Pardon.”

Elle tourne la tête vers la vitre.

Maggie regarde la cheville droite de Beatrice. Il y a une grande coupure, qui déverse beaucoup de sang. Ce sang forme une flaque sur le plancher du pick-up. Maggie en a la nausée, et pourtant elle n’arrive pas à détourner les yeux. Dire qu’elle a failli s’évader !

“Quelle merde”, dit Henry.

Maggie se tourne vers lui, mais il garde les yeux rivés sur la route.

Cinq minutes plus tard, ils s’engagent sur l’autoroute I-10 en direction de l’ouest.

Diego remonte l'allée dans son véhicule de patrouille, l'estomac noué. Si on en croit l'appel de Ian, les choses ont très mal tourné, et il s'attend à découvrir un truc très, très moche. Et pourtant, quelques secondes plus tard, lorsqu'il sort du dernier virage avant la maison, il se rend compte qu'il n'était pas prêt pour ça. Pas prêt à tomber sur un carnage pareil. Une ambulance est en route, mais il prend sa radio et en demande une seconde avant même de descendre de sa voiture.

Le capitaine Davis est étendu sur des graviers ensanglantés. Il n'a plus de visage. Les doigts de sa main gauche remuent de façon intermittente, mais Diego ne saurait dire si c'est la preuve que le capitaine est encore conscient ou s'il s'agit simplement des dernières impulsions électriques d'un cerveau qui s'apprête à plonger définitivement dans le silence.

À quelques mètres de Davis se trouve Bill Finch, allongé sur le dos. Sa poitrine est creuse, remplie de sang, des bulles d'air remontent de son organisme et éclatent sur la surface noire. Ses yeux fixent l'énorme ciel bleu éclairé par un soleil blanc.

Il est parfaitement immobile.

Tout comme Ian, un peu plus loin dans l'allée, étendu sur le dos lui aussi, avec un portable à la main et un petit trou dans la poitrine. Ses yeux sont à peine ouverts, des fentes aux bords rouges dans un visage pâle, translucide, épuisé, grimaçant. Il regarde Diego. À côté de lui, dans une mare de sang, le cadavre d'un chien.

"Bon Dieu, Ian, qu'est-ce qui s'est passé ici ?

— Je crois qu'ils sont morts, murmure-t-il faiblement.

— Et toi, tu es…

— Pas… tout à fait mort."

Diego hoche la tête, puis s'approche de Davis. Le visage du capitaine se termine juste en dessous de sa lèvre supérieure, par une rangée de dents brisées qui font penser au bord cranté d'un couteau à pain. Du bout de sa chaussure, Diego pourrait toucher le palais de la bouche de Davis, s'il voulait – mais il ne veut surtout pas. La peau du haut du visage est complètement partie, un œil a disparu, laissant à sa place une cavité couleur de steak cru, à moitié remplie de liquide noir. L'autre œil, marron, illuminé par la peur et la douleur, se braque vers Diego, qui doit lutter contre l'envie de se détourner.

"Une ambulance arrive, capitaine."

Un gargouillement s'échappe du trou dans la gorge de Davis. Du sang épais dégouline lentement le long de son cou et imprègne le col de sa chemise.

"Vous n'allez pas mourir."

Un nouveau gargouillement.

L'œil du capitaine Davis vire à gauche, vers sa main. Il remue son annulaire, qui est orné d'une alliance.

"Betty sait que vous tenez à elle, capitaine. Il faut que j'aille voir comment vont les autres."

Diego s'écarte, s'approche de Bill Finch. Bien qu'il n'ait jamais aimé ce type – Finch a piqué la femme d'un ami –, il aime encore moins le regard vide avec lequel il fixe le ciel.

Diego se penche au-dessus de lui.

“Bill ?”

Silence. Aucun mouvement dû à une éventuelle respiration. Ni les mains ni les pieds ne remuent. Aucun son ne s’échappe de la gorge. Ce que Diego est en train de contempler, ce n’est guère plus qu’un mannequin en cire, la reproduction d’un homme qu’il a connu jadis.

“Mort ?”

Diego hoche la tête.

Ian ferme les yeux, repose son crâne contre les graviers.

“Tu tiens le coup, Ian ?”

Pas de réponse.

Inutile, accablé, Diego fait quelques pas en rond, puis s’assoit par terre au milieu de l’allée tandis que les premières sirènes retentissent au loin.

Les infirmiers installent Ian et le capitaine Davis à bord des ambulances et annoncent officiellement le décès de William Francis Finch junior, quarante-deux ans, qui laisse une femme et deux enfants. Diego se demande s’il ne devrait pas téléphoner à Debbie. Peut-être serait-il préférable qu’une voix amie lui apprenne la nouvelle, plutôt que celle du shérif Sizemore. Mais l’idée de prononcer les paroles nécessaires à haute voix le rend malade. Ton mari est mort. Quatre mots qui feront voler son univers en éclats. Alors que la vie ne l’avait déjà pas épargnée.

Il sort son portable. Il faut que ce soit lui qui l’appelle. Elle va avoir besoin d’une oreille compatissante.

Mais avant qu’il ne puisse composer le numéro, Donald, le frère d’Henry, arrive dans l’allée au volant d’une El Camino gris mat. Donald n’arbore aucune expression, il a le visage aussi neutre qu'une feuille de papier blanc. Il croise les ambulances qui descendent sur Crouch Avenue, toutes sirènes hurlantes, avant de faire route vers le Centre médical régional de Mencken. Donald se gare derrière la voiture de Diego.

"Bordel de Dieu !" s'exclame-t-il en sortant de l'El Camino.

Diego s'approche de lui, lui agrippe le bras et le mène à sa voiture. Il ouvre la portière arrière, pousse Donald vers la banquette.

"Montez.

— Pour quoi faire ?

— Montez dans la bagnole, putain !

— Je suis en état d'arrestation ?

— C'est ce que vous voulez ?"

Tout en se grattant l'intérieur de la joue avec la langue, Donald regarde Diego par-dessus son épaule. Il doit aussi contempler le spectacle derrière Diego : du sang et des bouts d'os répandus à travers l'allée, plusieurs véhicules de police, un cadavre sous une toile, un clébard mort. Et il doit remarquer les éléments manquants : le pick-up d'Henry, Henry lui-même. Donald arrive sans doute à reconstituer les événements. Finissant par hocher la tête, il grimpe à l'arrière de la voiture.

Diego attend qu'il ait rentré sa jambe gauche avant de claquer brutalement la porte.

"Je suis au courant de rien du tout.

— Vous mentez.

— Non j'mens pas.

— Vous et votre frère, vous êtes proches ?

— Il a vingt ans de plus que moi. Pourrait être mon père.

— C'est pas ça que j'ai demandé.
— Non, on a jamais été proches.
— Mais vous dînez chez lui.
— Parfois.
— Ça vous arrive souvent de dîner avec des gens que vous aimez pas.
— J'ai pas dit que je l'aimais pas. J'ai dit qu'on était pas proches. Et d'ailleurs il est pas là sauf les week-ends.
— Mais vous dînez chez lui.
— Ouais, parfois. C'est ce que je viens de dire.
— Vous avez jamais rien remarqué de bizarre ?
— Bizarre comment ?
— Bizarre, c'est tout. Réfléchissez un peu.
— De toute façon Henry et Bee ont toujours été bizarres.
— C'est-à-dire ?
— Je sais pas." Donald gratte sa barbe naissante. "Écoutez, si vous voulez savoir si j'ai remarqué des trucs illégaux ou criminels, la réponse est non. Jamais.
— Rien du tout ?
— Non.
— Vous vous êtes jamais douté qu'il y avait une troisième personne chez eux ?
— Non, je crois pas.
— On vous demande pas de croire, mais d'être sûr.
— Bah c'est pas un truc auquel j'ai jamais réfléchi.
— Eh bien réfléchissez-y maintenant.
— Non. Enfin, de temps en temps j'ai vu des affaires d'enfant, mais je pensais que c'était à leur gosse à eux.
— Ils avaient un enfant ?
— Qu'est morte y a douze ans."
Diego se gratte la joue. Il lui semble avoir déjà entendu cette histoire, peut-être chez Roberta's, mais il

n'a pas parlé à Henry plus d'une demi-douzaine de fois au fil des ans, alors il n'y avait pas prêté attention.

"Une petite fille… Quel âge elle avait ?

— Même pas un an.

— Comment elle est morte ?

— Elle s'est noyée dans la baignoire.

— Vous avez vu que des affaires pour nourrisson ?

— Je sais pas.

— On est en train de fouiller la maison.

— Ouais.

— Si on trouve partout des affaires d'ado, on saura que vous mentez.

— Je sais. Je mens pas. C'est pas un truc auquel je réfléchissais.

— Vous réfléchissez vraiment pas souvent, alors ?

— Je sais pas.

— Et vous savez pas grand-chose non plus."

Donald hausse les épaules, expire par les narines.

"Jamais vous avez entendu aucun bruit ?

— Non, j'ai pas fait attention.

— Je suis censé croire que vous viviez dans une caravane à moins de vingt mètres de chez Henry et Beatrice, que vous alliez parfois dîner chez eux, et que malgré ça vous vous êtes jamais douté que pendant les sept dernières années ils gardaient quelqu'un en captivité ? C'est vraiment ce que vous voulez me faire croire ?

— C'est la vérité.

— Et vous avez pas la moindre idée où il a pu aller ?

— Vous me l'avez déjà demandé y a une heure.

— Si ce que vous m'avez répondu était vrai, vous devriez pouvoir vous en souvenir.

— Je vous ai dit que je savais pas, mais si je devais deviner, j'dirais qu'y fait route vers Juárez, *via* El Paso.

— Il est vraiment aussi con que ça, votre frère ?
— Bah on lui a pas offert de bourse pour Harvard.
— Mais vous pensez qu'il est suffisamment bête pour essayer de traverser la frontière alors que tous les flics de l'État sont à sa recherche ?
— J'en sais rien. C'était rien qu'une hypothèse.
— Une hypothèse merdique. Votre frère est loin d'être aussi stupide et vous le savez."
On frappe à la porte – elle s'ouvre en grinçant.
Diego lance un regard par-dessus son épaule. Le shérif Sizemore passe sa tête coiffée d'un Stetson dans l'entrebâillement. Il s'essuie la bouche avec la paume de sa main.
"Sergent Diego.
— Sergent *Peña*, c'est ça mon nom.
— Faut qu'on parle."
Diego hoche la tête, puis se lève et sort, verrouillant la porte pour s'assurer que le plus jeune des frères Dean reste bien enfermé. Il suit le shérif dans la pièce vide à l'avant du poste de police.
"Qu'est-ce qu'il y a, shérif ?
— Ça fait une heure que vous tournez en rond.
— Je sais, mais il va finir par craquer. Je vais l'avoir à l'usure.
— Écoutez, cette affaire, c'est la nôtre. Elle dépend du comté. Vous avez pas les ressources qu'il faut. Je vous ai accordé une heure par courtoisie, vu ce qui est arrivé à la fille du sergent Hunt. Et au capitaine Davis. Je sais que vous prenez ça à cœur. Et oui, je me disais que vous pourriez peut-être obtenir quelque chose d'utile. Mais l'un des nôtres est mort, lui aussi, Dean ne l'a pas loupé, et votre heure s'est écoulée, sergent Diego.
— Sergent Peña. Laissez-moi encore une demi-heure, c'est tout ce qui me faut.

— Non, désolé.
— Non ?
— Non.
— Vous êtes sérieux, shérif ?”

Sizemore hausse les épaules, cette conversation a tout d'un coup l'air de lui causer un profond ennui.

“C'est comme ça, dit-il. Je suis en plein milieu d'une chasse à l'homme, alors j'ai pas le temps de vous laisser vous amuser avec la seule source d'information dont on dispose à l'heure actuelle.”

Diego regarde le shérif Sizemore emmener le petit frère Dean jusqu'à sa voiture et le faire monter à l'arrière. Puis Sizemore se retourne vers Diego et hoche la tête. Diego, lui, ne le salue pas. Sizemore se glisse derrière le volant, démarre et emporte Donald vers le Bureau du shérif situé un peu plus loin dans la même rue.

Diego essaie de rouler une cigarette, mais il a les mains qui tremblent. Le tabac ne veut pas rester dans la feuille, il n'arrête pas de glisser et de tomber sur l'asphalte. Au bout de la troisième tentative, Diego écrase le papier dans sa main et lance la boule par terre. Il pivote sur ses talons et rentre dans le bâtiment.

De toute façon, il n'avait pas vraiment envie de fumer.

Imaginez une mer calme, noire comme du pétrole. D'un bout à l'autre de l'horizon, il n'y a que cette mer, plate et uniforme. Une planète entière recouverte d'une nuit liquide. Au-dessus, une lune argentée qui ressemble à une pièce d'un dollar, quelques étoiles et puis c'est tout. Pas d'îles ni d'arbres. Pas de poissons ni de baleines. Le calme plat. Rien sauf un homme qui flotte sur le dos : Ian. Ian, qui flotte dans l'obscurité. Bras et jambes écartés comme ceux de l'homme vitruvien. Yeux ouverts. Il regarde les cieux en espérant y trouver Dieu, mais tout ce qu'il entend c'est la voix de l'obscurité entre les étoiles : un appel qui sonne aussi creux que le vent du désert.

Puis quelque chose touche sa main gauche. *Quelqu'un* le touche. Un être humain. Il n'est pas seul. Il essaie de tourner la tête vers la gauche, mais n'y arrive pas. Quelqu'un caresse la peau tendue entre son pouce et son index.

Il ne comprend pas pourquoi il n'arrive pas à tourner la tête vers la gauche.

Ouvre les yeux.

Ils *sont* ouverts : il y a pleine lune argentée et les étoiles scintillantes.

Ouvre les yeux.

Ça y est. Le ciel nocturne cède la place à un plafond blanc, d'abord flou et voilé, puis de plus en plus net. Ian cligne plusieurs fois des yeux et tourne la tête à gauche.

Debbie est assise à côté de lui, les épaules voûtées, le regard perdu par terre. Elle relève la tête. Son visage est creusé. Elle paraît épuisée et même vieille. Il n'avait jamais pensé à elle en ces termes auparavant. Elle n'est pas maquillée, elle a les yeux rouges, la peau en dessous est gonflée, gris foncé, et les coins de ses lèvres tirent vers le bas.

"Salut", dit-il. Guère plus qu'un murmure.

D'abord, elle ne répond rien, se contente de le regarder. Avec le dos du poignet, elle essuie son nez et ses narines rougies.

"Bill est mort, dit-elle enfin.

— Je suis désolé."

Il tousse, ce qui lui procure une sensation étrange, comme lorsqu'on essaie de respirer sous l'eau. Il tousse à n'en plus finir, et s'attend à ce que de la glaire lui vienne dans la bouche, mais ça reste sec. Ses muscles se contractent et la douleur se répercute dans son corps à partir du trou où la balle a fait son entrée. Il perçoit un étrange bruit de succion sous la fine couverture qui lui couvre le torse. Il la soulève et découvre un tube transparent, un cathéter aussi large qu'un petit doigt de femme, qui entre dans sa poitrine juste en dessous de l'aisselle. La chair tout autour est suturée avec du fil chirurgical pour bien maintenir le tube en place. La peau embrasse le plastique comme des lèvres autour d'une paille, on croirait voir une plante extraterrestre. Dans le tube, du sang et du pus se mélangent en formant un épais liquide rosâtre. Une poche de ce liquide coule le long du cathéter jusqu'à une petite boîte posée par terre, sur laquelle on lit l'inscription PLEUR-EVAC.

Il tousse à nouveau et une autre salve rose s'évacue de sa poitrine. Tousser lui fait mal. Même respirer lui fait mal.

"Nom de Dieu...

— Tu as été blessé par une balle."

Il lui faut un certain temps pour reprendre son souffle.

"Je sais, murmure-t-il.

— Tu as fait un collapsus pulmonaire."

Ian hoche la tête.

Debbie fronce les sourcils et baisse à nouveau les yeux vers ses genoux.

"Les jumeaux sont trop petits pour garder la mémoire de Bill. Ils grandiront sans aucun souvenir de leur père."

Ian demeure silencieux un long moment ; il a l'impression de voguer sur une drôle d'embarcation vaporeuse. Puis ce qu'a dit Deb parvient enfin à sa conscience.

"Peut-être... peut-être que c'est pour le mieux, dit-il. Si ça devait arriver. On regrette pas quelque chose dont on a pas le souvenir."

Debbie secoue la tête.

"Je crois pas que ça fonctionne comme ça."

Il lui prend la main et la serre.

"Je suis désolé de ce qui est arrivé à Bill. Il te rendait heureuse. Et c'est ce que tu méritais."

Debbie hoche la tête, mais ne dit rien. Elle se tourne pour faire face à une chaise vide dans le coin de la pièce, qu'elle contemple un long moment.

"Ils l'ont eu, au moins ? demande-t-il. Est-ce que Maggie est en sécurité ?"

Debbie secoue la tête.

“Bill est mort, Davis est dans un état critique – il a plus de visage, si jamais il survit il va devoir se nourrir avec un tube pour le restant de ses jours –, et ce salopard a toujours Maggie. Y a pas de justice. Y a aucune putain de…”

Sa voix s’étrangle dans sa gorge, elle baisse les yeux, ses épaules tremblent.

“On va la récupérer, Deb.

— Comment ?

— Je sais pas, mais on va y arriver. Je vais trouver un moyen.”

Il serre fort sa main, mais une nouvelle quinte de toux le secoue, répandant la douleur dans son corps comme du poison, tandis que davantage de pus et de sang sortent de son poumon par le cathéter.

“Et merde, dit-il en s’efforçant de calmer sa respiration. Je vais trouver quelque chose. Je vais trouver le moyen de lui reprendre Maggie.

— Tu crois vraiment que tu y arriveras ?

— Oui.

— Alors moi aussi j’y crois”, dit Debbie en hochant la tête.

Le soleil, en partie caché derrière la ligne d'horizon à l'ouest (Maggie trouve qu'il ressemble à une moitié de pamplemousse posée à l'envers sur une table), illumine en rose le ciel du crépuscule. Le Ford Ranger roule dans sa direction, mais Maggie sait que, si le soleil est leur destination, ils n'y parviendront jamais. Cette idée lui rappelle une conversation qu'elle avait eue autrefois avec son papa. Elle lui avait demandé pourquoi les papillons nocturnes aiment tant les ampoules électriques, et papa lui avait répondu que les papillons prennent les ampoules pour la lune, qui leur sert de guide la nuit pour se diriger. Les papillons volent toujours vers la lune sans jamais l'atteindre, alors ils veulent faire pareil quand ils voient une ampoule mais, quand ils la touchent, ils sont pris au dépourvu. Avec la lune, ils n'avaient jamais à se soucier de ce qui se passerait une fois leur destination atteinte.

"C'est assez triste", avait fait remarquer Maggie.

Papa s'était contenté de hausser les épaules et de mordre le bout de son cigare.

Henry regarde par-dessus la tête de Maggie, vers Beatrice.

"Comment tu te sens ?

— Je saigne encore. J'ai la tête qui tourne. Je sais

même pas comment j'ai fait pour me couper. T'as vu, toi, Sarah ?"

Maggie secoue la tête et regarde la flaque de sang sur le plancher du pick-up. Puis elle lève les yeux vers le visage de Beatrice, pâle, couvert de sueur. Dire qu'elle a failli s'échapper… Beatrice s'est écroulée exactement comme Maggie l'avait imaginé, elle a crié puis elle est tombée comme un arbre qu'on vient d'abattre, mais Maggie a abandonné son plan qui consistait à attendre Henry et, au lieu de ça, elle a essayé de contourner Beatrice et de remonter les marches en courant. Beatrice a tendu le bras et lui a saisi la cheville – "Sarah, qu'est-ce qui s'est passé ?" a-t-elle demandé –, et Sarah a chuté tête la première et s'est cogné le visage contre la troisième marche, sentant d'abord quelque chose se tordre dans son nez, puis du sang couler de ses narines. Tout s'est assombri, elle s'est retrouvée perdue dans une brume grisâtre et, le temps que ça se dissipe, Henry les rejoignait au sous-sol, il aidait Beatrice à remonter l'escalier, puis il refermait la porte derrière eux. Un peu plus tard, il est redescendu chercher Maggie, il l'a emmenée dehors, dans l'allée, où son papa gisait sur les graviers avec sa chemise ensanglantée et un trou dans la poitrine.

"Regarde un peu là-bas", dit Henry à Beatrice.

Il pointe son doigt vers une petite maison en briques à environ quatre cents mètres de la route. Dans la lueur rose du soleil couchant, quelques chevaux broutent de l'herbe sèche. La maison a l'air tranquille, une seule vitre est éclairée. Un pick-up Dodge Ram gris est garé à côté du bâtiment, sous un auvent fabriqué avec des planches en bois et du contreplaqué ternis par les années. Dans le jardin, un pneu servant de balançoire pend mélancoliquement à la branche d'un gros chêne.

“On va s’arrêter ici, dit-il, pour te soigner et se débarrasser de ce pick-up. C’est trop risqué de continuer de rouler avec.

— J’arrive toujours pas à comprendre ce qui s’est passé, Henry.

— Je sais.

— Pourquoi est-ce qu’on a dû laisser notre vaisselle ?

— On a des ennuis avec la police, Bee. Je te l’ai déjà expliqué. Bon sang, t’as quand même bien vu les…

— J’ai rien vu.

— T’as bien vu les flics qui…

— J’ai rien vu. J’avais très, très mal, Henry.”

Avec une expression indéchiffrable sur le visage, Henry fixe longuement Beatrice des yeux. Maggie ne sait pas quoi en penser. Ni de ça, ni de la conversation qu’ils viennent d’avoir. Beatrice a forcément vu le sang et les policiers étendus dans l’allée. Ce qu’elle dit n’a pas de sens. Et pourtant elle le dit.

“Ça va, Sarah ?”

Maggie se tourne vers Beatrice.

“Oui.

— On va s’en sortir, t’inquiète pas. Tu sais qu’on t’aime, hein ?”

Maggie ne répond pas. Elle regarde devant, vers la maison dont ils approchent rapidement, vers la lumière derrière la fenêtre, et elle se demande quel genre de gens vivent à l’intérieur. Elle imagine un chapeau de cow-boy, maculé de taches blanches de sueur salée, pendu à un crochet près de la porte. Une femme en train de raccommoder une paire de chaussettes. Un bébé qui joue par terre, au milieu de la pièce, vêtu seulement d’une couche-culotte. Maggie se demande si ces gens pourront l’aider. Si Henry s’arrête ici, c’est peut-être une bonne occasion pour elle. Quand il regardera ailleurs, elle pourrait remuer les lèvres, ils y liraient les mots *au secours*. Avec leur aide, elle pourrait peut-être s'échapper.

"T'as intérêt à te tenir à carreau, Sarah, t'entends ?"

Elle rougit. C'est presque comme si on venait de la prendre sur le fait. Comme si Henry avait lu dans ses pensées. Comme s'ils jouaient aux cartes et qu'Henry avait deviné son jeu. Comme Borden faisait.

Mais Borden était un être imaginaire et Henry est bien réel.

Suffisamment réel pour pouvoir tirer sur son père, et le laisser se vider de son sang dans l'allée de la maison.

C'est sa faute à elle. Si elle ne l'avait pas appelé au téléphone, rien de tout ça ne serait arrivé. Il ne serait pas venu et il ne se serait pas fait tirer dessus. Tous ces policiers qu'elle a vus auraient été épargnés. À l'heure qu'il est, ils dîneraient avec leur famille au lieu d'être à l'hôpital ou pire, d'être morts.

"Sarah ?"

Elle lève le regard vers Henry.

"Tu m'écoutes ?"

Elle hoche la tête.

"Si on entre dans cette maison, qu'on fait ce qu'on a à faire et que tout se passe bien, les gens qui y habitent seront encore en vie après notre départ. Mais si tu essaies de me jouer un tour, ils crèveront, et toi ça t'avancera à rien. Tu piges ?"

Elle hoche à nouveau la tête.

"Bien.

— Tu vas pas les tuer, ces gens, hein, Henry ?

— Tais-toi, Bee.

— Mais, Henry…

— J'ai dit tais-toi. Allons, sois gentille."

Beatrice tourne la tête vers sa vitre.

Henry sort un mouchoir de sa poche, crache dessus et le tend à Maggie. Elle hésite un instant, le prend mais ne sait pas quoi faire avec. L'odeur de la bave d'Henry lui donne la nausée.

"Nettoie ton visage, dit-il. On peut pas débarquer avec l'air de sortir tout droit d'un film d'horreur."

Henry quitte l'I-10 et s'engage sur l'asphalte gris d'une route à une seule voie. Sa vitre est légèrement baissée et, bien que la nuit approche rapidement, l'air qui entre est encore beaucoup trop chaud.

Il s'arrête devant l'allée de la maison en briques. Un portail bloque l'entrée. Henry descend du pick-up pour l'ouvrir, mais il est cadenassé. Henry retourne dans le pick-up, appuie sur le klaxon. Dans l'atmosphère calme du jour finissant, le coup de klaxon résonne comme un coup de tonnerre. Henry ne sait pas très bien ce qu'il expliquera à la personne qui sortira de la maison, surtout pour ce qui concerne l'état de Beatrice, mais il trouvera bien quelque chose. En général, il trouve toujours quelque chose à dire.

Un bref instant, il songe à glisser le Lupara dans le dos de son pantalon, puis décide qu'il ne vaut mieux pas. Il n'en aura pas besoin. Pour le moment, autant que le fusil reste sur le plancher du pick-up, en dessous de son siège.

La porte d'entrée de la maison s'ouvre, et un homme d'environ trente-cinq ans sort sous la galerie. Le type marche en chaussettes ; il a l'air d'un épouvantail affublé d'un tee-shirt et d'une paire de Levi's. Il plisse les yeux en direction de l'allée. Henry lève le bras et lui adresse un sourire. Le maigrelet le salue à son tour d'un signe de la main et prend ses bottes qui étaient posées dehors, à côté de la porte. Il les enfile, sautillant sur un pied puis sur l'autre. Une fois que c'est fait, il se dirige vers ses visiteurs. Du jus de tabac marron jaillit d'entre ses lèvres avec un bruit de pet humide. Le jet creuse un sillon dans la terre, qui l'absorbe et durcit aussitôt.

Henry sourit et tend la main au-dessus du portail.

"'soir, m'sieu, dit-il.

— 'soir, dit l'homme avant de serrer la main d'Henry. Z'êtes perdu ?

— Loin s'en faut. C'est juste qu'on a eu des petits ennuis."

Méfiant, le maigrichon fait un pas en arrière, scrute Henry à travers la fente de ses paupières plissées.

"Quel genre d'ennuis ?

— Ma femme s'est fait mal.

— Ah ouais ?

— Ouais. On s'est arrêtés au bord de la route pour que… bah, pour qu'elle fasse ses besoins, et elle a réussi à tomber en arrière. J'ai pris un de ces fous rires quand j'ai vu ça. Je sais bien que c'est pas gentil de rire d'une dame qu'a un accident, mais j'ai pas pu m'en empêcher. Le problème, c'est qu'elle s'est fait une sale entaille à la cheville. Je sais même pas avec quoi. On est pas restés pour voir.

— Elle est profonde, cette entaille ?

— Eh oui.

— Bon, allez, entrez."

Il déverrouille le cadenas et laisse le portail s'ouvrir de lui-même, suivant un sillon creusé depuis longtemps dans la terre. Le portail vient se caler contre l'herbe haute qui borde l'allée. L'homme retourne vers la maison, ne lançant qu'un bref regard vers le coucher de soleil à l'horizon.

Henry a envie de lui dire d'en profiter pour bien l'admirer : ce sera sans doute son dernier.

Le maigrichon, dont le nom s'avère être Flint, aide Beatrice à entrer dans la maison, puis à s'asseoir sur une chaise en bois qu'il écarte de la table de la salle à manger d'un coup de pied. Naomi, sa femme, une jolie fille âgée d'entre vingt et vingt-cinq ans, fait les cent pas en se tordant les mains, puis s'arrête et demande :

"Qu'est-ce que je peux faire, Flint?

— Appelle Doc Peterson.

— Non", dit Henry, peut-être un peu trop brutalement.

Flint l'observe, tout en malaxant avec sa langue le tabac coincé entre sa lèvre et sa gencive. Il prend la cannette de Coca ouverte sur la table et crache un filet de salive marron à l'intérieur. Puis il essuie les quelques gouttes sur son menton et repose la cannette.

"Comment est-ce qu'elle s'est vraiment fait cette entaille, l'ami?

— Exactement comme j'ai dit qu'elle se l'était faite. Vous m'traitez de menteur?

— J'vous traite de rien du tout.

— On aurait cru, pourtant.

— Qu'est-ce qu'vous avez contre les docteurs?

— J'ai pas de quoi les payer.

— C'est qu'un véto, Peterson. Y vous prendra même pas cinquante dollars.

— Si vous avez du fil et une aiguille je la recoudrai moi-même. Ou même un hameçon et un bout de ligne de pêche. Coupez le barbillon et ça ira bien.

— Ça m'paraît risqué, dit Flint.

— T'arrives à bouger la cheville, Bee?

— Oui, je crois.

— Fais voir.”

Beatrice tend la jambe et essaie de tourner la cheville. Elle grimace de douleur, mais réussit néanmoins à la faire bouger.

“J’y arrive, dit-elle.

— Moi, je crois quand même qu’elle devrait voir un médecin, dit Flint.

— C’est sympa d’nous aider, Flint, mais le débat est clos.”

Flint se gratte la joue.

“Va m’chercher ma boîte à pêche, Nam.”

Ian repose le téléphone beige clair sur son support – le combiné glisse de ses doigts et cogne contre l'appareil.

Ian est comme anesthésié.

"Qu'est-ce qu'il y a ?" demande Debbie.

Il avale, mais avaler lui fait mal.

"Aide-moi à me lever. J'ai pas le temps de traîner au lit.

— Qu'est-ce que Diego a dit ?

— Il m'a dit que le shérif Sizemore avait relâché le petit frère d'Henry Dean. Ils n'ont rien trouvé qui l'incrimine, ni dans la maison d'Henry ni dans sa caravane – en tout cas pour l'instant, reste à voir ce que donneront les analyses du labo –, et il n'a pas craqué durant l'interrogatoire, alors ils ont dû le laisser partir. Ils lui ont dit de ne pas quitter la ville, mais c'est tout."

Ian repousse les couvertures et passe les jambes par-dessus le bord du lit. Ses pieds sont très froids, très pâles.

Il regarde autour de lui dans la pièce.

"Tu sais où sont mes vêtements ?

— Ian, tu as reçu une balle.

— Donald ment. Il a quasiment avoué que c'était son frère quand je l'ai interrogé au magasin, le jour où Maggie a appelé. J'aurais dû m'en rendre compte sur le moment. Il sait quelque chose. Je peux pas rester là à attendre que quelqu'un découvre le corps mutilé de Maggie au bord d'une…"

Sa phrase est interrompue par une quinte de toux profonde, qui lui vient directement des poumons. Du sang gicle dans ses mains, dégouline le long de son menton. Ian regarde ses paumes, les frotte sur les draps, s'essuie le menton avec le dos du poignet. La douleur, bien que constante et accentuée par la toux, est tolérable. Il doit encore être bourré d'analgésiques, ce qui explique que sa tête tourne autant. Il ferme les yeux et essaie de se stabiliser.

"Bon Dieu, dit-il.

— Tu devrais te rallonger."

Il ouvre les yeux et regarde Debbie.

"Hors de question.

— Ian.

— Tu sais où sont mes vêtements ?

— Ils les ont jetés. Ils ont dû découper ta chemise pour te l'enlever, et ton pantalon était complètement ensanglanté.

— Et mes chaussures ?

— Ian.

— Mes chaussures ?

— J'en sais rien.

— Mon portefeuille ? Mon téléphone ?"

Elle sort de son sac à main une pochette en plastique transparente qui contient un portefeuille, un téléphone portable, quelques pièces de monnaie, des allumettes et une montre. Ses clés doivent être restées sur le contact.

"Très bien", dit-il.

Il regarde la poche de la perfusion intraveineuse qui pend à la barre métallique à côté de la tête du lit. Un tube en sort, relié à l'aiguille enfoncée au dos de sa main, maintenue en place par du ruban adhésif. Tout ça sert sûrement à quelque chose, mais à quoi ? Il s'en fout. Il arrache l'aiguille de sa main et gratte le trou, où une petite goutte de sang grossit désormais. Il étale le sang sur sa peau, puis se propulse hors du lit et pose les pieds par terre. Le sol est glacé. Sa tête tourne. Tout devient gris et quelques poussières noires flottent devant ses yeux. Il croit un moment qu'il va s'évanouir, mais non. Il tient bon. À peine.

Une fois qu'il se sent stable, il sourit à Debbie.

“Ta voiture est sur le parking, c'est ça ?

— Compte pas sur moi.

— Tu veux sauver Maggie, oui ou non ?

— Me fais pas ça. Tu sais bien qu'oui.

— Alors laisse-moi aller la chercher.

— C'est pas de ça qu'il s'agit. Ne joue pas avec…

— C'est exactement de ça qu'il s'agit.”

Pendant le trajet de Mencken à Bulls Mouth, le silence règne dans la voiture de Debbie. À travers la vitre, Ian regarde le soleil qui semble s'enfoncer dans la terre. Il n'en reste plus qu'une petite partie au-dessus de l'horizon. Ian a simultanément chaud et froid. Ça doit être la fièvre. L'appareil Pleur-evac qui lui draine les poumons est posé par terre entre ses pieds. Il sent les regards que lui lance Debbie tout en conduisant, mais il refuse de se tourner vers elle. En voyant les yeux de Ian, elle risquerait de se rendre compte à quel point il est malade. Et alors elle tenterait de l'arrêter.

Personne ne l'arrêtera.

“Tu peux me déposer au poste de police, dit-il. Ça doit être là qu'ils ont ramené ma voiture.

— Qu'est-ce que tu comptes faire ?

— Tout ce qui faudra.
— Ça veut dire quoi, ça ?"
Ian ne répond pas. Il préfère baisser sa vitre et dire : "Fait encore sacrément chaud, hein ?"

Debbie entre sur le parking du poste de police et fait le tour jusqu'à l'arrière, où la Mustang de Ian est garée. Elle arrête sa Toyota juste à côté, passe le point mort et attend. Les deux mains toujours serrées sur le volant, elle fixe des yeux le mur en briques du poste.

"Je vais la retrouver", déclare Ian.

Debbie ne dit rien, ne fait aucun mouvement de la tête, ne dévie pas son regard du mur.

"Deb ?"

Au bout d'un long moment :

"Vas-y, Ian."

Il hoche la tête, ouvre la portière et pose ses pieds nus sur l'asphalte. Il se baisse douloureusement pour ramasser l'appareil Pleur-evac sur le plancher, puis descend.

"Mes affaires."

Elle sort la pochette plastique de son sac à main et la lui tend.

"Merci."

Il s'apprête à refermer la portière quand il entend la voix de Debbie.

"Ian."

Il la regarde.

Elle lève la tête, la penche sur le côté pour mieux le voir. Ses yeux brillent dans la lumière du couchant.

"Sois prudent."

Il l'observe un long moment, sans rien dire. Il n'y a rien à dire, après tout. Il se contente de hocher la tête et de pousser la portière qui se referme doucement. Debout à côté de la voiture, il regarde Debbie à travers la vitre. Quelques secondes s'écoulent, puis elle passe la marche arrière, quitte la place de parking et s'engage dans la rue.

Ian regarde les feux arrière rouges devenir de plus en plus petits à mesure qu'elle s'éloigne.

Armando Gonzales est assis au bureau du répartiteur, occupé à faire une partie de backgammon virtuel – "Mais ouais, bien sûr, comme par hasard tu fais un six, putain d'enculé d'ordi !" –, quand Ian entre. Il traverse la pièce sans être vu, passe à l'avant et ouvre le tiroir en haut à droite du bureau du capitaine Davis. Comme il s'en doutait, il y trouve ses clés. Celles de sa voiture, de son appartement, du poste de police, accrochées à une petite chaîne avec le logo et le téléphone d'un garage automobile. Il les prend et referme le tiroir.

Se dirigeant vers l'arrière du poste, il passe devant la salle d'interrogatoire et la petite cuisine, puis entre dans un cagibi qui doit faire quatre mètres par trois, rempli d'étagères en métal. Sur les rayons : des cartons empilés les uns sur les autres, des dossiers sur lesquels figurent des noms de famille écrits à la main, des piles de photos mal ordonnées, des cônes de signalisation orange, des panneaux PRIORITÉ, RALENTISSEZ ou STOP, des vestes jaunes réfléchissantes et, en vrac, du ruban de scène de crime, de grosses ceintures en cuir marron, des bombes lacrymogènes, des chargeurs destinés à des armes de service d'une autre époque, de vieilles cartouches, menottes et matraques. Et également, contre le mur à gauche de Ian, une armoire de la taille d'une horloge de parquet. À l'intérieur s'amoncellent les armes que la police de Bulls Mouth a confisquées au fil des ans.

Ian déverrouille la serrure, ouvre la porte et regarde ce qu'il y a de disponible : pas grand-chose de bien, en fait. Il déniche quand même un fusil à pompe Remington avec un canon de quinze centimètres et une crosse raccourcie. Il le prend et continue de fouiller dans la réserve. Il lui faudrait quelque chose pour le tir à longue portée, mais il n'y a rien qui fasse l'affaire. Autant qu'il s'arrête chez Sally's Gun & Rifle.

Il longe à nouveau le couloir, fusil dans une main, Pleur-evac dans l'autre. Avant de sortir, il jette un coup d'œil à Armando, qui ne remarque toujours pas sa présence.

Une fois dehors, il s'autorise à s'adosser contre un mur et à tousser. Rien que cette petite expédition l'a déjà épuisé. Et dire qu'une longue nuit l'attend…

Poussant contre le mur, il se redresse, puis se dirige vers sa voiture.

Chez lui, il enfile une paire de Levi's et une chemise, laissant le tube du cathéter sortir au-dessus de sa ceinture. Puis il pend un cartable à son épaule, allongeant la sangle le plus possible pour qu'il n'y ait pas de reflux vers son poumon. Il met l'appareil Pleur-evac dans le cartable – il va avoir besoin de ses deux mains.

Vingt minutes après son arrivée, il quitte son appartement.

L'armurerie de Sally est ouverte jusqu'à huit heures le soir, et il est moins le quart quand Ian gare sa Mustang sur le parking à l'angle de Crouch et Reservoir.

Elle est là, debout derrière son comptoir, la plus grande anomalie qu'il vous ait été donné de voir, on croirait un tigre en train de boire du thé. Regardez un peu ça : un canon d'un mètre soixante-quinze *made in Italy*, prête à vous envoyer dans la quatrième dimension avec sa robe Versace et ses talons à n'en plus finir, ses lèvres rouge sang, ses seins qui débordent, ses hanches provocantes qui vous mettent au défi d'appuyer sur la détente. C'est tout bonnement incroyable qu'elle soit propriétaire d'une armurerie ici, dans le trou du cul du Texas, et bien que Ian lui ait souvent posé la question, elle ne lui a jamais dit comment elle a atterri là.

"Ian Hunt, dit-elle quand il franchit le seuil de la porte. Quelle surprise de te voir…

— Les rumeurs concernant mon décès étaient grandement exagérées." Il tousse dans sa main, qu'il essuie sur ses Levi's. "Enfin, relativement exagérées.

— Comment tu vas, mon grand ?

— À peu près aussi bien que cent kilos de charogne.

— Viens par là."

Elle fait le tour du comptoir et lui tend les bras.

"Fais attention, dit-il en s'approchant. Je suis fragile, en ce moment."

Ils se serrent dans les bras l'un de l'autre – c'est plutôt douloureux pour Ian – et Sally lui dépose un gros baiser humide sur la bouche.

"T'es pas trop mal, pour un cadavre.

— Et toi, t'es pas trop mal tout court.

— Alors comment ça se fait qu'on ait jamais appris à mieux se connaître, toi et moi ?

— J'y survivrais pas, Sally. Je serais comme un ours en peluche qui essaie de faire un câlin à un bâton de dynamite."

Elle éclate d'un long rire tonitruant.

"Bon, qu'est-ce que je peux pour toi ?

— Deux choses. D'abord, il me faut un fusil à canon rayé capable de tirer des cartouches pour gros gibier avec précision jusqu'à cent cinquante mètres.

— Ça marche.

— Ensuite, il me faut un fusil à longue portée.

— Quelle distance ?

— Je sais pas, mille mètres. Mille cinq cents.

— Ah.

— Tu as ce qui faut ?"

Sally pince ses lèvres bien rouges et un petit sourire éclaire son regard.

"Tu as des modèles précis en tête ?" demande-t-elle.

Après quelques minutes de discussion, elle décide de lui laisser un DPMS Panther 308 mm. Elle le pose sur le comptoir, à côté d'un Remington 11-87 muni d'un canon rayé, puis elle sort trois boîtes de munitions qu'elle empile les unes sur les autres.

"Tu comptes t'en servir ce soir ?"

Ian secoue la tête.

"J'crois pas, non. Ce soir, ce sera quelque chose de plus intime."

Sally sourit.

"Hmm... Alors j'aurais bien voulu me joindre à toi.

— Non, dit Ian en pensant à la soirée qu'il entrevoit. À mon avis, ça te plairait pas."

Maggie est assise à un bout de la table de la salle à manger. En face d'elle, à l'autre bout, Henry est courbé sur son assiette, le poing serré autour de sa fourchette. Flint et Naomi sont assis côte à côte à la gauche de Maggie. Beatrice est sur sa droite. Dans leur assiette, ils ont tous des morceaux de poulet accompagnés de purée de patates à l'ail grillé et de petits pois au beurre. Maggie plante sa fourchette dans ses petits pois, essayant d'en empaler le plus possible sur la dent de gauche pour former un chapelet. Une fois qu'elle en a enfilé une demi-douzaine, elle les aspire un par un.

"Les amis, s'exclame Henry la bouche pleine de purée, faut vraiment que je vous dise combien votre hospitalité nous touche ! Pas vrai, Bee ?"

Beatrice hoche la tête, mais elle reste penchée au-dessus de son assiette et ne lève pas les yeux.

"C'est normal, dit Flint.

— C'est vachement sympa de votre part."

Flint hoche la tête.

"Et ce repas est sacrément bon. C'est délicieux, m'dame.

— Merci", dit Naomi en esquissant un sourire.

Elle lève son verre de Coca, rempli de glaçons qui tintent en s'entrechoquant contre la paroi, et elle boit.

“Non, dit Henry, merci à *vous*.”

Il prend une cuisse de poulet et aspire la peau, qui claque sur son menton, laissant une traînée de graisse avant de disparaître dans sa bouche. Puis il mord dans la viande et mâche.

“C’est Flint qui a préparé la chapelure.

— C’est sacrément bon, Flint, dit Henry la bouche pleine.

— J’ai vu la balançoire dehors, dit Maggie.

— Tais-toi, Sarah.

— Ici, les gosses ont le droit de parler pendant le dîner, Henry”, dit Flint.

Les deux hommes se fixent des yeux un long moment, mais comme Henry ne dit rien, Flint se tourne vers Maggie et lui sourit.

“Tu disais quoi, Sarah ?

— J’ai vu le pneu. La balançoire.

— Ah oui ?”

Elle hoche la tête.

“Est-ce que…” Elle passe sa langue sur ses lèvres. “Est-ce qu’elle y était déjà quand vous êtes arrivés ici ?

— Non, on a un petit garçon de six ans.

— Il est au lit ?

— Il passe la semaine chez ses grands-parents.

— Ah.” Elle recommence à planter sa fourchette dans ses petits pois, avant de lever à nouveau les yeux. “Comment il s’appelle ?

— Samuel.

— C’est joli, comme nom.

— Merci, dit Flint. C’est le nom du père de Naomi.

— Il a six ans ? demande Henry.

— Oui, répond froidement Flint.

— Naomi est un peu jeune pour être la mère d’un petit garçon de six ans, non ?

— Naomi a vingt-huit ans, Henry. De toute façon, c'est pas comme si ça vous regardait." Il pose sa fourchette à côté de son assiette. "Vous comptez partir juste après le dîner, c'est ça ?"

Henry arrache une nouvelle bouchée de sa cuisse de poulet, mâche lentement, avale. Il repose l'os dans son assiette, prend la serviette sur ses genoux et s'essuie le visage et les mains. Puis il jette la serviette dans son assiette.

"Non. En fait, je crois pas qu'on va partir après le dîner.

— Pardon ?

— Pardon de quoi ? Vous avez lâché un pet ?"

Maggie regarde Henry puis Flint, et bien qu'aucun des deux hommes n'ait dit quelque chose d'ouvertement agressif, et qu'aucun des deux n'ait parlé avec un ton particulièrement désagréable, elle sent que quelque chose est en train de se passer ; la température dans la pièce a changé ; l'atmosphère s'est alourdie. Ça lui noue l'estomac et lui coupe l'appétit. Elle regarde les deux hommes tour à tour pour voir ce qui va se passer maintenant, tout en craignant la suite.

Flint suçote une de ses incisives.

"Vous savez Henry, dit-il, j'me suis montré sacrément gentil envers vous et vot'famille.

— Je sais.

— Laissez-moi finir."

Henry tend le bras, baisse légèrement la tête.

"Bien sûr, c'est votre droit.

— Et comment que c'est mon droit ! C'est chez moi, ici.

— C'est pas la peine de piquer une crise, Flint. Je sais que c'est chez vous, ici. Allez-y, dites c'que vous avez à dire."

Flint tape sur la table du plat de la main et, alors que Maggie, Beatrice et Naomi sursautent toutes, Henry ne réagit pas. Flint expire profondément par les narines, ferme les yeux le temps de vider ses poumons, puis il les rouvre et regarde Henry.

"J'me suis montré très généreux envers vous et vot'famille Henry, mais à la vérité, j'suis pas très à l'aise à l'idée qu'vous passiez la nuit ici. Si vous prenez l'autoroute vers l'ouest, dans vingt, vingt-cinq kilomètres vous tomberez sur un motel tout ce qu'y a de plus convenable, et ils auront sûrement une jolie chambre pour vous. Si vous partez tout de suite après dîner, vous y serez avant même qu'y fasse nuit noire, c'est sûr.

— Hum, si c'était juste un problème de trouver un endroit pour dormir, ça nous irait, mais c'est pas vraiment ça, le souci. C'est plus compliqué.

— On a fait preuve de toute l'hospitalité qu'on pouvait. Le reste, ça nous concerne pas.

— Malheureusement si, Flint, ça vous concerne." Henry sort le petit rouleau de la poche de sa chemise, glisse une pastille dans sa bouche, mâche. "Parce que je l'ai décidé."

Il frotte le bout de sa langue contre une molaire.

"Parce que vous l'avez décidé? s'étonne Flint.

— Eh ouais, j'en ai bien peur.

— Vous savez quoi, dit Flint en balançant sa serviette sur la table, finalement j'vais pas attendre qu'vous finissiez votre repas. J'vous demande de partir tout de suite.

— Voyons, chéri", dit Naomi.

Flint ne prête aucune attention à sa femme. Il garde les yeux rivés sur Henry.

"J'vous demande de sortir de ma maison, répète-t-il.

— Bah merde alors, dit Henry avec le sourire, vous avez un sacré cran."

Pendant quelques secondes Henry ne bouge pas et Maggie espère – malgré ce qu'elle sait de lui et de son caractère explosif – qu'il va rester calme. Qu'il ne fera rien de fou et de dangereux. Qu'il va se lever, se diriger vers la porte et demander à Maggie et Beatrice de le suivre. Il ouvrira la porte, ils sortiront tous, Flint la claquera derrière eux. Ils monteront dans le pick-up d'Henry et partiront. Ça pourrait se passer comme ça. Pas de raison que ça se passe autrement.

Sauf que, quand Henry se lève, ça se passe tout à fait autrement. Il saisit le couteau à viande posé à côté de son assiette et se jette sur Flint.

Maggie plonge sous la table. Elle plaque ses mains sur ses oreilles, mais ça ne l'empêche pas d'entendre le hurlement de Naomi. Elle ferme les yeux, mais trop tard pour éviter de voir le sang gicler par terre.

“Bah merde alors, dit Henry avec le sourire, vous avez un sacré cran.”

Une boule de haine lui serre le ventre et, malgré la pastille anti-acide qu’il vient de prendre, il sent la bile lui brûler le fond de la gorge. Il a essayé de jouer les gentils crétins en face de ce petit connard, mais comme avec les flics tout à l’heure, le masque n’a pas fonctionné. Pour les flics, c’était trop tard de toute façon – il y a des portes qu’on ne peut pas refermer –, mais même avec Flint, il n’a pas fait beaucoup d’efforts. À quoi bon, après tout, vu qu’il savait qu’il devrait le tuer quoi qu’il arrive. Il s’était dit qu’il s’occuperait de Flint et Naomi dans leur sommeil, mais bon, il y a eu un petit changement de programme. Parce qu’il a besoin de leur véhicule, et qu’il ne compte pas partir sans. Morts, ils ne risquent pas de prévenir qui que ce soit qu’on le leur a volé.

Il saisit le couteau à viande sur la nappe et se jette sur Flint. L’homme écarquille les yeux et sa bouche s’arrondit pour former un zéro noir – d’où aucun bruit ne sort –, tout en ayant le réflexe de placer un bras devant lui pour bloquer l’attaque. Mais un bras et une paume ne constituent pas une défense convaincante face à une lame en acier inoxydable. Henry enfonce le couteau dans la main de Flint une première fois – la lame dentelée scie l'os de l'annulaire –, une deuxième fois – elle perfore la pulpe du pouce –, et une troisième fois – elle tranche le petit doigt, qui pend ensuite comme une espèce de porte-clés macabre. Puis Henry se rapproche et poignarde Flint dans le bras et dans l'épaule.

Mais, d'une main, Flint lui agrippe le poignet – Henry sent le petit doigt qui pendouille frotter contre sa peau comme un fantôme – et, de l'autre, lui écrase son poing dans la gorge.

Henry n'arrive tout d'un coup plus à respirer.

Il recule, vacillant, suffoquant, et Flint plonge sur lui. Quelle erreur ! Il surestime les dégâts qu'il a infligés à Henry. Ce dernier penche la tête à gauche pour éviter le poing de Flint, et tend le bras qui tient le couteau. Flint s'empale sur la lame. Henry la pousse le plus profond qu'il peut dans le ventre de Flint, jusqu'à ce qu'il sente la chair de Flint envelopper sa main et le bout de la lame gratter la colonne vertébrale de Flint. Puis il plie l'avant-bras comme pour soulever Flint par le manche du couteau, ce qu'il réussit brièvement à faire : les pieds de Flint quittent le sol avant que son poids ne le fasse redescendre, finissant de lui ouvrir le ventre.

Quand Henry avait dix, douze ans, sa famille était propriétaire d'une vache. Une des corvées d'Henry consistait à la nourrir chaque matin, et il prenait cette mission très au sérieux. Au bout d'un an, il commençait à la considérer comme une amie. Elle s'appelait Moo* et, de temps en temps, après l'école, s'il avait passé une journée particulièrement désagréable, il s'asseyait sur la clôture et lui racontait tout. Parfois,

* L'équivalent du "meuh" français. *(N.d.T.)*

elle lui léchait la main avec sa langue épaisse et rugueuse. Puis, un jour, alors qu'Henry remontait la longue et sinueuse allée de terre qui menait chez lui, ses manuels scolaires sous le bras, il vit son père en train de décapiter Moo avec une scie à viande tandis qu'oncle Fred lui tranchait les tendons d'Achille afin d'y insérer un crochet métallique. Ils utilisèrent un treuil pour la soulever en l'air. Du sang épais, foncé et plein de bulles coula de sa nuque et se répandit par terre. Il forma un ruisseau qui descendit le long de l'allée. Alors qu'Henry approchait, son père enfonça une lame dans le ventre de la vache et la fit glisser vers le cou. Jamais de sa vie Henry n'avait vu autant de sang. Le liquide écumait, aussi lourd que du pétrole brut.

En voyant Flint s'écrouler par terre et se vider de son sang, Henry repense à ce jour-là.

Il se penche et retire la lame du pauvre bougre.

Puis il se tourne vers Beatrice. Elle regarde ses genoux et se balance doucement d'avant en arrière, tout en répétant :

"Rien de tout ça n'est réel, rien de tout ça n'est réel, rien de tout ça n'est réel."

Mais évidemment c'est tout ce qu'il y a de plus réel, et Bee le sait bien.

Il se tourne vers Naomi.

Elle a les yeux écarquillés, le visage exsangue. Elle est très jolie, surtout quand elle est terrorisée. Cheveux blonds et fins, lèvres pulpeuses, hanches très féminines. Quel dommage, vraiment, qu'il doive faire ce qu'il a à faire. Mais il n'y a pas à chiquer.

Apparemment, le choc l'a paralysée. Elle n'a pas émis le moindre bruit après son cri initial ; elle n'a pas non plus bougé. Sa bouche est légèrement entrouverte, elle a un drôle de tic au coin de l'œil gauche, mais à part ça elle est parfaitement immobile.

“J'imagine que vous avez compris que c'était votre tour, dit Henry. Je pense pas que ça soit d'une grande consolation, mais sachez qu'on est chrétiens et qu'on dira une prière sur votre tombe au moment de vous enterrer.”

Un petit grognement s'échappe de la gorge de Naomi.

Henry s'élance vers elle.

Mais quelque chose d'étrange se produit : à mi-distance, les pieds d'Henry perdent contact avec le plancher. Ses pieds restent en arrière tandis que la partie supérieure de son corps continue d'aller en avant. Il passe soudain de la position verticale à l'horizontale, fait un vol plané, atterrit sur le menton. Ses dents claquent et mordent le côté de sa langue. Sa main lâche le couteau à viande.

Les yeux embués, il lance un regard par-dessus son épaule et voit Sarah accroupie sous la table, la jambe encore tendue devant elle.

“Courez ! crie-t-elle à Naomi. Courez chercher de l'aide ! Enfuyez-vous avant qu'il vous attrape !”

Ces paroles semblent réveiller la jeune femme.

“Ah”, fait-elle.

Puis elle se retourne et se précipite vers la porte de derrière, saisit la poignée et tire. La porte ne bouge pas. Naomi jette un coup d'œil en arrière, les yeux emplis de terreur, tourne le verrou de la porte, ouvre et disparaît dans la nuit.

Henry se redresse à moitié et gifle Sarah du revers de la main.

“Qu'est-ce qui t'a pris, putain !”

La lèvre de Sarah se fend, du sang lui dégouline sur le menton, mais elle ne laisse échapper aucun bruit, ne détourne pas le regard. Elle fixe Henry des yeux et saigne, c'est tout.

Il se relève, la tire de sous la table, s'apprête à lui réduire le visage en bouillie en l'écrasant sous sa botte…

"Henry !"

Boitillant, Beatrice fait le tour de la table et prend Sarah dans ses bras.

"Il voulait pas te faire mal, Sarah, dit-elle en lui caressant les cheveux. Dis-lui que t'as pas fait exprès, Henry." Elle lève son regard vers lui. "Dis-lui que tu voulais pas lui faire mal.

— Ne la laisse pas sortir d'ici."

Henry se retourne, ramasse le couteau sanglant par terre et se rue à l'extérieur. Si Naomi parvient jusqu'à la maison des voisins, plus possible pour eux de se servir du pick-up de Flint, et il n'a vraiment pas envie de recommencer le même cirque avec d'autres gens.

Il scrute l'horizon. Au loin, une lumière jaune dans l'encadrement d'une fenêtre. Et Naomi qui court dans cette direction-là. Elle tombe, se relève, continue.

Henry s'élance à sa poursuite.

À l'intérieur de la caravane de Donald, Ian est assis seul dans l'obscurité, une hachette posée sur les genoux. Sa voiture est garée derrière la caravane, de façon à ce que, quand Donald arrivera au volant de son El Camino, il ne remarque pas la présence de Ian. Pour l'heure, Ian attend sans bouger. À une époque, pas si lointaine, il n'aurait pas été capable de faire ce qu'il prévoit de faire ce soir – si c'est nécessaire –, mais cette époque-là est révolue, elle est même presque d'ores et déjà oubliée.

Il repense à Andy Paulson, au moment où il s'est rendu compte que ses menaces envers Andy n'étaient pas des paroles en l'air : Ian était capable d'aller jusqu'au bout, même s'il n'a pas eu besoin. Sauf que cette fois-ci, c'est différent. Et bien qu'il sache ce que ça fera de lui, il est prêt à payer ce prix. Car il croit dur comme fer à la valeur de ce qu'il compte acheter ce soir.

Dehors, des pneus qui crissent sur le gravier. Un moteur qu'on coupe. Une portière qui s'ouvre puis se referme en claquant. Des pas qui se rapprochent, d'abord sur les graviers, puis sur les marches de la caravane. Le cliquetis métallique de la poignée de la porte qui tourne. La porte qui s'ouvre.

Une ombre pénètre à l'intérieur.

Ian serre le manche de la hachette et se lève. Il abat le bord contondant de la hachette sur le côté du crâne de l'ombre. Ça produit le même bruit sourd que quand quelqu'un tape sur un melon pour voir s'il est mûr.

L'ombre s'écroule par terre en poussant un grognement étouffé.

Ian tend la main vers le mur, trouve l'interrupteur et pousse le bouton. Au plafond, une ampoule s'illumine. Elle est fixée à un ventilateur dont les pales tournent avec une lenteur effroyablement paresseuse. Ian a les yeux baissés vers Donald, qui gît sans connaissance sur une moquette verte dégueulasse et saigne dans les cheveux, juste derrière la tempe gauche. Il pue la bière bon marché. Sous son corps, il y a plusieurs cartons pas encore dépliés qu'il tenait sous le bras. Sans doute comptait-il faire ses bagages et quitter la ville. Mais ce n'est plus d'actualité.

Ian pose la hachette sur une petite table et se met au boulot.

Une demi-heure plus tard, quand les premiers gémissements s'échappent de la bouche de Donald, Ian est tranquillement assis devant la télé. Il prend la télécommande sur le bras du fauteuil et appuie sur "marche/arrêt". Le rire préenregistré de la sitcom cesse brutalement et l'écran devient noir comme la mort. Ian regarde Donald. Il est nu, pieds et poings liés et attachés avec du gros adhésif à un fauteuil en bois. Un peu de bave pend à ses lèvres et tombe goutte à goutte sur son ventre poilu. Ses cheveux gras lui masquent le visage. Le sang qui a dégouliné au-dessus de sa tempe, le long de sa joue, est devenu marron en séchant. Donald pousse un nouveau gémissement, soulève la tête avec difficulté – il a d'abord du mal à la tenir droite –, puis regarde autour de lui avec une expression déformée par la douleur et la confusion. Au bout d'un moment, ses yeux rencontrent ceux de Ian.

"Donald.

— Qu'est-ce que vous foutez i…"

Mais le dernier mot reste bloqué dans sa gorge, la question n'est apparemment plus pertinente lorsqu'il se rend compte qu'il ne peut bouger ni les bras ni les jambes. Il regarde ses poignets. Ils sont liés par du ruban adhésif en toile. Pareil pour ses jambes. Pendant un moment, il ne bouge plus, il retient son souffle. Puis il secoue violemment son corps, essayant de se libérer du fauteuil. La concentration et l'effort qu'il y met empourprent son visage, il serre les poings, recroqueville les doigts de pied. Rien à faire. Il relâche ses muscles, inspire profondément, avale sa salive et regarde Ian.

"Qu'est-ce que vous voulez ?"

Après cette crise de violence, le calme de sa voix surprend.

"Bien, dit Ian, j'aime les gens qui vont droit au but. Ne nous embarrassons pas de bavardages : qu'est-ce que tu penses de ce temps pourri ; t'as vu ce que Cora a fait avec une aubergine au supermarché ; il paraît que John Roberts s'est encore fait arrêter… Ce que je veux ? Des informations.

— Quoi ?

— Des informations. C'est un mot que tu connais pas ?

— Crève, connard.

— Ça risque de t'arriver en premier.

— Va te faire foutre.

— Où est-ce qu'Henry compte se rendre ?

— Quoi ?

— Ton frère. Henry Dean. Où ?”

Ian se lève, il a la tête qui tourne mais il essaie de ne pas le montrer. La douleur est effroyable, les analgésiques dont on l’a bourré à l’hôpital commencent à ne plus faire effet. À un moment, il est sur le point de vomir, mais ça passe.

Quand il se sent sûr de lui, il prend la hachette qu’il avait posée sur la petite table et s’approche de Donald.

La hachette pend au bout du bras de Ian. Donald la regarde, puis regarde Ian.

“De toute façon tu peux rien faire avec ça.

— Ah bon ?”

Donald sourit, secoue la tête.

“Non, t’es un flic.

— Oh, ces temps-ci je suis juste le type qui répond au 911.

— N’importe, tu peux quand même pas…

— Il y aura peut-être des conséquences, mais en attendant je peux faire tout ce que je veux, Donald, parce que les conséquences viendront plus tard, et là, maintenant, ce soir, y a que toi et moi et cette hachette qui comptent.”

Donald déglutit, son sourire a disparu.

“Je sais rien.

— Je te crois pas.

— Mais c’est vrai !”

Ian appuie la lame de la hachette sur la jambe nue de Donald, qui tressaille – le métal doit être glacé. Ian fait glisser lentement la lame sur la peau pâle, de l’intérieur de la cuisse au-dessus du genou. Sans pression forte, elle n’est pas assez coupante pour faire une entaille, mais elle laisse quand même une trace rose sur la chair.

“À vrai dire, ce que tu sais ou que tu sais pas, c’est pas vraiment ça, l’important. Ce qui compte, c’est ce que *moi* je pense que tu sais. Il est possible que tu sois en train de me dire la vérité, Donald. C’est pas exclu. Mais moi j’y crois pas. Et je te le répète, c’est ce que je crois qui compte. C’est ça qui va faire la différence pour toi. Parce que je vais te découper morceau par morceau jusqu’à ce que tu me donnes l’information que je cherche. Celle que je crois que tu caches dans ton petit crâne bien dur. C’est assez clair pour toi ?”

Donald passe sa langue sur ses lèvres gercées. Son regard va de la hachette aux yeux de Ian, qui le fixent. Ian sent que Donald est en train de jauger la situation, de choisir ce qu’il va dire ou ne pas dire, et Ian espère, pour Donald comme pour lui-même, que ce con va faire le bon choix.

Mais au lieu de ça, voilà ce que Donald dit :

“Peut-être que moi non plus j’te crois pas. Peut-être que je me dis que tu fais que bluffer, et le bluff ça marche pas avec moi.

— À ce stade-là, Donald, douter de ma sincérité serait une grave erreur.

— Tu mens. T’as pas assez de couilles pour…”

Ian frappe par terre avec la hachette, lâche le manche. Elle est plantée suffisamment profond pour tenir toute seule, formant un angle oblique avec le plancher.

Ian observe le visage de Donald. Ce dernier ne semble pas s’être rendu compte de ce qui vient de se passer. Quelques secondes s’écoulent avant qu’il ne regarde par terre. La lame est plantée entre son pied droit et ses deux plus petits orteils. Ces orteils traînent sur la moquette verte comme deux grains de raisin blanc tout secs et ratatinés qui auraient roulé sous le canapé il y a six mois. Puis le sang commence à couler.

La respiration de Donald devient très laborieuse. Il ne hurle pas, mais laisse échapper une série de petits gémissements aigus, et regarde son pied d'un air complètement incrédule.

"Tu peux pas faire ça !

— Faire quoi ?

— Putain tu viens de me couper mes doigts de pied !

— Je voulais juste couper le petit. C'est pas un outil de précision, la hache.

— Remets-les-moi ! Tu peux pas faire ça ! T'es un flic, toi !

— C'est précisément le genre de raisonnement qui va t'attirer encore beaucoup d'ennuis ce soir, Donald. Faut que tu te mettes dans la tête que je peux faire tout ce que je veux, et que je vais pas me gêner.

— Mais je sais rie…"

Donald ferme les yeux, respire fort.

Ian l'observe. C'est curieux, il se sent détaché des événements. Pourtant, il lui est arrivé d'avoir le cœur brisé à la simple vue d'un vieil homme poussant difficilement son déambulateur le long d'un trottoir. Il imaginait le type seul à une table dans un *diner* minable infesté de cafards, mangeant une soupe à trois dollars, le seul repas que sa retraite lui permet de se payer ; les photos de son épouse décédée qui traînent sûrement un peu partout dans sa petite maison désormais délabrée ; le lit vide, triste, où cet homme va se coucher sans savoir ce qui l'attend demain, en espérant même que demain n'arrive jamais. Une main couverte de taches de vieillesse agrippant un déambulateur a suffi à lui fendre le cœur mais, ce soir, il a devant lui un homme qui le regarde avec des yeux terrorisés et pourtant il ne ressent que du mépris. Du mépris et de la haine. Cet homme sait où se trouve sa fille et il refuse de parler.

Pour l'instant.

Ian se baisse, ramasse les orteils, les enveloppe chacun séparément dans des feuilles d'essuie-tout et les dépose dans un saladier en verre qu'il a rempli en vidant plusieurs bacs de glaçons. Puis il tire sur la hachette et l'extirpe du plancher. Du sang dégouline de la lame.

Plus pour très longtemps.

"Plus vite tu parles, dit Ian, plus vite tu m'aides à retrouver ce que j'ai perdu, plus vite j'arrête de te découper – plus vite je t'amène à l'hôpital et meilleures sont tes chances de récupérer ce que *toi* tu vas perdre.

— Va te faire foutre, dit Donald.

— Comme tu veux", dit Ian.

Il abat la hachette.

Dans le miroir taché de dentifrice de la salle de bains, Ian contemple son propre reflet. Il a l'air très fatigué et très malade.

Il a du mal à respirer. Il se tourne et, par-dessus son épaule, regarde son dos dans le miroir. Il y a un cercle rouge de la taille d'une pièce de dix cents sur sa chemise orange. C'est là qu'est sortie la balle. Il a fait péter les points de suture en frappant avec la hachette. Ça fait extrêmement mal, les analgésiques ne font presque plus effet, mais au moins il n'a pas arraché le cathéter de sa poitrine.

Il s'assoit sur le couvercle des toilettes, appuie ses coudes sur ses cuisses et son visage dans ses mains.

Il a tranché les dix orteils de Donald et celui-ci n'a toujours pas parlé. Maintenant il va falloir qu'il s'attaque aux doigts des deux mains. Mais, d'abord, une petite pause tranquille.

Il reste assis en silence, sans penser à rien.

"OK", dit-il au bout de quelques minutes, et il se relève. Il ouvre l'armoire à pharmacie et fouille, faisant tomber plusieurs boîtes dans le lavabo avant de trouver un petit flacon orange de comprimés de Tramadol 50 milligrammes.

"Prendre un comprimé par voie orale toutes les quatre heures, tant que durera la douleur", lit-il à haute voix.

Il ôte le couvercle, fait descendre trois ou quatre pilules dans sa bouche. Puis il ouvre le robinet, se remplit la paume d'eau et boit. Glissant le flacon dans sa poche, il s'essuie le menton et retourne dans le salon, où Donald l'attend en saignant.

"Ce que j'en sais, il est peut-être descendu en Floride pour essayer de trouver un bateau de pêche qui l'emmène à Cuba."

C'est la phrase qui coûte à Donald son petit doigt de la main droite – la hachette lui tranche aussi la moitié de son annulaire. La lame s'enfonce dans le bras du fauteuil, faisant voler un petit bout de bois avec le doigt, qui tombe sur la moquette comme un oiseau mort.

Donald gémit, serre la mâchoire, ses lèvres ensanglantées se tordent affreusement. Le gémissement n'en finit pas, se mue en sanglots. Les larmes coulent le long de ses joues.

Ian ramasse le doigt, l'enroule dans une feuille d'essuie-tout et le met avec les autres. La glace est en train de fondre, le saladier contient une espèce de soupe sanglante dans laquelle flottent des morceaux de Donald. Ça rappelle à Ian des souvenirs de fête foraine, quand, petit, il essayait de pêcher des canards en plastique. Le nœud dans son ventre se serre un peu plus fort. Il se retourne vers Donald.

"Tu l'as sortie à la police aussi, celle-là ?"

Donald ne répond pas. Il fixe Ian avec des yeux haineux injectés de sang.

"On recommence ?" demande Ian.

"Tu vaux pas mieux que lui, dit Donald entre deux respirations difficiles, tandis que les larmes coulent sur son visage. Tu vaux pas mieux que lui.

— Ça veut dire que tu sais ce qu'il vaut.

— Oui, mais c'est mon frère.

— C'est un salopard.

— Et toi ?

— Je suis un type qui essaie de sauver sa fille."

Donald rit – il arrive à rire. Attaché à un fauteuil, les orteils coupés, les doigts de la main droite coupés, nu dans une mare de son propre sang – il rit.

"Tu crois qu'Henry aussi, il arriverait pas à justifier ce qu'il a fait ? T'es exactement pareil.

— Et toi ?

— Moi, j'ai rien fait. Je suis juste un type qui cherche à protéger son frère.

— Alors t'as fait ton choix, toi aussi."

Ian abat la hachette sur l'autre bras du fauteuil, tranchant deux doigts de la main gauche de Donald. Donald serre les dents. Seules quelques gouttes de sang apparaissent. Quand Ian a commencé, il y en avait beaucoup plus, mais le sang hésite à couler maintenant qu'il se trouve en grande partie *à l'extérieur* du corps de Donald. Chaque nouvelle blessure saigne moins que la précédente. Donald est pâle, affaibli. Déjà une fois, il a momentanément perdu conscience. Ian se demande combien de temps il va encore pouvoir tenir. On verra bien.

Donald le défie des yeux.

“Dis-moi où il est et j’appelle une ambulance.

— Me rends pas responsable de ce que tu fais.

— Quoi?

— Espèce de salopard, dit Donald, espèce de salopard sans foi ni loi. Me rends pas responsable de qui tu es. En disant que j’ai fait mon choix. J’ai pas demandé à ce que tu viennes ici avec une hache. J’ai pas demandé à ce que tu m’attaches à ce fauteuil. Et même Henry, j’ai pas choisi de l’avoir comme frère. Admets au moins ce que tu es. T’es…” Il s’interrompt, reprend son souffle, baisse le menton contre la poitrine avant de se ressaisir : “Tu vaux pas mieux que lui. T’es tout aussi prêt à… prêt à faire du mal… Je vous déteste… Allez tous les deux vous faire foutre.”

Le menton de Donald tombe à nouveau contre sa poitrine. Il fait un effort pour relever la tête. Son regard a d’abord l’air perdu, puis il réussit à le fixer sur Ian.

“Je suis pas comme ton frère, dit Ian.

— Vous êtes pareils.

— Ma fille est innocente. Toutes ces petites filles étaient innocentes. Toi, t’es pas innocent. Tu peux te raconter que si, que t’as jamais rien fait de mal, mais tous les deux on sait bien que c’est pas vrai. Tu sais ce qu’a fait ton frère. Tu l’as probablement toujours su. Mais t’as jamais essayé de l’en empêcher. Alors que t’aurais pu. Ça fait de toi son complice. Il m’a volé ma fille, ma vie, et tu savais. T’as rien fait. Pendant des années, tu m'as croisé presque tous les jours et t'as jamais rien dit.

— Ça te donne pas le droit de…

— Je m'en fous d'avoir le droit, dit Ian. Je veux ma fille."

Donald bat des paupières, on ne voit presque plus que le blanc de ses yeux, mais il parvient à garder connaissance. Tout juste.

"Je lui ai filé des livres. Je lui ai même donné des cours quand je pouvais. L'histoire, les maths… J'allais la voir, je m'assurais qu'elle aille bien.

— Mais t'as pas fait la seule chose que t'aurais dû faire.

— J'ai fait ce que je pouvais, sans trahir mon frère.

— Je veux ma fille."

Un long silence. Puis :

"D'accord.

— D'accord quoi ?

— Je vais te le dire. Il mérite… Il mérite pas qu'on le protège des conséquences de ce qu'il… Je vais te dire où il va, mais toi tu vas devoir me dire…" Il s'arrête un moment, ferme les paupières, déglutit. "Faut que tu me dises quelque chose.

— Quoi ?

— Que je parle ou non, tu comptais me tuer de toute façon, pas vrai ?"

Plusieurs secondes de silence, Ian se tait, en partie parce qu'il n'est pas sûr de connaître la réponse. Il s'était dit qu'il irait aussi loin seulement s'il n'avait absolument pas le choix, mais peut-être qu'il se mentait.

Tu comptais me tuer de toute façon, pas vrai ?

Il passe sa langue sur ses lèvres, et finit par hocher la tête.

"Oui."

QUATRE

Avant que le jour se lève, Ian est sur la route. Hier soir, après en avoir fini avec Donald, après avoir obtenu ce qu'il voulait, il s'est couché ; il était épuisé, il avait mal et il n'avait pas le choix, il fallait s'allonger ou s'effondrer, alors il a réglé le réveil pour quatre heures, et maintenant, alors que le soleil ne pointe même pas encore à l'horizon, il est aux trousses d'Henry.

Pendant les cinq premières minutes d'autoroute, Bulls Mouth s'étend sur sa gauche comme une guirlande électrique entortillée sur elle-même, avec la plupart de ses ampoules cassées, puis Ian laisse la petite ville derrière lui et il n'y a plus grand-chose à voir sinon la bande d'asphalte gris qui se déroule sans fin. Les lumières de Bulls Mouth sont remplacées par un vaste nulle part complètement plat, décoré ici ou là de quelques arbres à peine visibles dans l'obscurité. Des lucioles volettent dans l'air ; elles s'écrabouillent contre le pare-brise de la Mustang, et les essuie-glaces répandent des traînées phosphorescentes sur la vitre. Au-delà de la route, rien n'attire son attention. C'est plaisant de conduire comme ça. Ça réduit votre monde au bitume et à ce que vos phares éclairent. Tout est simple, gérable. Le ronronnement des roues est agréable – une berceuse avant de dormir. Il n'y a pas d'autres véhicules sur la route.

Il roule comme ça un bon moment. Quand chaque instant est identique au précédent, le temps semble ne plus exister, ne plus avancer dans une direction particulière. Ian fait le plein dans une station Citgo à Schulenburg mais, dès qu'il a repris la route, c'est comme si ça n'était jamais arrivé, comme si cet arrêt n'était qu'un rêve. Puis, vers six heures et demie, alors que son rétroviseur est éclaboussé par le soleil franchissant la ligne plate de l'horizon derrière lui – ce qui signifie que des minutes, des heures se sont tout de même écoulées –, il arrive aux abords de San Antonio, passe devant la taverne Shady Acre, les magasins d'équipement automobile Lone Star Truck et Southern Tire Mart ainsi que deux bonnes douzaines de commerces périphériques. Il trouve un restau Denny's à Fredericksburg et y mange un Grand Slam Breakfast accompagné de cinq tasses de café. Il laisse à la serveuse – Doris – un pourboire équivalant à vingt pour cent de la note.

Sept heures viennent à peine de sonner qu'il est déjà de retour derrière le volant.

Maggie est dehors, derrière la maison, assise par terre, et Beatrice est à côté d'elle. En silence, elles regardent Henry jeter plusieurs pelletées sur les corps de Flint et Naomi. Ça lui a pris du temps pour creuser le trou – il grognait en soulevant des mottes de terre sèche et dure –, mais le remplissage va beaucoup plus vite. Il a ôté sa chemise, l'a coincée dans la poche arrière de ses Levi's, et il est désormais couvert d'un film de sueur huileuse qui dégouline de sa peau. Il a le visage tout rouge. Il enfonce la pelle dans le tas de terre, pivote et balance ça sur les cadavres, méthodiquement.

Maggie ressent une grande tristesse. C'était insupportable pour elle de voir Henry traîner Flint et Naomi au bord du trou ; de voir le bras de Flint remuer sans vie quand Henry l'a poussé à l'intérieur ; de voir le regard fixe et vide de l'œil de Naomi, celui qui n'était pas recouvert de sang à cause du coup de couteau qu'elle avait reçu au front ; d'entendre le choc sourd des corps s'écrasant au fond du trou comme des sacs de patates. En quelques heures, Maggie a vu la mort si souvent et de si près. Elle ne veut plus jamais la revoir. Et elle aimait Flint et Naomi. Alors que rien ne les y obligeait, ils les avaient aidés. On ne remercie pas les gens qui vous viennent en aide en les tuant.

Henry lui avait dit que, si elle se taisait, il les épargnerait, mais elle n'a rien dit et il les a quand même tués. Henry avait menti.

Il termine de remplir le trou et tasse la terre avec le dos de la pelle avant de balancer l'outil sur le plateau de son Ford Ranger, qu'il a déplacé derrière la maison un peu plus tôt ce matin.

Après avoir bougé le pick-up, mais avant de creuser ce qui allait devenir la tombe de Flint et Naomi, il a enlevé au Ford ses plaques d'immatriculation et les a jetées dans le champ. Et, maintenant, il ouvre la portière et sort deux fusils qu'il met dans le Dodge Ram de Flint. Il range le plus long des deux derrière le dossier de la banquette et glisse le plus petit sous le siège du conducteur. Puis il transporte les cartons du plateau de son pick-up à celui du pick-up de Flint.

Quand c'est fait, il sort sa chemise de la poche arrière de son jean et essuie la transpiration sur son visage, avant d'enfiler à nouveau la chemise humide, noircie par la terre.

Maggie veut partir en courant – si seulement elle pouvait lui échapper –, mais elle est certaine qu'il la rattraperait.

Il a bien rattrapé Naomi, alors que c'était une adulte. Il l'a rattrapée et il l'a poignardée en plein visage, dans le cou, dans la poitrine, et il l'a traînée par les cheveux derrière la maison ; il l'a lâchée et il l'a rouée de coups bien qu'elle soit morte, puis il l'a recouverte avec une bâche bleue prise sur une pile de bois de chauffage, avant de mettre des bûches aux quatre coins de la bâche pour qu'elle ne s'envole pas. Par une fenêtre, Maggie a regardé Henry s'activer dans le cercle de lumière de l'ampoule qui éclaire la galerie à l'arrière. À la fin, il a plongé les mains dans la terre et s'est frotté les mains pour sécher le sang. Puis il s'est épousseté et il est rentré dans la maison, il a sorti le couteau à viande de la poche arrière de ses Levi's et il l'a jeté dans l'évier comme si de rien n'était. Comme si le sang sur la lame n'était pas celui d'un homme et d'une femme qui avaient seulement cherché à leur venir en aide. Comme s'il ne s'était rien passé de dramatique.

Ça ne lui a pris que cinq minutes pour rattraper Naomi. Moins de cinq minutes. Quand il est sorti de la maison elle était vivante, quand il est rentré elle était morte. Maggie avait essayé de faire quelque chose pour la sauver. Et elle ne l'avait pas fait dans son propre intérêt. Il ne lui était venu à l'esprit que plus tard, qu'une fois que Naomi s'était enfuie, que si Naomi trouvait des gens pour l'aider, ces gens viendraient peut-être la sauver elle aussi. Non, quand elle avait tendu la jambe pour faire tomber Henry, quand elle avait crié à Naomi de courir, elle ne pensait pas à ça. Elle voulait seulement que cette femme puisse échapper à Henry. Mais ça n'avait pas marché.

Maggie a envie de se lever et de s'enfuir en courant, mais elle a peur que le même destin l'attende.

Elle savait que si elle tentait de s'échapper du Monde du Cauchemar, Henry la tuerait peut-être, mais hier matin encore l'idée de la mort n'était que ça : une idée. Entre-temps, elle a vu la mort, et elle n'aime pas ça. Elle veut vivre. Elle ne veut pas que la lumière qui brille en elle s'éteigne à jamais.

Et Henry a peur, lui aussi. Elle le voit sur son visage. Il a peur de se faire attraper par la police, et donc il y a plus de chances qu'il la tue si elle lui crée des problèmes. Les animaux acculés se déchaînent. C'est ce que son papa lui avait expliqué une fois, et jusqu'à présent elle n'a rien vu qui contredise ça. Les animaux qui ont le dos au mur sont les plus dangereux.

Si jamais elle tente encore de s'enfuir, elle doit s'assurer de choisir le bon moment. Elle doit être sûre de ne pas se faire rattraper. Aussi sûre que possible.

Elle hoche la tête.

Elle va attendre le bon moment, et alors elle courra le plus vite qu'elle peut.

De son pas lourd, Henry s'approche d'elles, essuie la sueur sur son front. Il pince son nez et se mouche, secoue la main pour que la morve tombe, puis sèche ses doigts sur son jean. Plissant les yeux, il regarde Maggie et Beatrice, assises côte à côte.

“Bon, maintenant tirons-nous d'ici.”

Diego frappe à la porte d'entrée de chez Ian. Il y a une trace couleur bordeaux sur la peinture blanche près de la poignée et, sur la poignée elle-même, une empreinte de pouce sanglante qui marque la joue de Diego telle qu'il la voit reflétée et déformée sur le métal.

Comme Ian ne répond pas, Diego frappe à nouveau.

"Ian?"

De l'autre côté de la porte, le silence persiste.

"Ian?"

Diego saisit la poignée et la secoue. La poignée est verrouillée, mais la porte n'est pas fermée à double tour, et il y a beaucoup de jeu au niveau du chambranle. Diego tourne la poignée autant que le verrou le permet, puis tire la porte vers ses gonds et pousse le battant avec l'épaule. La première fois, la porte ne cède pas, mais la seconde, avec un léger craquement du montant, elle s'ouvre en grand.

"Ian?"

Toujours pas de réponse. Enfin… ce silence est une réponse.

Plus tôt ce matin, quand il l'a appelée, Debbie n'a pas voulu lui dire où se trouvait Ian. Elle a prétendu qu'elle ne savait pas, mais Diego ne l'a pas crue, et il ne la croit toujours pas. Et ça l'inquiète. Hier soir, Ian a quitté l'hôpital, et ce matin, Donald Dean n'est pas venu travailler chez Bill's Liquor. Diego pense que les deux sont liés, que Debbie sait quelque chose là-dessus, mais elle refuse de parler, et il n'a pas envie d'insister. Cette femme vient de perdre son mari (Bill Finch avait beau être un connard qui avait volé à Ian son épouse – eh bien, qu'il repose désormais en paix), et Maggie est sa fille, à elle aussi. D'une certaine façon, la réapparition de Maggie est peut-être encore plus dure pour elle que pour Ian : Debbie en avait fait le deuil.

Diego entre dans l'appartement, referme la porte et regarde autour de lui.

Juste à sa gauche, il y a un porte-chapeaux où sont accrochés un Stetson usé ainsi qu'une casquette de base-ball des Anaheim Angels. Autant que Diego s'en souvienne, Ian avait porté cette casquette tout au long des World Series de 2002 – ce qui aurait pu lui valoir des moqueries, sauf que personne ici n'en avait rien à foutre des San Francisco Giants non plus. À sa droite, la cuisine : un comptoir en céramique, un évier en inox, un petit réfrigérateur blanc orné de deux photos de Maggie fixées à la porte avec des aimants. Devant lui, le salon : un canapé bleu, une table basse où sont posés un échiquier et quelques bouteilles vides de Guinness, une télévision.

Une trace de sang sur le bras du canapé.

“Ian ?”

Silence.

Il longe les bibliothèques du couloir jusqu'à la chambre. Le lit est fait, mais on dirait que quelqu'un s'est allongé dessus. Les couvertures sont froissées et il y a un creux au milieu. Dans ce creux il y a du sang. Et par terre, abandonnée en vrac entre Diego et le lit, se trouve une chemise d'hôpital.

Un tiroir de la commode est resté ouvert. Une chemise en sort à moitié.

Du sang. Des traces du passage de Ian, venu et reparti en urgence, mais pas de Ian.

Et Donald qui n'a pas donné signe de vie.

Il faut qu'il se rende chez les Dean.

En chemin, il essaie de joindre Ian sur son portable pour la troisième ou quatrième fois de la matinée et, comme précédemment, son appel aboutit à une messagerie après cinq sonneries. Il appuie sur un bouton, coupe la communication sans laisser de message, range le portable dans sa poche.

Remonter cette allée est une expérience irréelle. Les traces de ce qui s'est passé hier sont partout. Les graviers que le sang a teints en rouge. La bande de ruban jaune qui bloque l'accès de la maison. Une balle de 22 mm que les agents du comté ont oubliée au pied des marches, et qui scintille sous le soleil.

Diego passe devant tout ça sans s'arrêter, roule jusqu'à la caravane derrière la maison principale. Elle repose sur des parpaings, ses roues et ses essieux sont entièrement rouillés, ses pneus pourris gisent en dessous, sur l'herbe morte, comme des serpents préhistoriques. Ses marches en vieux bois d'œuvre grisâtre et en contreplaqué sont piquées de clous rouillés, eux aussi.

Quant à la caravane elle-même, elle est vert pastel, ses parements métalliques sont cabossés en plusieurs endroits, les moustiquaires qui couvraient les fenêtres sont déchirées, en loques, elles pendent de leur encadrement comme les drapeaux de ceux qui ont perdu la bataille. Une antenne se dresse au-dessus des bardeaux asphaltés qui recouvrent le toit.

Il se gare à côté de l'El Camino de Donald et descend de sa voiture.

“OK, Diego”, se dit-il à lui-même, avant d'ouvrir son étui de revolver d'une pression du pouce. Il monte les marches – talon, orteil ; clac, clac –, s'arrête devant l'étroite porte en métal. Il regarde par terre : il se tient sur un paillasson où est imprimée l'effigie de Sam le Pirate. Le personnage de dessin animé braque son revolver sur Diego. Il n'a même pas encore sonné à la porte qu'on le menace déjà avec une arme.

“Bam”, dit-il avant d'enfoncer le bouton de la sonnette à gauche de la porte.

Ding, dong à l'intérieur. Il attend. Quand, au bout de quelques secondes, il n'y a toujours pas de réponse, il frappe sur le battant métallique. Ça produit un son creux, la porte vibre sur ses gonds.

“Donald, c'est Diego. Le sergent Peña. Ouvrez.”

Donald n'ouvre pas.

Diego sort son SIG de la main droite, de la main gauche il saisit la poignée. Il la tourne lentement pour voir si elle s'ouvre… Oui. Il pousse légèrement le battant. Il attend, prend une inspiration, puis ouvre en grand, d'un coup, tout en gardant le dos plaqué contre le mur extérieur gauche.

Il passe la tête à l'intérieur, trop vite pour que quelqu'un ait le temps de viser, puis la ressort. Il fait chaud dans la caravane, et on n'y voit pas grand-chose. Les rideaux sont fermés. Une seule lumière est allumée, une ampoule faiblarde encastrée dans le ventilateur qui tourne mollement au plafond. Les boiseries de la pièce dégagent quelque chose de morbide, de claustrophobe. Le plafond est couvert de mouches.

“Donald, c’est la police.”

Pas de réponse.

Il prend une autre grande inspiration et entre dans le salon. Au début, tout lui semble normal, mais c’est seulement parce qu’il ne voit pas ce qui se trouve de l’autre côté de la porte ouverte. Il ne voit que ce qu’il y a sur sa gauche : l’antre d’un vieux célibataire. Un fauteuil et un canapé qui s’affaissent, un plateau-repas, des cannettes de bière vides par terre, un poster de playmate punaisé au mur.

Puis il fait un pas en avant, franchissant le seuil de la porte d’entrée, et il découvre le coin faisant office de salle à manger. Il remarque d’abord la table où s’entassent des papiers, quelques chaussettes dépareillées, des stylos, des crayons, un jeu de clés, un bloc-notes jaune souillé d’empreintes de doigts sanglantes. Posés sur la table, il y a également une unique bougie blanche, ramollie par la chaleur estivale, et un saladier en verre rempli d’une espèce de soupe marron aqueuse, dans laquelle flottent des petits trucs enveloppés dans des feuilles d’essuie-tout. C’est alors que Diego voit ce qui se trouve entre lui et la table, un fauteuil en bois renversé par terre, et un homme attaché dessus. Cet homme, c’est Donald. Il n’a plus aucun doigt, ni sur les mains ni sur les pieds. C’est étrange comme une main qui n’a plus de doigts, mais seulement des espèces de petits moignons rouges avec de l’os blanc au milieu, n’a plus du tout l’air humaine. Des mouches se baladent sur le visage de Donald. Elles se promènent sur ses yeux au regard fixe et vide, elles pondent leurs œufs au bout des chicots qu’il a à la place des doigts.

Diego ravale le vomi qui lui monte à la bouche. C’est son ami qui a fait ça. Un type qui a dîné avec lui et avec sa famille. Qui a dormi sur son canapé. Qui a joué aux jeux vidéo avec Elias. Ça paraît impossible à croire.

Il s'approche du saladier sur la table et regarde. Il déglutit, hésite une seconde, puis met la main dans l'eau, retire de la soupe marron un des mini-paquets, plus lourd qu'il ne s'y attendait. Il défait le papier. Il a dans les mains le petit doigt de Donald. Un bâtonnet blanc entouré de viande rouge, boudiné dans une peau toute ridée qui rappelle à Diego des pieds de porc vinaigrés.

Il laisse retomber le doigt dans le saladier.

C'est son ami, c'est Ian qui a fait ça.

Ian est venu obtenir des informations que ni Diego ni le shérif n'avaient pu tirer de Donald, et il n'a pas ménagé sa peine. Il a tué pour ces informations. Ce que Diego ne sait pas, ce que l'état de la pièce ne lui révèle pas, c'est si oui ou non Ian a réussi à obtenir ce qu'il voulait. Il a travaillé dur, mais ça ne prouve rien. Tous les jours, des gens s'acharnent en vain pour obtenir des choses qu'ils n'auront jamais, tandis que d'autres réussissent sans avoir à prodiguer le moindre effort.

Diego s'éponge le front avec sa manche de chemise.

Il regarde le bloc-notes sur la table. Ces empreintes sanglantes signifient-elles que Ian a pu noter quelque chose à l'issue de la séance de torture ? Diego s'empare d'un crayon et, en le tenant à l'horizontale, il le frotte délicatement sur la feuille. Apparaît alors, en relief, une adresse :

372 CONWAY ST
KAISER, CA 92241

Il arrache la première feuille du bloc-notes, la plie en quatre et la glisse dans sa poche. Il lance un dernier regard vers le saladier, puis vers le corps par terre. Il ne peut pas s'empêcher de se dire que c'est en partie de sa faute. S'il avait pu garder Donald en prison, ce dernier serait vivant à l'heure qu'il est. Diego serait peut-être même parvenu à obtenir lui-même ces informations, sans recourir aux méthodes de Ian. Sans qu'on en arrive à ça.

Diego est un type assez intelligent, il a terminé le lycée avec une bonne moyenne, il a décroché son diplôme de lettres à l'université régionale sans difficultés – malgré tout le temps perdu à tomber amoureux des étudiantes qu'il côtoyait –, et seul un gars vraiment stupide ne comprendrait pas ce qui s'est passé ici. Ce qui s'est passé est simple : quelqu'un a commis un meurtre.

Et après avoir tué Donald, Ian est rentré chez lui, il s'est changé, il a sans doute récupéré une arme ou deux, puis il est monté dans sa voiture et il est parti vers l'ouest. Vers Kaiser, en Californie, avec un cathéter enfilé dans son poumon et la blessure encore toute fraîche d'une balle qui l'a traversé de part en part. Vers une mort certaine, si l'on considère les dégâts qu'Henry a déjà causés.

Si seulement Diego avait réussi à tirer les vers du nez de ce salopard de Donald, Ian ne serait…

Si le shérif Sizemore n'avait pas laissé…

Il faut qu'il réfléchisse soigneusement. Désormais, il a une adresse. Il sait où Henry, puis Ian, comptent se rendre. Il pourrait s'en remettre à la police fédérale. Ils sont sûrement déjà impliqués. Une jeune fille kidnappée par un assassin en fuite. En ce moment même, les fédéraux sont probablement au Bureau du shérif du comté de Tonkawa à Mencken, en train de récupérer toute l'info dont dispose Sizemore, avant de rapporter ses dossiers dans leur QG à Houston. Il pourrait se contenter de leur passer un coup de fil. Ce serait peut-être la meilleure chose à faire. Sauf que Ian vient de tuer quelqu'un, après l'avoir torturé. Même si Diego pense être incapable de faire une chose pareille, il sait que c'est le désespoir, et l'amour, qui ont poussé Ian à agir de la sorte. La scène d'horreur devant lui révèle sur quoi peuvent déboucher les émotions même les plus pures. Diego comprend. Et en plus, Ian est son ami. Oui, il l'a accueilli chez lui, il a mangé avec lui, il a laissé Elias jouer avec lui. Ian a pleuré devant lui quand Debbie l'a viré de chez eux. Ian était soûl, il ne s'en souvient sans doute plus et d'ailleurs ce n'est pas Diego qui le lui rappellerait, qui lui ferait honte, mais c'est arrivé. S'il appelle le FBI, ils viendront voir, ils découvriront ce qui s'est passé hier soir.

S'il ne dit rien, les gars du FBI ne mettront même pas les pieds ici, si ça se trouve. Ils se concentreront sur la recherche d'Henry, et comme ils savent qu'il peut être partout sauf ici…

Et si Diego dissimulait ce qui s'est passé ici avant de les appeler ? Et s'il leur racontait une histoire montée de toutes pièces ?

Putain de bordel, Ian, qu'est-ce que t'avais besoin de laisser un merdier pareil ?

Diego connaît la réponse. Ce qui intéresse Ian, c'est de retrouver sa fille. Tout le reste, ce sont des détails dont il se fout.

Diego n'arrivera jamais à effacer entièrement cette scène de crime, il laissera toujours des preuves – des preuves qui risqueraient de l'incriminer lui-même. Et il n'a pas envie que le FBI lui demande comment il est tombé sur cette adresse en Californie. Il comprend ce qui a poussé Ian à recourir à de tels extrêmes – même si, encore une fois, il n'aurait jamais, jamais pu faire pareil –, et il ne compte pas le trahir. Peut-être qu'il devrait, mais il ne le fera pas.

Il ne va donc pas tenter de dissimuler le crime avant de contacter le FBI, mais il ne peut pas non plus laisser les choses en l'état, n'est-ce pas ? Il est possible que personne ne passe ici avant longtemps, mais il est tout aussi possible que quelqu'un vienne demain, et découvre ce que Diego a découvert.

"Putain de Dieu, Ian."

Il ferme les yeux et réfléchit. Puis il les rouvre et se met au boulot.

Il enfile des gants et arrache l'adhésif qui maintient Donald sur le fauteuil. Il le traîne jusqu'au canapé et l'allonge dessus. Il déballe les doigts coupés, et les pose de manière à ce que le cadavre ait l'air intact (en plein milieu de cette tâche, il doit quand même courir dans les toilettes une fois pour vomir). Il lave l'arme du crime et la pose à côté de la porte. Il soulève le fauteuil et le remet à sa place. Il fait le tour de la caravane, s'assurant que toutes les fenêtres sont bien fermées.

Puis il va dans la cuisine, verse des flocons d'avoine et de l'eau dans une casserole qu'il pose sur la cuisinière avant d'allumer le gaz. C'est une vieille cuisinière qui ne s'allume pas automatiquement, mais Diego ne craque pas d'allumette pour autant. Le gaz s'échappe en sifflant, comme pour lui dire *chut* !

Il peine à croire qu'il est en train de faire ça. Et pourtant, il le fait.

Il retourne dans le salon. Il craque une allumette et allume la bougie toute molle posée sur la table. Tant que personne ne fouille dans les cendres trop minutieusement, ça devrait aller. C'est ce qu'il espère, en tout cas. On croira que Donald s'est levé, a mis des flocons d'avoine à chauffer, qu'il est retourné sur le canapé en attendant et que… quelque chose est arrivé.

Diego souffle sur la bougie pour l'éteindre et s'approche du cadavre. Il le redresse en position assise, met une cigarette entre ses lèvres et un briquet dans la paume de sa main. Puis il retourne allumer la bougie. L'odeur de gaz est désormais très forte. Il faut qu'il s'en aille. Il a fait ce qu'il pouvait.

Il se dit que la hachette a dû laisser des traces sur les os que les gars du labo finiront par remarquer, mais cette mise en scène devrait quand même laisser quelques jours supplémentaires à Ian. Et, avec un peu de chance, on ne retrouvera aucune preuve de la présence de Diego.

Il ramasse la hachette par terre et sort de la caravane, verrouillant la porte derrière lui.

Il se dirige vers sa voiture, grimpe derrière le volant, balance la hachette sur le plancher, démarre, fait demi-tour. Les pneus crissent sur le gravier. En descendant l'allée, il jette quelques coups d'œil dans le rétroviseur : la caravane est toujours là, plongée dans le silence.

Arrivé sur Crouch Avenue, il prend à gauche.

L'explosion est soudaine, assourdissante, et sa force lève un vent qui souffle à travers les arbres et fait s'envoler les oiseaux. Le cœur de Diego cogne dans sa poitrine, son visage est brûlant. Il regarde par la vitre en roulant et aperçoit, derrière les bois, une épaisse colonne de fumée qui monte vers les cieux comme pour les soutenir.

Six minutes plus tard, lorsqu'il arrive chez lui, les camions de pompiers n'ont toujours pas quitté la caserne. Tant mieux. Que la caravane ait le temps de bien brûler !

Et maintenant, il va falloir parler à Cordelia.

"Je préférerais que tu fasses pas ça.

— C'est mon ami, Cord.

— Tu en as beaucoup, des amis.

— Oui, mais pas Ian. Je serai de retour dans quelques jours.

— Et merde.

— Sois pas comme ça, Cord.

— Et si je te demandais de pas y aller ?

— J'irais pas. C'est vraiment ce que tu me demandes ?"

Cordelia détourne les yeux, un long moment passe avant qu'elle ne regarde à nouveau Diego.

"Sois prudent.

— Promis."

Diego se range sur le bas-côté de la route pour laisser passer deux camions de pompiers qui déboulent toutes sirènes hurlantes, puis il s'engage à nouveau sur le bitume et continue en direction de l'autoroute I-10.

Il regarde la fumée qui se répand dans le ciel, espère avoir pris la bonne décision.

Au moment où il reçoit le cinquième appel de Diego, celui auquel il décide enfin de répondre, Ian a dépassé Comfort, Texas, depuis environ une demi-heure. Le paysage alentour ne se compose que de rares bretelles de raccordement, voies privées et maisons isolées, voire de quelques arbres ici ou là. Mais il aime ce vide. Il a grandi à Los Angeles où pour échapper à la civilisation il n'y avait que l'océan, et il trouve ces terres inhabitées d'une grande beauté.

"Je pariais que tu continuerais d'appeler jusqu'à ce que je décroche, dit-il en répondant au téléphone.

— T'as gagné ton pari.

— J'ai remporté un prix ?

— Seulement si tu devines où je me trouve. T'as droit qu'à une tentative.

— Chez Roberta's.

— Elle ouvre même pas avant une demi-heure.

— Oh, pour toi, je suis sûre qu'elle ferait une exception. Si tu lui demandais très gentiment, en faisant tes yeux de chien battu.

— Je suis dans une station-service Shell à Columbus, dit Diego.

— Qu'est-ce que tu fous dans l'Ohio* ?"

Malgré le ton de leur conversation, une sensation aussi glacée qu'une lame s'enfonce dans le ventre de Ian. Diego sait où Ian se rend. Il est au courant, il va essayer de l'empêcher de punir Henry et de récupérer Maggie. Il va l'arrêter, ou le faire arrêter, pour le meurtre de Donald Dean.

À l'heure qu'il est, c'est sûr, le FBI l'attend de pied ferme à un barrage routier mis en place quelque part à l'ouest.

Il savait qu'il aurait dû effacer les traces de son passage dans la caravane – il le savait bien – mais, après en avoir terminé avec Donald, il n'avait plus la force ni mentale ni physique de se débarrasser du corps. Qu'est-ce qu'il aurait pu en faire, de toute façon ? Avec sa blessure, il avait déjà eu du mal à accomplir la tâche qu'il s'était fixée. Alors, quand il s'était réveillé dans le noir, avant l'aube, il n'avait eu qu'une envie : prendre la route.

C'était une erreur. L'appel de Diego le prouve.

"Je suis passé chez toi. Et chez Donald.

— Je sais."

Il tousse dans sa main, sent le goût du sang dans sa bouche. Il regarde le cathéter qui sort de sa chemise et se faufile jusqu'au plancher côté passager, là où il a posé le cartable : une poche de liquide blanc est en train de descendre. Il se demande ce que ça signifie, ce liquide dans ses poumons. Il aurait dû emporter des antibiotiques avec lui. En prendre dans son armoire à pharmacie. Il lui en restait, qu'il avait gardés de vieux

* Columbus est la capitale de l'Ohio, dans le Middle West. Mais c'est également le nom d'une petite ville au Texas, sur l'I-10, entre Houston et San Antonio. *(N.d.T.)*

traitements. Au moins il a des analgésiques plus forts que du simple Tylenol. Avec ces cachets, il se sent drôle, engourdi, mais ça va, il peut fonctionner.

"Il est pas trop tard pour arranger les choses, Ian.

— Je sais. C'est ce que j'essaie de faire. Arranger les choses.

— Je crois pas que tu t'y prennes comme…

— Qui d'autre est au courant, pour Donald ?"

Un long silence, puis :

"Personne.

— T'as pas prévenu la hiérarchie ?

— Je vais pas te mentir : là, tu me vexes sérieusement. T'es mon ami, Ian.

— C'est vrai, mais…

— Je fais preuve de loyauté envers mes amis.

— Alors fais demi-tour, rentre à Bulls Mouth et laisse-moi terminer ça.

— Je fais preuve de loyauté *même* envers mes amis suicidaires.

— Qu'est-ce que ça veut dire, cette connerie ?

— Henry va te tuer.

— T'en sais rien.

— Si, je le sais, et toi aussi.

— Il a pris ma fille, Diego. Il m'a volé ma vie.

— Ta vie, c'est ce que t'en as fait."

Ian met du temps avant de répondre. Ce que Diego dit est vrai. Il est ce qu'il est, il a fait ce qu'il a fait, et le résultat c'est la vie qu'il mène aujourd'hui. Voilà la réalité, pas la peine de se raconter autre chose.

"Ian ?

— Je sais. T'as raison. C'est pour ça qu'aujourd'hui je fais ça.

— Je comprends pas.

— T'as pas besoin.

— Les choses peuvent encore se passer autrement. J'ai foutu le feu à la caravane de Donald. Ils croiront qu'il y a eu un accident avec le gaz. On prévient le FBI, on leur donne les infos, et puis on…

— T'as fait *quoi* ?

— Rentre à Bulls Mouth. Le FBI, ils ont les ressources nécessaires. Ils peuvent…

— Le shérif avait les ressources nécessaires, lui aussi. J'apprécie la manière dont tu as agi, Diego, tu peux pas savoir à quel point, je sais que tu prends de gros risques, mais pas question que je fasse demi-tour.

— Putain, Ian, tu veux bien m'écouter une…

— Rentre chez toi, Diego, va retrouver Cordelia, t'occupe pas de moi.

— Si tu…

— Je m'apprête à balancer ce téléphone par la fenêtre. Embrasse Cord de ma part.

— Espèce de sale égoïste, tu vas m'écou…"

Ian baisse la vitre – la chaleur estivale s'engouffre dans la voiture à cent dix kilomètres-heure. Il tourne son visage vers le souffle brûlant un moment, puis lance le téléphone par la fenêtre. L'espace d'un instant, on dirait que le portable flotte dans l'air, puis il s'envole vers l'arrière en tournoyant sur lui-même. Dans le rétroviseur, Ian regarde l'appareil heurter l'asphalte, exploser en mille morceaux – projetés dans tous les sens – avant de se désintégrer complètement. Ian remonte la vitre et allume la radio.

Il connaît Diego. Son ami ne fera pas marche arrière. Ian espère seulement que Diego ne le rattrapera pas avant qu'il ait accompli la tâche qu'il s'est fixée. Il ne voudrait pas mettre quelqu'un d'autre en danger. Pas question qu'il arrive à Diego ce qui est arrivé à Bill Finch et au capitaine Davis.

Pas question non plus que quelqu'un d'autre ait à vivre ce que Ian a vécu.

Diego est un type bien, qui vit avec une femme qui l'aime et un beau petit garçon qu'il a élevé comme son fils. Il faut que ça reste comme ça. Donc il faut que Diego garde ses distances. Donc il ne faut pas que Ian se laisse rattraper, et il faut qu'il s'occupe d'Henry tout seul.

Lorsqu'il a décidé jusqu'où il était prêt à aller avec Donald – jusqu'au bout –, il savait qu'il reniait des principes auxquels il avait cru toute sa vie, auxquels il croit encore, mais il s'en foutait et il continue de s'en foutre. Il ne voulait qu'une seule chose, les informations que Donald avait en sa possession, et il était prêt à tout pour les obtenir. Avant même d'entrer dans la caravane, il savait ce que ça lui coûterait, et il a accepté de payer le prix. Ce qui l'attend désormais lui coûtera davantage encore. Peu importe. Il paiera. Il récupérera Maggie. Il sait qu'il ne récupérera pas la vie qu'ils auraient dû mener ensemble, mais ça n'a pas d'importance. Sa vie retrouvera du sens. C'est ça qui compte.

Il regarde les terres désertiques qui s'étendent à sa gauche et à sa droite. Il imagine sa fille vêtue d'une robe jaune, le vent soufflant à travers ses cheveux dorés. Rien qu'elle et ce paysage. Elle est belle. Tout ce qui a jamais eu du sens dans ce monde pourri, elle l'incarne, on le trouve dans ses yeux verts. Quatre petits mots de sa bouche suffisent à combler pour toujours le cœur de Ian : Je t'aime, papa.

Voilà ce qui compte.

Maggie est assise entre Henry et Beatrice dans le pick-up Dodge Ram gris. De la sueur dégouline de son visage, et la cabine pue la transpiration, une odeur intense qui pique les yeux de Maggie. Henry refuse de mettre la clim. Il dit que ça consommerait trop, et qu'il ne veut pas s'arrêter prendre de l'essence tous les cent cinquante kilomètres.

Ça fait environ une heure qu'ils ont quitté San Antonio, du moins c'est ce que Maggie pense. Elle a compté jusqu'à quatre mille deux, quatre mille trois, quatre mille quatre, et comme il n'y a que trois mille six cents secondes dans une heure, à moins qu'elle n'ait compté beaucoup trop vite, ça doit faire un peu plus d'une heure.

Elle s'était dit qu'elle aurait peut-être une chance de s'échapper, à San Antonio, mais ça n'a pas été le cas. Pour le petit-déjeuner, ils se sont arrêtés dans un fast-food où ils ont acheté des sandwichs, et ils les ont mangés dans le pick-up, Maggie coincée entre Henry et Beatrice.

À chaque bouchée, elle repensait aux gens qu'Henry a enterrés ce matin. Eux, ils ne mangeraient plus jamais. Pourquoi est-ce qu'Henry a fait ça ? Il n'était pas obligé. Il a dit qu'il le fallait parce qu'il avait besoin de leur pick-up, il a dit qu'il n'avait pas le choix, mais Maggie pense que c'est un mensonge. Un mensonge auquel il croit lui-même, peut-être, mais un mensonge quoi qu'il en soit. Il devait bien y avoir un moyen de se procurer un nouveau véhicule sans tuer personne. Peut-être qu'Henry aime simplement t…

"Nom d'un chien, dit Henry.

— Quoi ? demande Beatrice.

— Regarde." Il pointe du doigt vers le pare-brise piqué d'insectes écrabouillés.

"Une Volkswagen ?

— Non, juste devant."

Et maintenant Maggie la voit, elle aussi : une Mustang modèle 1965. Ça pourrait être celle de papa. C'est forcément celle de papa ! Elle est rouge, sauf le coffre, qui est gris mat.

Elle se rappelle quand elle accompagnait papa dans la Mustang. Parfois, il la laissait passer les vitesses, quand ils étaient seuls et qu'il n'y avait personne sur la route. Il enfonçait l'embraïllage – *l'embrayage, Mags, avec un* y – et elle bougeait le levier, enclenchant la vitesse. Ça l'amusait et lui procurait des sensations fortes : elle sentait toute la puissance de la voiture concentrée dans le pommeau noir au bout du levier, et la vibration se transmettait à son corps à travers la paume de sa main. Ça faisait peur, mais c'est ça qu'elle aimait, c'est ça qui l'amusait. Parfois, il la laissait s'asseoir sur ses genoux et tourner le volant. Elle envoyait zigzaguer la voiture d'un côté à l'autre de la route en riant et en appuyant sur le klaxon, et à la fin papa était trempé de sueur et il disait qu'elle était la personne la plus courageuse qu'il avait jamais rencontrée, ou la plus cinglée. Alors elle tirait la langue, secouait la tête comme une folle, faisait plein de bruits bizarres et riait de plus belle.

"Bon, disait papa, au moins maintenant on connaît la réponse."

Henry veut combler la distance entre leur pick-up Dodge et la Mustang. Pour y arriver, il change de voie, double la Volkswagen et lui fait une queue de poisson. Le conducteur de la Volkswagen klaxonne, Henry lui fait un doigt d'honneur à travers la vitre arrière de la cabine.

Maggie regarde la Mustang devant eux. C'est papa. Elle le voit à sa nuque, à la forme de son crâne, à ses cheveux blonds et fins. C'est lui. Elle craignait de s'être trompée, elle craignait qu'il soit mort et qu'alors ça ne puisse pas être lui, mais il n'est pas mort, et c'est bien lui. Hier, en voyant tout ce sang, et en le voyant étendu sur les graviers, après le coup de pied d'Henry qu'il avait reçu en pleine tête, et en voyant sa tête pendre mollement de son cou, elle avait tellement eu peur qu'il soit mort. Même si elle n'avait pas voulu le reconnaître…

Non, non, elle n'avait jamais cru à sa mort.

"C'est mon père."

Une main la gifle à l'arrière du crâne.

"Ferme ta putain de gueule."

Elle se tourne vers Henry : il ne blague pas.

Il la regarde, puis regarde vers le pare-brise.

"Merde."

Elle est rassurée de voir que son père est bel et bien en vie, mais c'est plus fort que ça encore. Une chaleur monte au creux de sa poitrine. Comme si elle avait son propre soleil à elle. Un soleil intérieur. C'est peut-être vrai, après tout.

"Papa", dit-elle en agitant les bras et en espérant qu'il regarde dans son rétroviseur.

Elle reçoit un nouveau coup à l'arrière du crâne.

“Putain, Sarah, je le répéterai pas.
— J’te l’avais dit qu’il viendrait me chercher. J’te l’avais dit !”

Qu'est-ce qu'elle a besoin de la ramener, cette petite conne ? Comment elle se permet de lui parler ? Si y avait pas Bee, il se débarrasserait d'elle. Il aurait tôt fait de lui creuser sa tombe. À ce stade-là, elle ne leur apporte que des ennuis. Tout ça, c'est de sa faute, sans elle il n'aurait pas eu besoin de buter le capitaine Davis et ce gars du comté, Bill Finch, il n'aurait pas eu besoin de faire la peau à Flint et Naomi, il n'aurait pas eu besoin de s'enfuir, non, rien de tout ça ne serait arrivé. C'est à elle qu'ils le doivent. Elle les a trahis, et elle mérite de payer.

Si c'était pas pour Bee, elle paierait.

Si un homme veut pas se retrouver plus tard avec une belle morsure à la main, lui avait dit un jour son papa avant de sortir sa carabine 22 mm et de la tendre à Henry, *vaut mieux qu'y tue un méchant chiot avant que ça devienne un méchant chien. Allez, on règle ça. Je vais chercher la pelle.*

Si c'était pas pour Bee, il réglerait son compte à Sarah. Y a pas à chiquer, c'est une méchante petite chienne. Mais les femmes veulent jamais regarder les choses en face. Elles voient un truc mignon, elles veulent lui faire des câlins. Elles ne comprennent pas que c'est pas parce qu'on est mignon qu'on a forcément le droit de vivre.

Il n'arrive pas à croire que cet enfoiré de Ian Hunt les ait retrouvés. Enfin, qu'il sache vers où ils font route. Et il a dû les dépasser pendant qu'Henry s'affairait à enterrer les précédents propriétaires du pick-up qu'il conduit désormais. Ian n'a pu obtenir l'info que d'une seule personne… mais Donald ne l'aurait jamais trahi ! Henry a pratiquement élevé ce garçon. Quand leur père a fait son infarctus, Donald avait sept ans, et ensuite c'est Henry qui s'est occupé de lui. Donald ne le trahirait pas. Toutes les menaces d'emprisonnement le laisseraient de marbre, il ne broncherait pas, les flics n'auraient droit qu'à un regard impassible.

À moins que quelqu'un ne se soit pas contenté de proférer des menaces. Que quelqu'un ait fait bien pire.

Mais Hunt est un flic.

Ah oui ? Sauf qu'il ne se comporte pas tellement comme un flic en ce moment… Qu'est-ce qu'il fout seul sur la route, dans sa bagnole personnelle, sans qu'il y ait d'autres flics dans les parages ?

Si la police connaissait la destination d'Henry, des flics pulluleraient le long de cette route. Il les aurait remarqués. Et il se serait terré quelque part. Ou alors c'est eux qui l'auraient repéré. Ils l'auraient vu, ils auraient allumé leurs gyros et, à l'heure qu'il est, soit ils seraient en pleine course-poursuite, soit les flics l'auraient capturé, soit il leur aurait échappé. Ou alors ils auraient mis en place des barrages. Enfin, il se serait passé quelque chose. Mais là, il n'y a rien eu. Ce qui veut dire que la police n'est pas au courant, que seul Ian Hunt sait.

Et Donald n'aurait trahi Henry que dans un seul cas de figure.

Si Ian Hunt n'a pas mis au courant la police, la vraie, il ne peut y avoir qu'une seule raison.

“Espèce d’enfoiré.
— Henry.
— Tais-toi, Bee.”

Elle le regarde un moment, puis baisse les yeux. Elle passe la main sur le tissu de sa robe, lisse les plis, contemple le dos de ses mains d’un air surpris, comme si elle ne les reconnaissait pas. Depuis hier soir, elle n’est plus tout à fait elle-même. Il ne lui a jamais caché sa nature profonde, cependant il ne lui a jamais non plus donné à voir ce qu’il a de pire en lui. Avant la nuit dernière. Elle l’a toujours aimé inconditionnellement, malgré les arrestations en état d’ivresse, malgré les crises de colère où il a eu la main un peu lourde, mais ce qui s’est passé hier soir, c’était peut-être trop pour elle. Ça a eu lieu juste devant ses yeux, elle n’a pas pu faire comme si elle n’avait rien vu, rien compris – et elle n’a peut-être pas supporté.

Après ça, la nuit dernière, quand ils sont allés se coucher, s’étendre côte à côte, il a senti son trouble à travers l’obscurité et le silence, et il le sent encore maintenant. Il n’aime pas le silence. Ça le rend nerveux. Beatrice n’est pas du genre à garder ses pensées pour elle. Pourtant, aujourd’hui, on ne l’entend plus. Qu’est-ce qu’elle rumine ? Qu’est-ce qui se passe dans sa tête ? Il va falloir qu’il lui fasse comprendre que ce qu’il a fait hier soir était nécessaire. Qu’à lui non plus ça ne lui a pas plu, mais il n’avait pas le choix. Parfois, tuer est la seule solution. C’est une vérité que tous les survivants connaissent.

Le monde est un endroit sans pitié qui comporte beaucoup de pièges fatals et, parfois, pour survivre, il faut sacrifier quelqu’un pour se protéger. Ça ne lui plaît pas plus qu’à elle. Mais il accepte cette réalité.

Il avait besoin de leur pick-up. Il en avait besoin, mais Flint soupçonnait quelque chose. Dès le début, Flint se méfiait d'eux. Comment Henry aurait-il pu le laisser en vie? Flint aurait appelé la police. Mais maintenant qu'il est mort, et que sa femme aussi, ils disposent d'un véhicule qui restera encore anonyme pendant deux ou trois jours. Ça leur donne le temps d'aller jusque chez son frère aîné, en Californie.

Évidemment, en chemin, il va falloir qu'il se débarrasse de Ian Hunt. Ça devrait pas poser de problème. Peut-être même qu'il pourrait régler ça dès aujourd'hui. Il va se contenter de suivre Hunt à distance, de rester un peu en arrière. S'il se montre prudent, on ne le remarquera pas. Hunt ne sait pas qu'il les a dépassés. Bien sûr, ça va se compliquer quand la circulation deviendra moins dense, quand ils aborderont les plaines désertiques de l'Ouest du Texas, mais ça restera jouable. Il va suivre Hunt et attendre que celui-ci s'arrête quelque part pour la nuit. Et alors là il le saignera.

Hunt va regretter de ne pas être mort la première fois.

Et ça réglera les problèmes d'Henry. Après ça, ils pourront rester en Californie quelques mois, à l'abri des regards. Même si la police décide de venir renifler autour de la baraque de Ron, il y a des endroits où se planquer. Ron a beaucoup de cachettes comme ça, où on peut attendre que ça se tasse. Un abri souterrain avec des tonnes de boîtes de conserve, deux mètres cubes d'eau potable et un réservoir de sept cent cinquante litres d'eau de pluie. Des bâtiments abandonnés où il stocke des provisions. Si on en croit ses lettres, après l'épuisement des mines de fer, la ville avait rapidement été abandonnée à la poussière, et moins d'une trentaine de personnes y vivaient encore. Et ça, c'était il y a des années. Aujourd'hui, il se pourrait qu'il ne reste plus que Ron. Il y aura plein d'ombres où se dissimuler, même sous le soleil de Californie. Ils patienteront, ils attendront que ça se tasse, puis ils partiront au Mexique. Ou alors au Canada. Enfin plutôt au Mexique, *a priori*.

Ce sera plus prudent de franchir la frontière en Californie qu'au Texas. Et il aura le temps de trouver de l'argent avant leur départ. Il n'a pas envie d'arriver sans un sou au Mexique. Un pays étranger, ça va demander qu'ils s'y habituent, mais mieux vaut ça que l'autre possibilité. L'important, c'est d'échapper à la prison, d'échapper à la prison et de rester ensemble.

Mais il faut d'abord que Ian Hunt crève.

Au fil des trois cent vingt kilomètres qui séparent Junction de Fort Stockton, Texas, le paysage change. Les grands arbres sont remplacés par des arbustes et des fleurs jaunes à ras du sol. Ces fleurs poussent dans de la terre sèche ou au milieu d'herbe morte. Les collines pelées s'élèvent de la plaine comme des tumeurs, et l'autoroute I-10 en transperce un bon nombre. La dynamite et les engins de construction ont laissé des parois abruptes qui butent contre l'asphalte, leurs différentes strates de couleurs vous plongeant dans le passé géologique. L'humidité disparaît, les cactus se gorgent de soleil, leurs tiges épaisses ressemblent aux nageoires d'une créature sous-marine exotique oubliée qui vous ferait signe depuis le bord de la route. De vieilles pompes hydrauliques géantes à l'allure d'oiseaux préhistoriques picorent le sol des champs de pétrole du Bassin permien, reproduisant à l'infini le même mouvement lent. Il n'y a plus personne sur la route, si ce n'est, à l'occasion, un chauffeur de poids lourd Mack aux yeux rouges, dopé à la caféine ou à autre chose, transportant sa cargaison d'une côte à l'autre. Ou d'autres voyageurs très solitaires. De temps à autre, des lapins ont répandu leurs entrailles sur le bas-côté, vous dévoilant littéralement leur cœur. À mi-chemin entre ces deux villes, aux alentours de Bakersfield, des dizaines et des dizaines d'éoliennes tournent lentement dans le lointain, comme des ventilateurs de plafond fatigués. Tout bouge plus lentement sous la méchante chaleur du désert, même votre véhicule, quoi qu'en dise l'aiguille qui dépasse cent trente. Vous roulez, vous roulez, mais vous n'arrivez jamais nulle part. Jusqu'à ce que vous atteigniez Fort Stockton, et là, vous êtes accueilli par une statue géante d'un de ces coucous terrestres de Californie (on vous annonce que c'est la plus grande statue de Bip Bip au monde – chaque ville a bien le droit d'être fière de quelque chose, après tout), qui se dresse devant un muret en briques avec un panneau vous souhaitant la bienvenue.

Quand Hunt quitte l'I-10, il est quatorze heures trente. Henry le suit – on étouffe dans ce putain de pick-up, il sera content d'avoir l'occasion de s'étirer un peu les membres. Ça fait des heures et des heures qu'ils roulent, son dos lui fait atrocement mal, Bee a demandé un arrêt pipi une bonne demi-douzaine de fois. Sans compter que la jauge d'essence est descendue au-dessous du zéro – ça fait vingt minutes qu'Henry prie pour qu'ils se retrouvent pas en rade au bord de la route, à des kilomètres de la station-service la plus proche.

Hunt entre dans une station Chevron à l'angle de Front Street et de l'US 285, et Henry chez le concurrent d'en face.

Il regarde Hunt descendre de sa Mustang et étirer ses bras. Enfin, le gauche, seulement : son bras droit reste bloqué au niveau de l'épaule. Puis Hunt tourne la tête des deux côtés pour s'étirer la nuque. Il tient un cartable dans sa main droite, qu'il accroche sur son épaule après sa petite séance d'étirements.

Henry se demande ce qu'il contient. Des armes, sans doute.

Hunt n'a pas l'air d'un type qui s'est pris une balle en pleine poitrine la veille. Il devrait être étendu sur un lit d'hôpital.

Mais peu importe. Il sera mort avant le prochain coucher de soleil. Ou du moins avant le prochain lever de soleil, ça c'est sûr.

Henry glisse la main dans sa poche de chemise. Elle est vide. Il avale l'acide que son estomac a reflué.

"J'peux faire pipi, maintenant ?

— Ouais, vas-y, dit-il. Emmène Sarah avec toi, et la laisse parler à personne. Tu sais quoi ? Oublie. C'est moi qui l'emmènerai quand tu reviendras. Pour l'instant elle peut rester avec moi. Mais achète-moi des Rolaids ou des Tums ou un autre truc pour le ventre."

De la poche de ses Levi's, il sort un billet de cinq dollars imprégné de sueur, qu'il tend à Bee.

"D'accord, dit-elle en serrant l'argent humide dans son poing avant de descendre du pick-up. Je peux prendre quelque chose à boire ?

— Ouais."

Elle boitille en direction de la supérette.

Il la regarde s'éloigner. Depuis la veille au soir, c'est plus la même. Plus du tout. Il faut vraiment qu'il lui parle, mais pas devant Sarah. Il ne sait pas pourquoi, mais il se sent vulnérable en sa présence, et il n'aime pas se sentir vulnérable. Même en de bonnes circonstances, ça ne lui plaît pas de parler de ses pensées et de ses émotions, et là les circonstances sont loin d'être bonnes. Il peut déblatérer tout un tas d'âneries en faisant de grands sourires, en tapotant les gens dans le dos, la bière à la main, mais quand il s'agit de laisser sortir ce qu'il ressent véritablement, ça lui demande d'immenses efforts. Ses mots se bloquent dans sa gorge, ses émotions préfèrent l'obscurité, le secret. Mais il faut qu'il parle à Bee. Il craint de la perdre s'il ne dit rien.

À travers la circulation le long de la rue, il regarde Ian Hunt enfoncer le tuyau de la pompe à essence dans sa voiture, puis fixer l'horizon en plissant les yeux. L'espace d'un instant, Henry a peur que Hunt soit en train de le dévisager. Non, non. Il contemple l'horizon, c'est tout.

Par-dessus le toit de sa voiture, Ian scrute le pick-up Dodge Ram gris garé de l'autre côté de l'intersection. Un pick-up d'artisan ou d'ouvrier, on dirait. Couvert de poussière, avec une grosse boîte à outils blanche sur le plateau à l'arrière. Le hayon est baissé, il est même un peu affaissé, comme si on l'avait fait ployer en mettant quelque chose de trop lourd dessus. Ce pick-up suit Ian depuis plusieurs heures. De temps en temps, Ian l'aperçoit dans son rétroviseur : le reflet du soleil blanc forme sur le capot du pick-up une étoile aussi aveuglante qu'une pièce de cinq cents abandonnée sur un trottoir brûlant. L'intersection est large et la vue de Ian n'est plus tout à fait ce qu'elle était (à une époque, sa vision atteignait 15/10 – au-delà de la perfection, disait-il aux gens), il ne discerne pas les traits de l'homme assis derrière le volant mais, tandis qu'il remplit son réservoir d'essence, une partie de lui est persuadée qu'il s'agit d'Henry Dean.

Ian ressent une envie terrible d'attraper le fusil à canon rayé sur la banquette arrière de sa voiture, de caler l'arme contre le creux de son épaule et de tirer une cartouche gros gibier dans la tête de l'homme au volant. Il imagine la vitre blanchir instantanément au moment de l'impact, la balle créant des millions de microfissures. Il imagine le verre tombant du cadre du pare-brise quelques secondes plus tard, révélant un homme avec un trou à la tempe. Un trou assez large pour y glisser le gros bout d'une queue de billard. Il imagine le sang et la cervelle répandus à l'intérieur de la cabine comme si on avait foutu un pétard dans une boule de viande hachée crue. Et l'homme bascule en avant, sa tête heurte le volant, enfonce le klaxon qui émet son unique note débile.

C'est si facile à imaginer.

Mais même s'il était sûr qu'il s'agit d'Henry, le moment n'est pas propice, le lieu non plus. Ici, il n'aurait droit qu'à une seule tentative et, s'il ratait, un cowboy de mes deux s'en mêlerait, le plaquerait au sol, et Henry pourrait s'enfuir en emportant Maggie. S'il ratait, Henry risquerait de s'en prendre à Maggie. Et même s'il ne ratait pas, ces cartouches puissantes seraient capables de traverser Henry de part en part et d'atteindre Maggie.

Ou une autre personne innocente.

Il ne s'est pas posé la question de savoir ce qu'il est devenu, jusqu'à quel point il est prêt à s'abaisser, mais il ne veut pas tirer sur des innocents pour arriver à ses fins. Pour l'instant, il a encore des limites – à moins qu'il n'ait pas le choix.

Et, de toute façon, il n'est pas sûr qu'il s'agisse d'Henry. Il le pense, il veut le croire, mais il est suffisamment âgé et il s'est trompé suffisamment souvent pour savoir qu'il peut y avoir un gouffre entre ce qu'on croit et la réalité.

Dans sa main, la poignée du tuyau d'essence fait clic et se bloque, le réservoir est plein. Il rajoute quelques gouttes, pour que le prix atteigne trente-cinq dollars tout rond, puis il replace l'embout sur le socle de la pompe. Il visse le bouchon du réservoir, lance encore un regard de l'autre côté de l'intersection, puis se dirige vers la supérette. À mi-chemin, il se met à tousser, à tituber, et il rentre dans une femme et son mari qui sortent du magasin.

"Oh là, mon vieux", dit l'homme en rattrapant Ian.

Pour ne pas tomber, Ian agrippe l'épaule de l'homme – le trou que la balle a percé à travers son corps hurle. Il pousse un grognement de douleur, ferme les yeux tandis que la sueur lui dégouline le long des joues. S'efforçant de ne pas tousser à nouveau, il se redresse, s'essuie les joues avec le dos des mains, la gauche puis la droite.

"Ça va ? demande la femme.

— Oui, dit Ian. Merci. Pardon de vous être rentré dedans.

— Vous êtes sûr que ça va aller ? demande l'homme.

— Ouais, dit Ian. J'ai juste un gros chat dans la gorge.

— Vous avez pas l'air en grande forme, dit le type. Vous devriez peut-être vous asseoir.

— Vous voulez de l'eau ? demande la femme en lui tendant une bouteille. En général, ça aide à tenir droit.

— Non merci, dit Ian. Ça va beaucoup mieux."

Le visage entre les mains, il reste assis un moment sur le siège des toilettes, s'efforçant à respirer comme les êtres humains normaux. Chaque expiration rend un son presque aussi aigu qu'un coup de sifflet. Il regarde sa chemise et découvre une tache marron de la taille d'une pièce de vingt-cinq cents. Elle grandit. Mais trop rapidement. Il a simultanément chaud et froid ; bien qu'il soit couvert de sueur un frisson lui remonte le long de l'épine dorsale.

Il se lève et s'approche du lavabo. Il ouvre le flacon de Tramadol et fait glisser deux ou trois cachets dans sa bouche, remplit d'eau la paume de sa main et avale le tout.

Il prend une bouteille, un sandwich au thon et au cheddar sous vide, un sachet de chips sauce barbecue et une boîte de comprimés de caféine. Les analgésiques ont tendance à provoquer de la somnolence, il ne voudrait surtout pas s'endormir au mauvais moment. Les genoux vacillants, il s'approche de la caisse. Quand arrive son tour de payer, il pose ses achats sur le comptoir et la femme derrière lui demande s'il lui faut autre chose. Un cigare, répond-il. Ils n'ont que des merdes à un dollar, mais ça ira. Il n'a pas l'intention de le fumer, de toute façon, il s'agit seulement d'avoir quelque chose à mâchonner en roulant – un autre moyen de rester éveillé. La femme l'encaisse, lui met ses achats dans un sac, et alors il peut ressortir dans la fournaise texane.

De l'autre côté de la rue, le Dodge Ram n'a pas bougé. Non, il n'est pas sûr à cent pour cent que ce soit Henry, mais ce foutu pick-up le suit depuis des heures. Pourtant, il pourrait s'agir d'une coïncidence. Parfois, quand on roule sur de longues distances, on se retrouve à côté, derrière, ou devant quelqu'un, et on calque son rythme sur celui de ce véhicule, comme ça, pendant des heures ; chacun a sa propre destination mais on ne se perd jamais vraiment de vue, et au moment où le soleil se couche on se retrouve dans le même petit restaurant, où l'on mange vite fait avant d'aller se coucher, et quand on croise le regard de l'autre conducteur, c'est comme si on retrouvait un vieil ami. *Comment va, cher compagnon de route ?*

Parfois, ça se passe comme ça. Il n'y a pas de raison de croire qu'il s'agit d'Henry. Pourtant l'instinct de Ian dit que c'est probablement lui.

Ian s'enfonce dans le siège de sa voiture et sort une plaquette de comprimés de caféine. Il en avale quatre, sans liquide. Ils sont très amers. Puis il déchire l'enveloppe plastique du sandwich et mord dedans. Il est sec et sans saveur, comme il s'y attendait d'un sandwich de station-service, mais néanmoins son estomac grogne de hâte. Ian mâche, avale. Un bout de fromage lui colle au palais, il le gratte du bout du doigt, le mâche et l'avale aussi.

Il démarre la Mustang, passe la vitesse, s'engage dans la rue, à la recherche d'un panneau indiquant l'I-10.

Il passe la quatrième et regarde le compteur. Cent trente-deux kilomètres-heure. À cette vitesse-là, sa vieille voiture fait un bruit de ferraille, et même avec les vitres fermées le vent ronfle à l'intérieur, car les joints en caoutchouc ont pourri depuis longtemps.

Il jette un coup d'œil dans le rétro. Le soleil se reflète sur le capot d'un pick-up gris à environ quatre cents mètres derrière.

Et s'il se laissait rattraper ? Et s'il écrasait le frein pour que le pick-up lui rentre dedans ? Et s'il descendait ensuite de la Mustang et…

Il ne peut pas procéder comme ça. Maggie est dans le pick-up. S'il s'agit bien d'Henry, Maggie est avec lui. Et Ian est blessé. S'il compte tuer Henry et récupérer sa Maggie, il va falloir qu'il fasse preuve de beaucoup plus de subtilité. De beaucoup plus de prudence.

Il soupire, marmonne un juron, et fait faire un mouvement rotatif à son épaule gauche. Encore trois ou quatre heures de route, et il atteindra sa limite pour aujourd'hui. Il est fatigué, il a mal et il éprouve des difficultés à respirer. La chaleur est atroce, mais il est parcouru de frissons qui lui donnent la chair de poule. Une sueur malsaine couvre sa peau.

"Merde", dit-il, en songeant à tout et à rien de particulier.

Puis il allume la radio pour couper court à ses pensées.

De Fort Stockton à Sierra Blanca, le paysage se désertifie encore davantage. Les voitures sont rares sur la route. Des formations rocheuses émergent ici ou là à l'horizon, la lande parsemée de petits arbustes s'étend autour de Ian comme une moquette.

Tout en conduisant, il mange ses chips et la deuxième moitié de son sandwich et songe à quel point ce pays est ancien. Après le lycée, sa mère – encore endeuillée par le suicide de son mari – l'avait envoyé en Europe, où il avait visité Londres, Paris (il y avait donc rencontré sa première femme) et Rome, et l'histoire de ce continent lui avait donné le sentiment de venir d'un pays vraiment jeune. Bizarrement, il s'était senti orphelin, comme s'il n'avait pas de passé qui lui était propre. La malédiction du bâtard américain : tu ne viens de nulle part, fiston. En Amérique, on se construit à partir de rien, on part de zéro pour s'élever, sinon c'est comme si on n'existait même pas.

Ne comptez pas vous inscrire dans la continuité de ceux qui vous ont précédé : il n'y a pas d'*avant* dans cette contrée. Mais c'est Burroughs qui avait raison : l'Amérique n'est *pas* un jeune pays. L'Amérique est vieille, sale, mauvaise. Elle était là depuis des millions d'années, à attendre, silencieuse ; elle était la terre de bêtes qui ne connaissaient que le langage de la chasse et de la violence, et elle attendait ; depuis une éternité elle était mauvaise, dangereuse, et elle attendait. Puis les Européens ont débarqué sur ses rivages à l'est, ils ont percé son sol avec leurs drapeaux, et ils ont libéré le mal. Et le mal s'est répandu à travers le continent, a pollué les eaux, qui ont contaminé les racines des légumes et des céréales. Et la nourriture a contaminé les hommes.

Ian enfourne ce qui reste du sandwich dans sa bouche, le fait descendre en buvant une grande gorgée d'eau.

Alors qu'il approche de Sierra Blanca, il décide de s'arrêter quelque part pour acheter un Coca. C'est le moyen de vérifier si le Dodge Ram gris le suit vraiment. Sierra Blanca est moins peuplée que la dernière ville qu'il a traversée, alors s'il s'agit bien d'Henry, peut-être qu'il pourra mettre fin à cette histoire ici. Il sort de l'autoroute et s'engage sur El Paso Street, lançant un regard vers son rétroviseur. Le pick-up gris est à peine visible, un reflet à l'horizon. Ce qui veut dire que sa Mustang aussi doit être à peine visible.

Il passe devant un terrain vague, puis devant la caserne des pompiers – un camion rouge garé à l'intérieur, un panneau INTERDICTION DE STATIONNER fixé sur la porte du garage. Après la caserne, un parking désert. Ian s'arrête à un stop. Aucun autre véhicule en vue. Des collines brunes flottent dans le lointain. Il lève son pied de la pédale de frein. Sur sa droite, un bâtiment blanc style espagnol, sur sa gauche, une structure marron avec des panneaux marqués GLACE et COCA-COLA. De la sueur coule le long de sa joue. GLACE : c'est très tentant.

Un coup d'œil dans son rétro. Derrière lui, la route est déserte.

Si le pick-up avait l'intention de le suivre, on le verrait, maintenant. Peut-être qu'il s'agissait effectivement d'une coïncidence. Henry Dean ne possédait pas de pick-up Dodge Ram gris. Mais même un imbécile aurait pensé à se débarrasser de son véhicule, et bien qu'Henry ne soit pas très cultivé – non, ce n'est pas ce qu'on pourrait appeler un intello –, Ian ne le prend pas pour un imbécile. Il imagine qu'Henry a le cerveau aussi affûté qu'une lame, et qu'il est aussi impitoyable.

Ian passe devant une supérette puis devant un endroit appelé Best Café, avec un toit en bardeaux et des tables couvertes de nappes à carreaux rouges et blancs, disposées sur une dalle de béton. Il passe devant un motel, devant un wagon du Southern Pacific au milieu d'un terrain non goudronné, devant un hôtel baptisé Historic Sierra Lodge et un magasin de souvenirs peint en turquoise. À l'extérieur du magasin, il y a un distributeur de sodas Dr Pepper et un drapeau américain qui pend mollement sous la chaleur.

Un nouveau coup d'œil dans son rétroviseur : rien.

Il se gare sur le parking en terre d'un restaurant grill appelé The Branding Iron Steakhouse. Dès qu'il descend de sa voiture, le soleil blanc lui cogne dessus.

Il plisse les yeux vers la route derrière lui, toujours déserte.

"Et merde, putain."

Il n'a plus envie d'un Coca.

Alors qu'il est en train de passer la troisième, il aperçoit le pick-up gris sur le bord de l'autoroute. Un véhicule du Bureau du shérif du comté d'Hudspeth est garé derrière le Dodge Ram, et un shérif adjoint se tient devant la portière du conducteur.

Au moment de les dépasser, Ian essaie de discerner la tête de l'homme derrière le volant, mais le shérif adjoint lui masque la vue. Un peu plus loin, il regarde dans le rétroviseur mais ne distingue rien à travers le pare-brise du Dodge – c'est la fin de l'après-midi, le soleil se reflète contre la vitre et l'aveugle.

Il passe la quatrième, lance un dernier regard derrière lui. Impossible à dire. Ça pourrait être Henry. Ou n'importe qui d'autre. Ça pourrait être Jésus derrière ce volant, avec un ou deux apôtres sur la banquette à côté de lui.

"Y a du vin dans cette cruche, m'sieu ?

— C'était de l'eau quand on est partis, je vous le jure m'sieu l'adjoint."

Plus loin, certains véhicules roulant en sens inverse quittent l'autoroute pour suivre une voie qui mène à un poste frontière.

Est-ce que c'était Henry ? La question le taraude. Est-ce que sa fille se trouvait dans ce pick-up ?

Il ne sait même pas s'il faut l'espérer ou non.

Par la vitre arrière de la cabine, Maggie regarde la route se dérouler sous le pick-up comme un ruban gris, lorsqu'elle aperçoit la voiture de police qui vient d'allumer ses gyrophares.

"Merde", dit Henry.

Il ralentit, rétrograde, laisse le véhicule de police se rapprocher. L'homme derrière le volant a l'air massif, il a le visage rond et rose, et aussi une moustache. Maggie sourit et fait signe de la main. Lui aussi fait signe de la main – une main très grosse –, mais il ne sourit pas.

"C'est la police, dit Maggie.

— La ferme."

Henry enclenche le clignotant et se range sur le bas-côté.

"Retourne-toi, dit-il en agrippant l'épaule de Maggie. Mets ta ceinture.

— Mais il m'a déjà vue.

— Mets ta putain de ceinture !"

Elle s'adosse à la banquette et boucle sa ceinture. Elle regarde dans le rétroviseur, mais elle ne voit pas le policier. L'angle n'est pas bon. Elle écoute la circulation. Une voiture passe en trombe. Puis, un moment plus tard, une autre. Elle entend des pas sur l'asphalte, se penche pour voir par-dessus Henry. Le policier apparaît dans l'encadrement de la vitre. Il est massif, effectivement, et il a les cheveux noirs. Sa moustache est noire aussi, mais bizarrement elle a l'air fausse. Maggie se souvient d'un ami qui portait une moustache dans ce genre-là. C'était à Halloween et il s'était déguisé en pirate.

"Bonjour, dit le policier.

— 'jour m'sieu l'adjoint, dit Henry. Fait chaud, vous trouvez pas ?

— Vous savez pourquoi je vous ai demandé de vous arrêter ?

— Ben pas vraiment, non."

Maggie voudrait que le policier lise les deux mots sur ses lèvres. Mais il ne regarde pas dans sa direction. Son attention est fixée sur Henry.

"Vous rouliez à cent quarante-huit kilomètres-heure.

— Non, c'est vrai ?" Henry éclate de rire. "Bordel de Dieu, j'suis vraiment désolé de…

— C'est inutile de jurer, monsieur.

— Ah oui, merde, excusez-moi. J'devrais toujours tourner sept fois ma langue dans ma bouche, moi."

Il fait mine de se donner une petite gifle.

"Je vais vous demander de me montrer votre permis et votre carte grise."

Regarde-moi, regarde-moi, regarde-moi. Maggie se concentre pour envoyer des ondes vers le visage rose et humide du policier. Et – surprise – le policier la regarde, droit dans les yeux. Ses yeux sont verts, comme Maggie, comme son papa, et il hoche légèrement la tête.

Au. Secours.

Il cligne des yeux, n'a pas l'air de comprendre.

"Ben alors, ça suffit pas de s'excuser, dans ce comté ? fait mine de s'étonner Henry.

— Votre permis et votre carte grise, monsieur."

Puis le policier regarde à nouveau Maggie.

Au – se – cours.

Il cligne encore une fois des yeux. Puis, comme si on lui avait enfoncé une aiguille dans le dos, tout son corps se raidit et un éclair traverse ses yeux. Il passe sa langue sur ses lèvres et sa main droite descend vers son arme. Il fait un pas en arrière. Sa pomme d'Adam remonte.

"Descendez du véhicule, monsieur.

— Bah, attendez, dit Henry en glissant le bras sous son siège, je dois avoir ma carte grise juste là-de…"

Le policier dégaine et braque son pistolet sur Henry.

"Levez les mains en l'air, dit-il. Non, stop ! Bougez plus !

— OK, OK."

Le policier a l'air perdu. Il fait un pas en arrière, puis un pas en avant. Il se lèche à nouveau les lèvres.

Henry est penché en avant, le bras droit sous le siège. Il se redresse lentement. Maggie pense qu'il a une arme là-dessous.

"On bouge plus, j'ai dit ! Vous comprenez ?

— Mais oui, m'sieu, dit Henry. J'suis figé comme une putain d'statue.

— Et fermez-la !

— Vous êtes en train de faire une erreur, m'sieu l'adjoint.

— Fermez-la, j'ai dit !"

Le policier saisit la poignée de la portière et ouvre. Il se passe encore une fois la langue sur les lèvres. Il a l'air d'avoir très peur, et Maggie est triste pour lui, et inquiète. Il aura du mal à arrêter Henry. Henry risque de le tuer. Est-ce qu'elle devrait lui dire qu'Henry a un fusil ? Et s'il panique, du coup ? Ou si Henry panique ?

Peut-être qu'Henry va lever les mains en l'air et qu'elles seront vides. Mais hier soir déjà elle entretenait ce genre d'espoir, et au final deux personnes se sont fait tuer.

"Bon, dit le policier. Vous allez sortir votre main de là très, très lentement.

— OK.

— J'espère pour vous que vous tenez rien dans cette main.

— Non."

Henry sort lentement la main de sous le siège. Très lentement.

La sueur dégouline le long des joues du policier. Agrippant toujours son pistolet de service des deux mains, il s'essuie le visage en le frottant contre son épaule.

Maggie ouvre la bouche, s'apprête à le prévenir… trop tard.

Henry sort un fusil.

Henry sent la crosse en bois du Lupara contre sa paume toute moite de transpiration. La crosse lui paraît sale, son contact est étrange. Henry a le visage empourpré par la chaleur, et par le fait d'avoir une arme braquée sur lui. Le shérif adjoint ne semble pas avoir plus de trente-cinq ans, il est terrifié, et ça ne rassure pas Henry. Les gens qui ont peur sont nerveux, et par conséquent ils sont dangereux.

La chaleur monte jusque dans les yeux d'Henry. Ça pique. La sueur coule le long de l'arête de son nez et, une fois arrivée au bout, tombe goutte à goutte. Il sent le battement de son cœur jusque dans ses tempes. Il ravale de la bile, regrette de ne pas pouvoir mâcher une pastille pour son estomac.

Est-ce que ce flic l'a reconnu ? L'adjoint était tranquille, et puis soudain le voilà qui braque un flingue vers la tête d'Henry. Il s'est passé quelque chose. Il a peut-être reconnu Henry… À moins que Sarah ne se soit débrouillée pour lui faire un signe ? Ou alors Beatrice ?

Il aimerait croire que Beatrice ne le trahirait jamais, mais malheureusement, c'est possible. Elle n'est plus elle-même. Maintenant elle a peur de lui. Alors qui sait ?

Arrête, arrête. Concentre-toi.

À l'exception du battement de son cœur, il n'y a plus aucun bruit. Lentement, il retire l'arme de sous le siège. Attendant le moment propice. Attendant que…

Le shérif adjoint remue l'épaule pour s'essuyer la joue.

Maintenant.

D'un geste fluide, Henry sort le Lupara. Le fusil à canon court racle contre une barre métallique, mais ça ne suffit pas à ralentir le geste. Henry fait pivoter le fusil vers la vitre sans se soucier de le pointer vers le haut. Il appuie sur la détente avec le pouce.

La première balle atteint l'adjoint à la hanche et le fait valser. Maggie hurle, l'odeur de poudre emplit la cabine. Henry lève le Lupara et vide la deuxième chambre. La balle arrache un bout du torse du flic, à gauche, comme on sectionnerait la partie pourrie d'un fruit. La chair est à vif, le shérif adjoint recule en titubant, puis s'écroule sur l'asphalte.

On entend des pneus crisser.

Henry tourne la tête : une berline Chevrolet rouge freine derrière eux, le conducteur perd le contrôle, ses roues se bloquent, laissant une traînée de caoutchouc brûlée sur le bitume.

La Chevy s'arrête à quelques centimètres du shérif adjoint, alors que celui-ci est en train de prendre ses toutes dernières inspirations à travers des lèvres pâles comme la mort.

Henry ouvre le chargeur, fait tomber les cartouches vides sur l'asphalte (plus la peine de prendre de précautions, à ce stade-là) et recharge le Lupara avec des munitions qu'il sort de son jean. Il braque le fusil sur la blonde au volant de la Chevy.

"Sortez de votre bagnole ou j'vous fais sauter la cervelle."

Il regarde la route : heureusement, il n'y a pas d'autres véhicules aux alentours. Pour l'instant, en tout cas.

La conductrice est paralysée, elle regarde Henry avec des yeux aussi écarquillés que ceux d'une vache.

"Sortez, putain ! Vous avez envie de crever ?"

Elle ne bouge toujours pas.

Henry s'approche de la Chevy, ouvre la portière et extirpe la bonne femme. Il la pousse par terre, et s'apprête à la mettre en joue quand Beatrice crie :

"Sarah ! Reviens ici !"

Il regarde vers le pick-up. La cabine est vide.

Au milieu de ce bout de plaine désertique de l'Ouest du Texas, Sarah court en direction des vieux bâtiments à un étage de Sierra Blanca, tandis que Beatrice boitille pitoyablement derrière elle.

"Sarah, non ! crie Bee. Reviens !"

Henry se rue à leur poursuite.

"Arrête, Sarah ! crie-t-il. Putain de Dieu reviens ici !"

Beatrice trébuche, s'écroule en laissant échapper un gémissement d'animal blessé.

Henry court, mais il se sent lourd, maladroit, le Lupara glisse de sa main moite et tombe par terre. Il s'arrête pour le récupérer, mais ne le voit plus au milieu des hautes herbes mortes. Où est ce putain de fusil de…

"Henry ! Henry, rattrape Sarah !"

Il regarde Beatrice. Toujours assise là où elle est tombée. S'il laisse partir Sarah, Bee ne le lui pardonnera jamais. Il le voit bien à l'expression de son visage.

Il hoche la tête, abandonne provisoirement le Lupara – il le récupérera à son retour – et court après cette petite salope qui s'enfuit en direction des bâtiments blanc et marron de Sierra Blanca, disséminés à travers la plaine comme les cubes d'un jeu de construction.

Deux heures et demie après s'être arrêté à Sierra Blanca, Ian atteint sa limite. Il a traversé le paysage presque extraterrestre de l'Ouest du Texas, passant par Sparks, Southview, d'autres banlieues d'El Paso puis la ville d'El Paso elle-même, lentement, apercevant le Mexique sur sa gauche tandis que l'I-10 longeait la frontière, avec du côté américain l'église Holy Family et du côté de Juárez le quartier de Doniphan Park. Après El Paso, il n'a été tenté de s'arrêter qu'une seule fois, en apercevant un restaurant appelé Rudy's Country Store & BarBQ, près d'un hôtel. Il a brièvement levé le pied de l'accélérateur en imaginant un repas chaud et un lit douillet dans une chambre fraîche. Mais il en avait marre de ce Texas qui n'en finissait plus et, au bout de quatorze heures de route, son unique but était de franchir la frontière de l'État. Alors il a continué de rouler, entrant au Nouveau-Mexique à Las Cruces, où le poste-frontière était fermé. Mais, maintenant qu'il a traversé Las Cruces – il entend encore les avions décoller et atterrir de Las Cruces International Airport, au nord –, c'est bon, il en a assez. Le Texas est derrière lui. Il n'a pas vu le pick-up gris depuis Sierra Blanca, et il a réussi à se convaincre qu'il ne s'agissait pas d'Henry. Henry est forcément devant lui. Et, dès demain, il attendra Ian dans une ville californienne du nom de Kaiser. C'est là que Ian le tuera. Ian va le tuer et récupérer Maggie. Voilà le plan.

Demain.

Pour l'heure, le soleil orange s'enfonce dans la terre en préparation d'une nouvelle nuit. Le ciel devient gris, un gris qui se répand dans le ciel clair comme un nuage de boue soulevé au fond d'une piscine. Bientôt, la nuit aura contaminé toute la voûte céleste.

Il a assez roulé. Il n'en peut plus.

Il sort de l'I-10 et suit une route locale qui ne porte pas de nom et longe l'autoroute sur environ huit cents mètres, puis il entre sur le parking en terre battue d'un endroit baptisé simplement Motel-Restaurant. Les lettres blanches ont été peintes à la main sur une façade de bois pourri, derrière laquelle il suppose qu'on sert effectivement de la nourriture. La partie motel semble consister en une douzaine de mobile homes agencés un peu n'importe comment derrière le restaurant.

Ses pneus soulèvent un nuage de poussière lorsqu'il gare la voiture. Il coupe le moteur et attend que les particules retombent. Vu l'état de son poumon, mieux vaut ne pas respirer trop de saletés. Dès que la poussière est partie, il ouvre sa portière et sort dans la chaleur. Il enlève le cigare ramolli de sa bouche, crache par terre, glisse le cigare dans la poche de sa chemise et regarde en direction de l'autoroute.

Une bande d'asphalte sans rien dessus.

Il passe par-dessus son épaule la sangle du cartable contenant l'appareil Pleur-evac, ôte ses lunettes de soleil, les accroche à sa chemise, plisse les yeux à cause de la lumière soudain aveuglante puis, contournant deux tables couvertes de salières et de poivriers, il entre dans le Motel-Restaurant.

Un comptoir en inox forme le bas d'une fenêtre qui sépare la petite salle de la cuisine. Accoudé sur le comptoir, un cuisinier d'une soixantaine d'années, couvert de touffes de poils gris qui lui sortent par tous les orifices comme des broussailles, feuillette un magazine de cul tandis qu'une cigarette pend mollement à ses lèvres. Un nuage de fumée flotte autour de sa tête.

Quand Ian entre, la cloche sur la porte fait un bruit de ferraille – rien qui s'apparente à une sonnerie – et le type se redresse, ajustant l'espèce de carton blanc graisseux qui lui tient lieu de chapeau. Trois bons centimètres de cendres tombent du bout de sa cigarette et brûlent les seins de la playmate qu'il était en train d'admirer. Il enlève la cigarette de sa bouche, souffle sur les cendres pour les faire partir, ferme la revue et la range sous le comptoir.

"'soir. C'est pour manger ou dormir ?

— J'espérais pouvoir boire un coup.

— Monica est aux chiottes et Betsy fait une pause, alors va falloir attendre une seconde. Vous avez pas faim ?"

Ian tousse dans sa main, essuie sa paume sur ses Levi's.

"Pourquoi pas un burger, dit Ian.

— Un cheeseburger ?

— Ça marche.

— Quel fromage ? Américain, emmental ou cheddar ?

— Emmental.

— Des frites ?

— Oui.

— Avec un œuf ?

— Sur les frites ?

— À cheval, sur le burger."

Ian fait non de la tête.

“Z’êtes sûr ?

— Ouais, pas d’œuf.

— OK. C’est parti.”

Le cuistot se tourne, décolle un steak haché sur une pile et le balance sur le gril. Pendant que ça cuit, il sort un petit pain, le badigeonne, plonge un cube de frites dans la friteuse, puis se met à chantonner quelque chose qui ressemble à *Under My Thumb* des Stones.

On entend une chasse d’eau quelque part. Un instant plus tard, une porte s’ouvre et une femme sort des toilettes.

“On a presque plus de papier W.-C., oncle Hal. Un rouleau entier en une journée ! Putain, faudrait songer à changer de régime !”

Puis elle remarque la présence de Ian et rougit. Ça la rend jolie.

“Pardon, dit-elle. Je vous avais pas vu.

— Pas de souci. Monica ou Betsy ?

— Monica. Betsy est avec un… Elle est allée faire le ménage dans une chambre.”

Ian hoche la tête.

Monica a entre trente et quarante ans, des cheveux châtains qui tirent sur le roux, un visage pâle avec des taches de rousseur. Elle a la forme d’une brindille – pas de hanches du tout – et elle porte un tee-shirt et une jupe en jean.

Ian la trouve incroyablement sexy. Mais il a toujours été attiré par des femmes à la beauté un peu originale.

“Je vois qu’oncle Hal est déjà aux fourneaux.

— Un cheeseburger et des frites.

— Avec un œuf à cheval ?”

Ian secoue la tête.

“Vous voulez quelque chose à boire ?

— Qu'est-ce que vous avez ?"

Elle pointe le pouce par-dessus l'épaule, vers la porte vitrée du petit frigo qui bourdonne contre le mur.

"Deux bières, alors, et une bouteille d'eau.

— En même temps ?

— J'ai soif.

— Vous aurez besoin d'une chambre pour ce soir ?

— Oui, s'il vous en reste une."

Elle éclate d'un rire bref.

"Ouais, en se serrant on doit pouvoir vous trouver une p'tite place. Vous êtes seul ?

— Oui.

— Ça sera soixante-douze dollars et quarante-cinq cents, dit-elle. Et je vais devoir faire une photocopie de votre carte de crédit. C'est pour les chaînes à la demande.

— Je regarderai pas la télé."

Monica sourit.

"M'en veuillez pas, dit-elle, mais si on faisait confiance à tous les inconnus qui s'arrêtent ici, ça fait longtemps qu'on aurait mis la clé sous la porte. Pas vrai, oncle Hal ?

— Et comment, Monocle.

— Je comprends, dit Ian. Monocle, c'est votre surnom ?

— Allez pas vous imaginer des trucs.

— Ça veut dire quelque chose ?"

Elle secoue la tête.

"C'est encore une des bêtises d'oncle Hal."

Il paie avec une carte de crédit et glisse un billet de cinq dollars dans le pot de bonbons Red Vines recyclé en réceptacle à pourboires presque vide.

Monica lui tend une clé.

"Vous serez dans la chambre 4, premier mobile home en sortant sur la gauche, porte de gauche."

Ian hoche la tête.

Monica se tourne, ouvre le frigo et en sort deux Budweiser et une bouteille d'eau qu'elle pose sur le comptoir, à côté d'un petit bac de viande d'autruche séchée.

"Asseyez-vous où vous voulez. Je vous apporterai votre repas quand ça sera prêt.

— Merci."

Il prend ses boissons et va s'asseoir à une table près de la fenêtre piquée de mouches. Il contemple le désert. Un camion chargé de denrées alimentaires passe en vrombissant, puis plus rien. Au bout de cinq minutes, un 747 rugit dans le ciel, faisant trembler la vitre dans son encadrement. Et, à nouveau, c'est le silence. Ian sent ses yeux qui piquent. Il les ferme.

"Vous voulez que je mette la télé ?"

Ian est sur le point de dire *non, merci, de toute façon y a rien à voir à cette heure-ci*, mais Monica n'attend pas sa réponse. Elle prend la télécommande sur le comptoir, vise et enfonce un bouton. La télé s'allume, les couleurs d'une sitcom scintillent sur l'écran. Un décor de studio, des rires préenregistrés. Ian décapsule une bière et boit. C'est bon, c'est frais, ça fait du bien à sa gorge sèche. Mais peut-être qu'il ne devrait pas boire. L'alcool nuit à la coagulation. Et puis merde ! c'est que de la bière, et il compte s'en tenir à deux bouteilles.

Il hoche la tête.

"Et puis merde !" dit-il à haute voix cette fois-ci, avant de boire une nouvelle gorgée.

"Pardon ?"

Ian secoue la tête, *c'est rien, désolé*, et se tourne vers la fenêtre sale. Toute la moitié droite de son corps est traversée par une douleur lancinante.

Et si c'était Henry Dean, tout compte fait, le type que le shérif avait stoppé sur le bas-côté près de Sierra Blanca ? Peut-être qu'on l'a arrêté et qu'à l'heure qu'il est on l'a enfermé dans la prison du comté d'Hudspeth. Peut-être que Debbie est en route pour venir récupérer Maggie. Peut-être qu'on a laissé un message sur le répondeur de Ian pour le prévenir. "Bon sang, t'es où, Ian ? J'ai essayé ton portable, ça fait vingt fois que je tombe sur la messagerie. Tu croiras jamais le coup de bol qu'on a eu : Henry Dean a été…"

Non, ça ne peut pas se passer comme ça.

La pensée que ça puisse se passer comme ça lui noue l'estomac, il ne sait pas vraiment pourquoi.

Parce que tu veux plonger en enfer et que maintenant tu tiens ton excuse. Voilà pourquoi. Tu le sais très bien, Ian, alors arrête de te mentir à toi-même.

Il repousse cette idée, il ne peut pas l'accepter. Et même si c'était vrai, ça ne voudrait pas…

"Vous êtes à des millions de kilomètres d'ici, non ?"

Ian sursaute, lâche un grognement de surprise. Il demeure silencieux puis se met à rire, à rire de lui-même.

"Faut croire que oui, dit-il.

— Excusez-moi, je voulais pas vous faire peur, dit Monica en posant une assiette blanche contenant un cheeseburger et des frites.

— Je sais, dit Ian.

— Ça vous dérange si je m'assois ? Betsy est revenue, alors je peux me poser une minute."

Elle fait un geste en direction du comptoir. Ian n'avait même pas entendu la cloche au-dessus de la porte, mais c'est vrai, Betsy est là, debout derrière le comptoir, en train de siroter un soda aux fruits exotiques et de regarder la télé dans l'angle de la pièce.

Elle est un peu plus jeune que Monica, un peu plus jolie aussi, avec un peu plus de formes, mais de toute évidence c'est sa sœur.

Du bout du pied, Ian pousse une chaise vers Monica.

“Je vous en prie.

— Merci.”

Elle s'assoit. Ian lui sourit, puis se tourne à nouveau vers la fenêtre. Le désert semble s'étirer à l'infini, avec seulement ici ou là quelques créosotiers. Et toujours quelques collines qui flottent dans le lointain.

“Y a rien qui vaille la peine d'être regardé, là-dehors, dit Monica.

— Vous trouvez ?”

Elle secoue la tête.

“Y a quoi ? Que du désert et des gens qui foncent sur la route pour aller dans des endroits qu'on verra jamais soi-même. De temps en temps, y en a qui s'arrêtent, qui vous racontent d'où ils viennent, ce qu'ils ont fait, puis ils s'en vont, ils vous laissent avec leurs histoires.

— Pourquoi vous partez pas voir ailleurs, alors ?”

Monica hausse les épaules.

“C'est pas si facile. Ma valise, j'ai bien dû la faire une bonne douzaine de fois.

— Ah oui ? Qu'est-ce qui vous a retenue ?”

Monica plonge dans le silence. Puis :

“J'ai pas trop envie d'en parler, en fait.”

Ian boit une autre gorgée de bière.

“Et vous ? demande Monica.

— Moi quoi ?

— Vous allez où ?

— En Californie.

— Los Angeles ? Hollywood ?

— Non, pas cette fois-ci.

— Vous y êtes déjà allé ?"

Ian hoche la tête.

"Vous connaissez des gens célèbres ? Est-ce que c'est vraiment glamour, là-bas ?

— Non. C'est qu'une grosse banlieue qui entoure une poignée de petites poches vraiment urbaines.

— Arrêtez, je suis sûre que c'est glamour."

Ian hausse les épaules.

"J'ai joué dans une pièce, autrefois. Au lycée. *Macbeth*, je crois. C'est dans *Macbeth* qu'y a les sorcières ?

— Oui, dit Ian, les sœurs fatales.

— C'est ça. Je jouais l'une d'entre elles.

— Vous vous souvenez un peu de votre texte ?

— Mon Dieu…" Son regard se perd dans le lointain, puis un sourire illumine son visage. "« Quand le bacchanal aura cessé, quand la bataille sera gagnée et perdue. » C'est tout ce que je me rappelle. J'ai toujours voulu aller à Hollywood pour devenir célèbre.

— Il n'est jamais trop tard.

— Vous pensez vraiment ?"

Ian attend avant de répondre. Puis :

"Non, pas vraiment.

— C'est ce que je me disais aussi. Qu'est-ce que vous allez faire en Californie ?

— C'est mon tour de pas trop avoir envie de parler.

— Pardon, je voulais pas être indiscrète.

— Pas de souci."

Ian enfourne deux frites dans sa bouche. Elles sont bonnes. Chaudes, salées, trop cuites, mais c'est comme ça qu'il les aime.

"On se sent seul ici, pas vrai ?" dit Monica.

Ian la regarde. Elle est tournée vers la fenêtre, vers le paysage désertique.

"Oui, j'imagine.

— Mais vous… vous vous sentez pas seul, parfois ?
— Si, comme tout le monde.
— Vous êtes marié ?”
Ian croque deux autres frites puis lève la main gauche. Pas d’alliance.
“Je l’ai été. À trois reprises, en fait. Ça n’a jamais tenu le coup.
— Vous avez été marié *trois* fois ?”
Il sourit.
“Et j’y croyais chaque fois que j’ai dit oui.
— Ouah. Ça vous manque ?
— Quoi ?
— De plus être marié.
— Parfois. La nuit, surtout.
— Vous croyez que ça vous manquera cette nuit ?
— J’en sais rien.
— Parce qu’on pourrait faire comme si.
— Pardon ?”
Elle pose sa main sur le genou de Ian.
“On pourrait faire comme si… Je pourrais…” Elle passe sa langue sur ses lèvres. “On pourrait s’allonger l’un contre l’autre.”
Ian sourit, il a enfin compris. Il pose sa main sur celle de Monica un moment, avant de l’écarter de son genou. Doucement.
“Je crois pas que ce soit une bonne idée.
— Ça vous coûterait que soixante-dix dollars. On s’arrange pour faire comme si vous payez une chambre supplémentaire. Avec votre carte de crédit, si vous voulez.
— Le prenez pas personnellement, Monica. J’ai un problème de santé.
— Quoi ? Vous avez de l’herpès ?”

Ian est tellement surpris par cette question posée au premier degré, par le regard tout à fait sérieux de Monica, qu'il éclate de rire. Le rire se mue en toux, mais il parvient à l'arrêter.

"Pardon, dit-il après s'être éclairci la voix. Non, pas d'herpès. Mais ça m'est contre-indiqué de toute façon.

— Bon, d'accord, dit Monica. Ça vous dérange si je reste quand même assise avec vous ?

— Non, dit Ian. En fait, ça me fait plaisir."

Au moment où Ian termine son dîner, la télé se met à diffuser les nouvelles régionales. Après un préambule inintéressant, une brune avec un chignon, de grands yeux marron et un chemisier bien ajusté dit :

"Il y a un peu moins de trois heures, sur l'autoroute I-10, aux abords de la petite ville de Sierra Blanca au Texas, un officier du Bureau du shérif du comté d'Hudspeth, le shérif adjoint Pagana, a été tué au cours d'un simple contrôle. L'incident a été filmé par la caméra fixée au tableau de bord du véhicule de Pagana. La police a autorisé la diffusion de ces images dans l'espoir de recueillir des informations permettant de retrouver l'auteur de ces crimes. Nous souhaitons vous prévenir qu'il s'agit d'images à caractère violent et qu'il est préférable d'éloigner les enfants."

Une pause assez maladroite, la journaliste cligne des yeux en fixant la caméra, puis on passe à des images en basse définition, filmées à travers un pare-brise sale. Ces images sont en couleur et il y a même du son, mais il est métallique, de très mauvaise qualité. On entend surtout des bruits de fond, avec de temps en temps le grondement d'une voix dont on ne comprend pas les paroles. La date et l'heure sont affichées en bas de l'écran. Au début, on ne voit que l'arrière d'un pick-up Dodge Ram gris. Ian aperçoit Maggie à travers la vitre arrière. Elle semble regarder la voiture du shérif adjoint, la caméra, Ian… Puis une main, celle d'Henry, l'agrippe et la retourne. Le shérif adjoint apparaît alors sur la gauche de l'écran, marchant jusqu'au pick-up. Derrière lui, sur la route, on voit passer la Mustang de Ian. Henry et le shérif adjoint parlent. Brusquement, Pagana dégaine son pistolet. Il recule. L'air effrayé, il crie quelque chose. Il ouvre la portière, crie autre chose. D'un mouvement de l'épaule, il essuie la sueur sur son visage. Un éclair provenant de la cabine. Une explosion rouge au niveau de la hanche du shérif adjoint. Il fait quelques pas en arrière, titubant, sort du cadre. L'air est encore pollué par une espèce de brume rouge. Un nouvel éclair illumine le pick-up. Henry descend du véhicule, ouvre son fusil à canon court, vide les cartouches sur l'asphalte. Il recharge, braque le fusil vers un point hors du cadre, gueule. On dirait qu'il ordonne à quelqu'un de sortir de sa voiture. Ses jurons sont censurés par un bip. Marchant vers la personne à qui il s'adressait, il sort du cadre. Un instant plus tard, Maggie descend du pick-up. C'est bien elle, la personne la plus courageuse qu'il a jamais connue. L'air affolée, elle regarde autour d'elle, puis fait le tour du pick-up, se met à courir et disparaît de l'écran. Le pick-up oscille légèrement sur ses suspensions : peut-être que quelqu'un est en train de sortir côté passager, hors du cadre. Une voix de femme crie à une "Sarah" de s'arrêter. Henry traverse le cadre en courant, contourne le pick-up et se lance à la poursuite de Maggie.

Retour sur la présentatrice à son bureau. Une expression très grave.

“La police pense que l’assassin du shérif adjoint Pagana est un dénommé Henry Dean, que les autorités recherchent déjà dans le cadre d’une enquête sur plusieurs kidnappings et meurtres dans le comté de Tonkawa, également au Texas. Il voyagerait avec sa femme, Beatrice Dean, et une jeune fille appelée Magdalene Hunt. La police croit qu’Henry Dean a enlevé Magdalene dans la maison de ses parents il y a plus de sept ans. Si vous avez la moindre information permettant de localiser M. Dean, veuillez contacter soit l’inspecteur Roderick au Bureau du shérif du comté d’Hudspeth, soit l’agent Sanchez au quartier général du FBI à El Paso.”

Des numéros de téléphone s’affichent sur l’écran.

Ian sort sous le ciel crépusculaire. Il marche jusqu’à sa voiture, prend son sac de voyage et le fusil à canon scié qu’il a récupéré au poste de police. Il regarde le bitume gris de l’autoroute puis, plissant les yeux, le désert.

La douleur le lance dans toute la moitié droite de son corps. Il se sent poisseux de transpiration, sale et malade.

Au bout d’un moment, il se décide à tourner le dos à la route et se dirige vers l’arrière du Motel-Restaurant pour trouver sa chambre.

Imaginez que vous vous teniez sur une route, sous le soleil blanc. De la sueur vous dégouline le long du visage. Votre peau brûlante vous gratte. Vos vêtements trempés vous collent à la peau. Peu importe comment vous avez atterri ici : vous y êtes. Et vous regardez en direction du nord-est, vers Sierra Blanca. Vous regardez dans cette direction parce que c'est là-bas que ça se passe…

Une jeune fille blonde vêtue d'une robe court à travers de hautes herbes mortes. Ses pieds nus s'envolent au-dessus de l'herbe, retombent et soulèvent des nuages de poussière. Si la prise de vue se résumait à ça, ce serait une scène tout à fait heureuse : une jeune fille s'élançant vers son grand amour qui l'attend. Mais il s'agit d'un plan éloigné, vous voyez bien plus que ses pieds et, sur la bande-son, il y a sa respiration saccadée, le bruit de ses pas qui martèlent la terre. Derrière la fille, il y a un homme âgé et gros. Vous ne l'avez jamais rencontré mais vous connaissez son nom. Henry Dean. Il poursuit la fille. Chaque fois qu'elle fait deux pas, il n'en fait qu'un, et malgré tout la distance entre eux se réduit inexorablement. La fille s'approche d'une ville, appelle à l'aide, mais aucune aide ne vient. L'homme la rattrape, lève le bras comme une massue, abat son énorme poing sur le côté de la tête de cette petite, que la force de l'impact projette en avant. Elle tombe et s'enfonce dans les hautes herbes.

Elle a l'impression que le sol fonce vers elle – *mon Dieu, comment est-ce possible, j'allais m'échapper !* –, puis son crâne heurte une pierre, et elle perd connaissance aussi instantanément qu'une ampoule s'éteint. Clic. Dans la pénombre où son esprit est enfermé, elle ne sent que vaguement ce qui se passe autour d'elle. De la chaleur sous son corps : la terre brûlée par le soleil. Une légère brise qui souffle et fait bruisser les hautes herbes ; on dirait des chuchotements – *chut*. Un liquide collant qui se loge aux creux de ses paupières. Quelqu'un qui la soulève. Un grognement – pas le sien, car son silence est profond.

Elle essaie d'ouvrir les yeux, sans y parvenir. Elle essaie de parler, ses tentatives sont vaines. Elle est enfermée dans la pénombre de son esprit, où il n'y a aucune porte, aucun panneau marqué *sortie*.

Henry revient vers Beatrice. Il rapporte Sarah, évanouie dans ses bras. La bouche ouverte, les bras ballants, les genoux couverts de terre, les pieds qui pointent vers l'intérieur, Bee les regarde approcher.

"Je l'ai, dit Henry. J'te la ramène.

— Tu aurais pas dû la frapper.

— Elle allait s'échapper…

— T'aurais pas dû la frapper. T'aurais pas dû la frapper et t'aurais pas dû tuer ces gens et t'aurais…"

Sa voix se brise, pendant un moment elle n'arrive plus à parler. Puis, regardant Henry droit dans les yeux :

"T'aurais pas dû la frapper."

Il a envie de lui dire de la fermer, de ne pas être conne, il ne pouvait quand même pas laisser Sarah entrer dans la ville. Mais il se retient. Il ferme les yeux, expire un bon coup, rouvre les yeux et dit :

"T'as raison. Je suis désolé.

— OK. D'accord.

— Allez, maintenant on monte dans ce pick-up et on se barre.

— Elle a la tête qui saigne.

— Ouais, elle s'est cognée contre une pierre.

— Tu crois que c'est grave ?

— J'en sais foutre r…"

Plusieurs voitures sont arrêtées sur l'autoroute. Les gens parlent fort, on sent la panique dans leur voix, ils forment un cercle autour du corps du shérif adjoint. Une femme est au téléphone avec la police, elle crie le mot "meurtre" dans l'appareil. La blonde qu'Henry était sur le point de tuer pointe le doigt vers eux, et maintenant d'autres personnes les regardent. Henry pense à la vie qu'ils ont laissée derrière eux à Bulls Mouth et aux quelques affaires qu'ils ont pu emporter et qui se trouvent dans le Dodge Ram. Tout est perdu. Mais rien ne sert de regarder en arrière. Il faut oublier.

Henry ravale la bile qui lui monte jusque dans la bouche.

"Tourne-toi et marche, dit-il.

— Quoi ?

— Retourne-toi et marche."

Personne ne les suit.

Ils marchent le long d'une route en terre. Henry cherche un véhicule que quelqu'un aurait laissé là, avec les clés sur le contact. Ils sont déjà passés devant cinq voitures, toutes verrouillées. Il commence à s'inquiéter. Il faut qu'ils trouvent un moyen de transport avant l'arrivée de la police, ou au moins avant que les flics ne mettent en place des barrages. Ils doivent quitter le Texas, mais le Nouveau-Mexique est encore à deux heures de route. Si les policiers texans mettent la main sur lui, après ce qu'il a fait à plusieurs de leurs collègues, il ne risque pas de passer le restant de ses jours en prison, non. Ce sera la peine capitale – au mieux la mort par injection.

"J'ai mal à la cheville.

— Je sais, Bee."

Un peu plus loin, sur la gauche, dépassant d'une grange sur le point de s'écrouler, il aperçoit un camion Chevy tout rouillé. Un semi-remorque à plateau. D'un hochement de la tête, il l'indique à Beatrice.

"On va voir si on peut quitter cette ville là-dedans.

— C'est un peu gros.

— On a pas vraiment le choix, Bee. On est obligés de prendre ce qu'on trouve."

Il promène son regard aux alentours. Aucun signe de vie sur cette route, mais des sirènes rugissent dans le lointain, de plus en plus fort. Il ne leur reste pas beaucoup de temps.

Ils s'approchent du camion.

"Regarde à l'intérieur", dit Henry.

Beatrice avance en claudiquant jusqu'à la portière, saisit la poignée et tourne. La portière s'ouvre. Des écailles de rouille tombent par terre. Elle se penche au-dessus de la banquette.

"Y a la clé."

Henry tourne la clé. Le moteur du camion grogne. Il appuie doucement sur la pédale de l'accélérateur. Le pot d'échappement crache une fumée noire. Ça y est, ça démarre. Il passe la vitesse, le camion gronde, sort de la grange, et Henry braque vers la route en terre. Il lance un regard vers Beatrice. Elle tient Sarah contre son bras et lui caresse ses cheveux blonds, passant ses doigts entre les mèches pour la peigner.

Puis Beatrice soulève le bas de sa robe – dévoilant sa culotte en coton trempée de sueur – et s'en sert pour sécher le sang sur le visage de Sarah.

"Ça va aller, dit Henry, elle s'en remettra.

— T'aurais pas dû la frapper", dit Bee.

Henry roule vers le sud le long d'une route qui n'a pas l'air d'avoir de nom. À la première intersection, il arrive à la bretelle de raccordement de l'I-10 et prend à droite. L'autoroute est devant eux, et Henry aperçoit les gyrophares de plusieurs véhicules de police, ainsi qu'un 4 × 4 du Bureau du shérif, garés sur le bas-côté. Jamais ces flics ne le laisseront passer. Y a pas moyen. Il aurait dû… il aurait dû faire quoi, au juste ? Encore une demi-heure et Sierra Blanca grouillera de flics. La nouvelle se répandra comme un feu de brousse. Il a vécu toute sa vie dans une petite ville, il sait à quelle vitesse les informations y circulent. Il ne faut pas qu'ils restent ici une minute de plus, et ils n'ont qu'un endroit où aller, qu'une seule personne sur qui compter : le grand frère d'Henry.

En s'engageant sur l'autoroute, il découvre que la voie de droite est bloquée par des panneaux lumineux, et que plusieurs véhicules attendent pour passer car les adjoints du shérif les filtrent un par un.

Après tout ce qui est arrivé, voilà, c'est ici que ça va se terminer : dans un trou du cul de village de l'Ouest du Texas, sous un soleil écrasant. Il met son clignotant et s'insère dans la voie de gauche. Il sort un rouleau de pastilles pour l'estomac de la poche de sa chemise et en glisse une dans sa bouche.

Il mâche. Il y a cinq voitures devant lui. Les shérifs adjoints les stoppent l'une après l'autre, posent quelques questions puis les laissent passer.

C'est ici que ça se termine.

En s'éloignant, Henry regarde dans son rétroviseur la scène de son dernier crime en date. Il a le cœur qui bat, mais plus les flics rapetissent dans le rétro, plus son pouls ralentit et plus il se détend. Ça paraît incroyable, mais il a franchi cet obstacle.

“Vous allez où ?

— Chez mon frère, en Californie.

— Pour quelle raison ?

— J'vais récupérer une voiture dont y se sert plus.

— Vous emmenez toute votre famille ?

— Ouais, pourquoi ? C'est pas tous les jours qu'on peut faire un tour en Californie.

— Vous venez d'où ?

— De Houston.

— C'est là que vous vivez ?

— Si on peut appeler ça une vie.

— La voiture que vous allez chercher, c'est quoi ?

— Une Buick Special de 56. J'vais la retaper.

— C'est un de vos passe-temps ?

— Ouais, c'est pas pire qu'autre chose.

— OK, allez-y.

— Merci m'sieu.”

Un sourire, un salut de la main, et le tour était joué. Il était persuadé qu'on lui demanderait ses papiers d'identité. Mais peut-être que les personnes ayant l'autorité suffisante n'étaient pas encore arrivées. Peut-être que, si vous n'aviez pas de comportement suspect, ces types ne perdaient pas leur temps et passaient à la voiture suivante. Enfin peu importe.

Il est passé entre les mailles du filet.

L'asphalte gris se déroule devant eux. À part le bruit de ferraille du camion lui-même, on n'entend rien dans la cabine. Beatrice a la tête tournée vers la fenêtre tandis que Sarah dort, adossée contre elle. Henry lance un regard vers le reflet de Beatrice sur la vitre, essayant de déchiffrer son expression, mais elle est parfaitement neutre. Ses yeux sont vides, sa bouche est entrouverte. Il n'aime pas ce silence qui s'est installé entre eux. Tout ce qu'il vient de faire, c'est pour elle, alors si à cause de ça il la perd…

"À quoi tu penses, Bee ?

— À rien."

Elle lui répond sans même détourner le regard du paysage désert.

"À rien ?

— À rien.

— Tu penses forcément à quelque chose."

Pas de réponse.

Il se passe la langue sur les lèvres.

"Tu sais que je t'aime, hein, Bee ?

— OK.

— Je comprends que tu sois un peu perturbée par les choses qui sont arrivées ces deux derniers jours.

— Ces choses sont pas *arrivées*. C'est toi qui as fait ces choses.

— Il fallait bien. Ce que j'ai fait, c'est pour toi."

Elle se retourne enfin. Les larmes lui montent aux yeux.

"Ben t'aurais pas dû.

— Mais, Bee…"

Elle secoue violemment la tête. Les larmes coulent le long de ses joues.

"T'aurais pas dû.

— Y avait pas le choix, Bee.

— Y a toujours le choix.

— T'as envie d'aller en prison, Bee ?"

Elle s'essuie les yeux.

"Pourquoi j'irais en prison ?

— À ton avis ?

— J'en sais rien.

— Sarah. C'est à cause d'elle qu'on a dû quitter Bulls Mouth. C'est à cause d'elle qu'on est sur les routes. C'est à cause d'elle qu'on a dû abandonner notre pick-up. Et que Flint et sa femme sont morts. Fais pas semblant de pas comprendre ce qui se passe, fais pas comme si t'avais rien à voir là-dedans. C'est pas juste et tu le sais très bien.

— Henry, je…

— T'es au courant de ce qui est arrivé aux autres Sarah, Bee. Tu sais ce qu'on a fait. Ce qu'on a fait *tous les deux*. Moi, j'ai agi comme je devais pour te rendre heureuse, et toi tu m'as laissé agir. Parce que c'est ce que tu voulais. Fais pas comme si t'étais pas mêlée à tout ça.

— Mais… J'avais besoin de…"

Henry hoche la tête.

"Oui, je sais. Et c'est pour ça que j'ai agi comme j'ai agi.

— Mais ce que t'as fait à ce gentil couple et à ce policier, c'était…

— C'était ce qui fallait faire pour se sortir du merdier où nous a foutus Sarah.

— T'as… Tu as tué…

— Pour sauver notre famille."

Bee renifle, plonge momentanément dans le silence. Puis, soudain, elle regarde Henry avec des yeux écarquillés et pleins d'espoir :

"Il *fallait* que tu le fasses ?

— Bien sûr, dit Henry en hochant la tête. Je pouvais quand même pas les laisser nous séparer, t'es pas d'accord ?

— Ils voulaient nous prendre Sarah ?

— Exactement. Et on allait pas se laisser faire.

— La famille, c'est ça qui compte le plus.
— Parfaitement.
— Hier soir, c'est pas pour de vrai que tu voulais faire du mal à Sarah ?
— Bien sûr que non. J'étais énervé, mais jamais je ferais du mal à Sarah. Jamais volontairement.
— Parce qu'elle fait partie de notre famille.
— Eh oui.
— La famille, c'est ce qu'y a de plus important."
Il hoche la tête.
"Moi aussi, je t'aime, Henry.
— Je sais. Maintenant sèche tes larmes. Je supporte pas de te voir pleurer."

Ian est debout, immobile sous le jet brûlant de la douche. Ses yeux sont fermés et il ne voit que ce qui se trouve dans sa tête, et pour l'instant sa tête est vide. Les moments comme ça sont rares, alors il les fait durer autant que possible – hélas jamais très longtemps. Dès qu'une partie de son esprit prend conscience du silence intérieur, ce silence est brisé.

Le cathéter sort de sa poitrine juste en dessous du pectoral, un peu à droite, puis descend en se tortillant jusqu'à l'appareil de drainage posé par terre, à côté de la baignoire. Le Pleur-evac est encore dans le cartable. Ian ne voyait pas l'intérêt de le sortir. Il penche le corps légèrement vers la droite de façon à ce que le jet d'eau n'atteigne pas ses blessures.

Il ouvre les yeux et prend le petit échantillon de savon au bord de la fenêtre. Il déchire l'emballage papier, mouille le savon et se lave.

À travers la fenêtre, il voit le soleil qui se couche. Le vent soulève un tourbillon de poussière au-dessus du parking, vers le restaurant et sa voiture garée devant. Il n'a pas déplacé la Mustang avant d'aller dans sa chambre – qui n'est d'ailleurs pas du tout une chambre, mais une moitié de mobile home. Là où devrait normalement se trouver un couloir menant à la partie arrière, se dresse une cloison de placoplâtre qui n'a même pas été peinte. Sa "chambre" occupe ce qui était à l'origine la cuisine et le salon : la cuisine a été convertie en salle de bains, et le salon en chambre à coucher. La chambre à coucher est équipée d'un lit de taille modeste, d'une commode, d'un miroir et d'une table sur laquelle repose une petite télé. Un vieux ventilateur tremblote sous un plafond décoré de grosses mouches noires. Les cinq lames du ventilo fendent l'air chaud sans le rafraîchir le moins du monde.

Ian se rince et coupe l'eau.

Il écarte le rideau de douche et descend de la baignoire. Mais il glisse sur le linoléum… et doit se rattraper sur le bord du lavabo.

Quelque chose dans son dos vient de se déchirer. Serrant les dents, il lâche un juron et ferme les yeux pour contenir la douleur. Des larmes coulent le long de son visage. Au bout d'un moment, il rouvre les yeux. La douleur commence à s'atténuer. Elle est toujours là, toujours forte, mais elle devient presque supportable. Il prend une serviette à côté du lavabo et se sèche. Les bras, les jambes, le dos, le visa…

Merde, la serviette est couverte de sang.

Il y a plusieurs grosses gouttes sur le sol. Et maintenant il le sent couler le long de son dos. Il ramasse le cartable par terre et, tout nu, sort dans le salon. Face au miroir sur la commode, il se tourne, regarde par-dessus son épaule. Plusieurs points de suture se sont arrachés au niveau de la blessure dans son dos (qui est plus grande qu'il ne l'imaginait, la balle ayant emporté un bon morceau de chair) et le sang – écumant, épais comme du miel – coule abondamment.

"Putain."

Il reste immobile un long moment, regardant le sang dégouliner sur la moquette, puis il se dirige vers le téléphone et compose le numéro de la réception.

"Motel-Restaurant.

— Monica ? dit Ian.

— Non, c'est Betsy.

— Je peux parler à Monica ?

— Mais moi je dois pouvoir vous aider, mon chou.

— Je voudrais Monica.

— OK. Attendez."

Le bruit du combiné qu'on pose sur le comptoir.

"Mon', je crois que c'est le type qu'est arrivé tout à l'heure."

Un long silence. Puis :

"Allô ?

— Monica.

— Ah, salut. Vous avez changé d'avis ? C'est ce que j'espérais.

— Pas tout à fait, dit-il. Vous avez une trousse à pharmacie ?"

Ian se traîne vers son sac de voyage posé sur le lit, ouvre la fermeture éclair et sort un caleçon qu'il enfile tant bien que mal.

On frappe à la porte – un seul coup.

Il va ouvrir. Monica se tient sur le seuil. Une boîte métallique blanche pend au bout de son bras. Elle met un moment avant de pouvoir dire quelque chose. Ian n'arrive même pas à imaginer de quoi il peut bien avoir l'air : vieillissant, bedonnant, les cheveux blonds clairsemés, un caleçon pour tout vêtement, et ce tube en plastique qui sort de sa poitrine et descend jusqu'au cartable noir qu'il tient par la poignée comme un vendeur à domicile.

"Salut, dit-il.

— Mon Dieu. Qu'est-ce… qu'est-ce qui vous est arrivé ?

— On m'a tiré dessus.

— Avec une arme à feu ?

— Exactement.

— Vous devriez aller à l'hôpital."

Ian secoue la tête.

"J'y suis déjà allé, dit-il en soulevant le cartable. C'est là qu'on m'a branché ce truc. Mais je viens d'avoir un petit accident. Rien de grave.

— Qu'est-ce qui s'est passé ?"

Ian pivote pour lui montrer son dos. Il la regarde par-dessus son épaule. Elle grimace, mais ne se détourne pas. Elle se penche même en avant pour examiner la blessure.

"Vous êtes sûr que vous feriez pas mieux de retourner à l'hôpital ?

— C'est moins sérieux que ça en a l'air.

— J'vous crois pas.

— Je pourrais probablement panser la plaie tout seul si vous…

— Dites pas de bêtises.

— Pourquoi ?

— Le trou est au milieu de votre dos. À moins que vous ayez des coudes qui se plient à l'envers, vous allez avoir besoin d'un coup de main."

Ian se tait, réfléchit. Puis il s'écarte pour la laisser entrer.

Il est allongé sur le ventre et Monica est à califourchon sur lui. La mallette de secours est ouverte à côté d'elle sur le matelas. Il ne voit pas ce qu'elle est en train de faire, mais il entend et il sent des choses, notamment la douceur des fesses de Monica qui lui chauffent le dos des cuisses. Elle déchire un emballage, puis essuie délicatement le sang autour de la plaie avec un tampon de coton.

"Vous avez raison, dit-elle.

— À propos de quoi ?

— C'est moins grave que ça en avait l'air. Juste quelques points qui se sont arrachés."

Ça fait deux ans qu'il n'a pas eu droit au contact d'une femme, depuis qu'un soir il est allé boire des verres chez O'Connell's et qu'il a ramené chez lui une étudiante de l'IUT de Bulls Mouth. Ils ont baisé sous l'emprise de l'alcool et d'une certaine forme de colère, rien à voir avec les gestes de Monica. Il en est venu à oublier qu'une telle douceur existait.

Après avoir nettoyé une première fois le pourtour de la plaie, elle verse un liquide dessus, et même à l'intérieur. Ça pique – il inspire une bouffée d'air qui siffle entre ses dents.

"Pardon.

— Ça va, c'est rien."

Elle essuie à nouveau la blessure, puis pose quelque chose dessus. La délicatesse dont elle fait preuve rend la douleur presque agréable. Elle farfouille dans la mallette ; Ian entend un tintement, suivi d'un déchirement. De l'adhésif médical qu'on déroule et qu'on coupe. Elle lui colle un pansement dans le dos. Une minute plus tard, elle range tout dans la mallette et la referme.

"Fini.

— Vous pourriez peut-être rester encore un petit moment ?
— Vous êtes pas en état.
— Je sais. C'est pas de ça dont j'ai envie.
— C'est de quoi, alors ?"

Allongé sur le dos, il la regarde se déshabiller. Elle fait ça lentement, d'abord le tee-shirt, puis le soutien-gorge. Elle déboutonne sa jupe et la laisse tomber à ses pieds. Sa culotte blanche est tout ce qu'il y a de plus basique. Elle passe les pouces sous l'élastique et la fait glisser par terre. Sa toison pubienne est épaisse, cuivrée. Les os de ses hanches ressortent. Elle a une petite poitrine aux mamelons d'un rose très pâle, presque transparent. Il y a un grain de beauté sur son sein gauche. Complètement nue, elle se tient devant Ian et regarde son visage.

Puis elle s'approche et s'allonge à côté de lui, à sa gauche, et il sent la peau douce de ses jambes contre les siennes, la chaleur de sa poitrine sur sa peau, ses poils pubiens rêches contre sa hanche et son souffle sur sa joue. Elle appuie la tête contre son épaule et pose la main sur son cœur.

"Il bat très fort, dit-elle.
— Je sais."

Ian regarde le ventilateur tourner au plafond. Il essaie de suivre le mouvement d'une seule pale mais, au bout de quatre ou cinq rotations, il la perd, elle se confond avec les autres. Il imagine la vie qu'il mènera une fois qu'il aura récupéré Maggie. Il s'imagine vivant dans un appartement avec elle et Monica.

Monica est douce, tendre, sincère. Ça pourrait marcher entre eux. Il aime l'idée d'avoir de nouveau une femme dans sa vie. Une partenaire. Il pense à Debbie, veuve désormais, mais il sait qu'il n'y aura plus jamais rien entre eux. Parfois des gens ont vécu trop de choses ensemble, trop de choses pas bonnes, et on ne peut pas arracher des pages dans le livre de la vie. Ce qu'on y a écrit demeure pour toujours. Mais peut-être qu'il pourrait démarrer quelque chose de neuf avec sa fille et une nouvelle femme. Un chapitre quatre. Il aime sentir le corps de Monica contre le sien. S'imaginer tout ça lui fait du bien, même s'il sait que ce n'est rien d'autre qu'une rêverie infantile. Mais cette rêverie lui procure du plaisir, il refuse de la laisser s'évanouir.

"Peut-être que tu pourrais t'arrêter ici quand tu reviendras de Californie, suggère Monica.

— Bonne idée.

— Tu trouves ?

— Oui.

— Moi aussi ça me plaît. *Tu* me plais.

— On pourrait passer une soirée ensemble, dit-il. Une vraie soirée.

— Ah ouais ?

— Je pourrais t'inviter à dîner, on pourrait se poser des questions du genre : quelle est ta couleur préférée ?

— Et si on commençait ce soir ?

— D'accord.

— Alors toi d'abord.

— Le vert.

— Moi aussi, dit-elle. Ton plat préféré ?

— La viande.

— C'est pas un plat, la viande.

— C'est une catégorie de plats.

— Bon, moi c'est le sucre.

— OK : le filet mignon.
— C'est mieux.
— Et toi, alors ?
— Ça va te faire rire.
— Mais non, dit-il.
— Tu promets que tu te moques pas ?
— Croix de bois, croix de fer.
— Ces bonbons gluants et acidulés en forme de ver de terre – tu vois lesquels je veux dire ?
— C'est vrai ?"
Elle hoche la tête. Il sent le mouvement contre lui, bien qu'il ne voie que le plafond.
"C'est dégueulasse !
— T'as promis que tu te moquerais pas.
— Je me moque pas, j'ai juste envie de vomir.
— Arrête, dit-elle. J'ai l'impression de passer pour une conne.
— Pardon. Quand on ira au restau, tu pourras commander des bonbons en forme de ver de terre si tu veux.
— Parfait. Bon, c'est quoi la pire chose que t'aies faite ?"
Ian déglutit.
"J'aime plus trop ce jeu.
— C'est si terrible que ça ? demande-t-elle. T'as volé quelque chose ?
— Sautons cette question et passons à…"
Il s'interrompt en entendant le bruit d'une voiture dehors. Il tend l'oreille. La voiture s'arrête juste à l'extérieur du mobile home.
Il se redresse sur le lit.
"Tu peux aller voir qui c'est ? demande-t-il.
— T'as des ennuis ?
— Tu peux aller voir ? S'il te plaît."

Monica se lève et, nue, s'approche de la fenêtre. Elle écarte le rideau et regarde dehors.

Il n'aurait pas dû se relâcher comme ça. C'est une erreur de…

“Alors, qui c'est ?

— On dirait une voiture de flic.”

Il se lève et se penche pour ramasser le cartable, mais soudain tout vire au gris, comme si on lui avait jeté une couverture sur la tête, une couverture très lourde, et il s'écroule par terre sous son poids. Et alors là tout s'éteint.

Maggie ouvre les yeux. Elle ne sait pas où elle se trouve. Elle est appuyée contre quelque chose de doux et de chaud. Contre quelqu'un. Elle a un mal de tête lancinant, et un mauvais goût dans la bouche. Elle se redresse et regarde autour d'elle : la cabine d'un camion. Beatrice à sa droite, Henry à sa gauche. Ils mangent tous les deux des hamburgers emballés dans du papier jaune. Maggie regarde à travers le pare-brise. Ils sont sur un parking derrière un McDonald's. Au-dessus du bâtiment, un ciel rose de début de soirée, encombré par des nuages gris qui ont presque l'air solides. L'obscurité qui approche rapetisse le ciel, enferme Maggie. Elle se sent prisonnière dans cette cabine, coincée entre les corps massifs de Beatrice et d'Henry.

Elle se frotte les yeux.

"Ah, tu es réveillée", dit Beatrice.

Maggie hoche la tête, sans toutefois être sûre de ne pas encore se trouver dans un rêve cotonneux et grisâtre. Un cauchemar.

"Comment va ta tête ?

— J'ai mal.

— Tu as eu un accident."

Elle se souvient du sol, de la terre qui semblait fondre sur elle.

“Je sais.
— On t’a pris à manger.”

Beatrice se penche et, d’un sac en papier blanc à ses pieds, elle sort un hamburger qu’elle tend à Maggie. Maggie tient le burger entre ses mains et le regarde. Elle n’en a pas vraiment envie, pourtant tout d’un coup son estomac se met à grogner, et elle se rend compte qu’elle est affamée. Son dernier repas remonte à très longtemps. Elle déballe le hamburger et mord. À peine a-t-elle le temps de sentir le goût du ketchup et des condiments qu’elle en est déjà à sa deuxième grosse bouchée.

“Qu’est-ce qu’on dit ?”

Elle se tourne vers Henry, avale.

“Merci.
— C’est pas moi.”

Elle se tourne vers Beatrice.

“Merci.
— De rien”, dit Beatrice en souriant.

Maggie dévore le hamburger.

Un quart d’heure plus tard, ils sont de nouveau sur la route. Assise entre Beatrice et Henry, Maggie regarde à travers le pare-brise. La pénombre se répand rapidement sur tout le paysage maintenant que le soleil est passé sous l’horizon. Elle craint de ne jamais pouvoir s’échapper, et se demande où est son père.

Elle ferme les yeux et compte jusqu’à dix.

Elle ouvre les yeux. Elle a l’impression d’être une figurine dans une boule à neige. Le ciel est si bas. Peut-être qu’il a toujours été aussi proche et qu’elle n’y avait jamais vraiment fait attention. Elle a passé tellement de temps dans le Monde du Cauchemar. C'est normal que l'extérieur lui paraisse aussi étrange.

Elle se demande ce que fait Borden.

Il n'existe pas.

Tout ira bien, se dit-elle. *Tout ira bien.*

Le ciel s'obscurcit mais, à l'intérieur, Maggie a sa propre lumière. Même le Monde du Cauchemar n'a pas pu l'éteindre. Alors elle n'a pas à craindre le coucher du soleil.

À l'heure du crépuscule, Diego gare sa voiture à côté de la Mustang de Ian. Il coupe le contact et sort. Plissant les yeux, il regarde l'autoroute, puis verse du tabac sur une feuille qu'il roule, lèche et coince entre ses lèvres. Il craque une allumette et allume sa cigarette. Il n'a pas assez serré la feuille, elle se consume trop vite. Le goût est agréable mais, après quatre bouffées, il n'en reste plus rien entre ses doigts tachés de nicotine. Il jette le mégot, écrase les derniers rougeoiements avec son talon, puis marche vers un bâtiment arborant un panneau MOTEL-RESTAURANT – des lettres blanches peintes à la main.

L'endroit est pour le moins tranquille, si l'on excepte la télé contre le mur. Elle diffuse une série de pubs criardes, insupportables, tandis qu'une femme et un cuistot avec une cigarette qui lui pend aux lèvres jouent aux cartes.

Quand la cloche au-dessus de la porte émet son petit tintement étouffé, la femme se retourne :

"'soir, m'sieu l'agent.

— 'soir, messieurs dames.

— C'est pour manger, ou vous êtes là pour le boulot ? demande le cuisinier.

— Ça me dirait bien de manger quelque chose.

— Qu'est-ce qui vous faut ?

— Qu'est-ce que vous avez de bon ?
— Le cheeseburger.
— Ça m'ira très bien.
— Avec un œuf à cheval ?
— Je m'en passerai.
— Emmental, américain ou cheddar ?
— Cheddar.
— Parfait, c'est parti. Des pommes frites ?
— Plutôt des rondelles d'oignon.
— Il vous faudra une chambre pour ce soir ? demande la brune.
— J'avais pas réfléchi à ça. Mais oui, autant que je dorme ici. En fait, je me suis arrêté parce que je cherche…"

La porte s'ouvre brusquement derrière Diego, la cloche tinte et il pivote sur ses talons pour voir qui entre : une femme pas plus épaisse qu'une baguette de pain, vêtue d'une jupe en jean et d'un tee-shirt, les pieds nus et les cheveux en bataille. Elle balaie la pièce du regard jusqu'à ce que ses yeux tombent sur lui.

"Ian veut vous voir", dit-elle.

Il y a une trace de sang sur son tee-shirt et une autre sur sa joue.

"Dans quel état il est ?
— Ça va, je crois. Il a perdu brièvement connaissance, mais maintenant… maintenant je crois que ça va."

Diego hoche la tête.

"Il est où ?"

Il la suit dehors et ils font le tour du bâtiment. Derrière, un terrain où sont disséminés plusieurs mobile homes, et Ian qui sort de l'un d'entre eux avec pour tout vêtement un caleçon et une paire de chaussures noires. Il est pâle, sa peau est presque aussi translucide que celle d'un oignon cuit. Son ventre est très blanc et il y a un tatouage sur son épaule droite, qui ressemble à un barbouillage gris-vert de là où se trouve Diego. De grosses gouttes de sueur collent au visage de Ian. Un tube relie sa poitrine à un cartable noir qu'il tient à la main droite – ça lui donne l'air d'un VRP d'un genre très particulier.

“Diego, dit Ian.

— T'es sûr que ça va ? lui demande la femme.

— Oui. J'avais perdu du sang et j'aurais pas dû me pencher, c'est tout.

— Pendant une seconde, j'ai cru que t'étais mort.

— Il en faut plus que ça pour me tuer.

— Ouais, mais sans doute pas beaucoup plus, dit Diego. Tu dois te reposer.

— Impossible.

— Pourquoi ça ?

— Quelqu'un pourrait passer. Il faut que je reste vigilant. Dormir, c'est pas être vigilant.”

Ian se tourne vers la femme.

“Ça te dérange pas si je parle à mon ami seul à seul une minute ?

— Pas de problème. Je serai au restau. T'es sûr que tu vas tenir le coup ?”

Ian hoche la tête.

“Merci, dit-il avant de se tourner à nouveau vers Diego. Viens, rentrons à l'intérieur. J'ai besoin de m'asseoir.”

Ian s'assoit au bord du lit ; Diego prend une chaise en bois contre le mur, la rapproche et s'assoit face à

Ian. Diego n'a pas vu son ami depuis qu'Henry Dean lui a tiré dessus, et il est choqué de voir à quel point Ian a l'air épuisé et malade. Assez étonnamment, il fait presque plus peur à voir maintenant que lorsqu'il se vidait de son sang sur les graviers. Il ne devrait pas être debout, en tout cas il ne devrait sûrement pas être en train de traverser la moitié du pays en voiture.

"Tu as tué Donald Dean, dit Diego.

— Ce type était une saloperie.

— Et un être humain. T'avais pas à t'octroyer le droit de…

— Je sais. Je sais tout ça, Diego. Mais je l'ai fait quand même. Le bien et le mal, j'en ai rien à foutre. Je veux récupérer ma fille. Quand elle sera en sûreté, je serai prêt à répondre de mes actes… passés et à venir. Mais tant que c'est pas le cas, je laisserai rien m'arrêter. Ni Donald Dean, ni une balle – et sûrement pas toi.

— Tu veux affronter Henry Dean dans l'état où t'es ? Il va te tuer.

— J'ai pas le choix. À moins que la police lui mette la main dessus avant, c'est fort possible qu'il passe sur cette route d'ici une heure ou deux. Et pas question que je dorme à ce moment-là.

— Il fera nuit. Tu le verras même pas.

— Peut-être que je le louperai. Mais de toute façon je sais où il compte se rendre. En revanche, si je suis pas prêt et qu'il décide de se débarrasser de moi ici, une bonne fois pour toutes…"

Ian tousse dans sa main. Un bruit humide qui semble monter des profondeurs de son corps. Son visage devient écarlate. Quand il a fini de tousser, il regarde le creux de sa main.

"Fais-moi voir", dit Diego.

Ian lui montre sa paume.

Au centre, une substance rouge et épaisse. On dirait un stigmate du Christ. Ian s'essuie la main sur la couverture du lit.

"Il faut que tu ailles à l'hôpital, dit Diego.

— Pas question.

— Ian…

— Putain, Diego, j't'ai pas demandé de me suivre ici.

— Repose-toi, au moins. On a qu'à garer nos voitures à l'arrière pour qu'il nous voie pas depuis l'autoroute. Tu pourras dormir un peu, et demain on le rattrapera, et on réglera ça.

— Et s'il s'arrête quand même ici ?

— Je vais monter la garde.

— Si j'accepte, je veux pas que tu viennes avec moi demain.

— On en parlera le moment venu. La priorité, c'est que tu te reposes."

Ian ferme les yeux. Sa bouche s'entrouvre. Il a l'air prêt à s'endormir d'un instant à l'autre, même assis. S'endormir, ou s'évanouir – Diego ne sait pas trop, et sans doute Ian non plus.

Ian rouvre les yeux et l'observe un long moment.

"Tu es un vrai ami, finit-il par dire. Tu aurais pu…

— Je laisse pas tomber mes amis. Allez, repose-toi. Je vais déplacer les bagnoles.

"Et… garde l'œil ouvert. Henry… On sait jamais…

— T'inquiète pas.

— OK."

Ian regarde Diego sortir et refermer la porte derrière lui. Demain, il va falloir qu'il le convainque de rentrer à Bulls Mouth. Ian ne veut absolument pas qu'il soit mêlé à ce qui va se passer, à ce qu'il va devoir faire pour récupérer Maggie. Mais c'est bien qu'il soit là ce soir. Ian ne se souvient pas d'avoir jamais été aussi fatigué. Et la fatigue l'empêche de réfléchir correctement. Ses yeux le piquent et ses paupières sont très lourdes. S'il les ferme, ça ne signifiera pas qu'il n'aime pas Maggie. Ça ne voudra pas dire qu'il ne va pas la sauver. Ça ne voudra rien dire. Il la retrouvera demain. Ce soir, il peut dormir. Dieu bénisse le sommeil. Se punir soi-même ne l'aidera pas à sauver Maggie, ne sera pas une preuve d'amour. Diego a raison. Il faut qu'il dorme. Henry le tuera s'il ne se repose pas. Allongé sur le lit, il a simultanément chaud et froid, et un peu mal au cœur, aussi. Il mérite de dormir un peu. Qui ajoute un œuf à cheval à un cheeseburger ? Qu'est-ce qu'il est fatigué… Il avait un ami à l'école qui mettait des chips sur ses sandwichs au saucisson. Dormir un peu maintenant, puis beaucoup une fois qu'il aura récupéré Maggie. Mais peut-être qu'un œuf au plat c'est bon sur un cheeseburger… Quelqu'un devrait fermer les rideaux. La prochaine fois qu'on lui demandera s'il souhaite un œuf à cheval sur son cheeseburger, il dira oui. La vie est courte. Il ne faut dire non que quand on n'a vraiment pas le choix.

CINQ

Ian est réveillé par le bruit d'un coup frappé à la porte. Il ouvre les yeux, voit un ventilateur qui tourne lentement, un plafond blanc décoré de quelques mouches qui se baladent. Sa poitrine lui fait mal, toujours cette douleur lancinante. Il s'assoit, prend le flacon d'analgésiques et en verse plusieurs dans sa bouche, puis il perce la tablette en alu qui contient les comprimés de caféine et en avale quelques-uns. On frappe un autre coup à la porte. Il se lève, se penche prudemment pour soulever le cartable, puis s'approche de la porte et l'ouvre.

Diego se tient sur le seuil, l'air fatigué. Mais il vient de se doucher, il porte des vêtements propres et il est rasé de près, bien qu'il ait oublié quelques poils sous son oreille gauche et sous son menton.

"Quelle heure est-il ?"

Diego regarde sa montre.

"Neuf heures et demie.

— Quoi ? Putain de merde, pourquoi tu m'as laissé dormir aussi longtemps ?

— T'en avais besoin.

— Y a eu quelque chose, cette nuit ?"

Diego secoue la tête.

"J'ai rien vu. Peut-être qu'il est passé sur la route, en tout cas y a eu plusieurs voitures, mais personne s'est arrêté ici."

Ian hoche la tête.
“OK. Me reste plus qu’à les rattraper en Californie.
— C’est ce qu’on va faire, ouais.
— On ? Pas question.
— Habille-toi. Je t’offre le petit-déj’.”

Monica leur apporte des œufs au bacon et des bagels imbibés de beurre. Ian la remercie, boit une gorgée de jus d’orange et la regarde s’éloigner. Il regrette qu’il ne reste plus grand-chose à l’intérieur de lui. Il regrette de ne rien ressentir quand il regarde Monica. Mais c’est comme ça, et ça ne risque pas de changer. Pas pour l’instant. Même quand il imagine l’avenir, ses pensées sont dépourvues d’émotion, pas comme avant.
“Distantes, murmure-t-il.
— Quoi ?”
Diego mord dans un morceau de bacon.
Ian secoue la tête. *Rien.*
“Faut que tu rentres à Bulls Mouth, je plaisante pas, dit-il. Je veux pas que tu sois mêlé à ça. Pense à Cordelia et à Elias – t’as rien à faire ici.
— Il va te tuer.
— Peut-être.
— Alors qu’est-ce qu’il arrivera à Maggie ?”
Ian baisse les yeux vers son assiette, remue les œufs du bout de sa fourchette, mais ne mange pas. Il finit par reposer sa fourchette sale.
“C’est pas ton problème, dit-il.
— Tu sais bien que si.
— Y a rien que je puisse dire pour te convaincre, alors ?
— Me convaincre de quoi ?

— De rentrer à Bulls Mouth ?
— Non", dit Diego.
Ian hoche la tête. Un long moment passe avant qu'il ne dise :
"OK."
Il saisit sa fourchette et se met à manger. Les œufs n'ont aucun goût et leur texture paraît synthétique, mais il se force à mâcher, à avaler, et même à en reprendre une bouchée. Une longue journée les attend.
Une longue journée au cours de laquelle quelqu'un va certainement mourir.

Ian jette son sac de voyage sur la banquette arrière de sa Mustang.
"Et si je montais avec toi ? dit Diego, son propre sac à la main. J'étais debout toute la nuit. Comme ça je pourrai dormir un peu sur la route.
— Et ta bagnole ?
— Je la récupérerai au retour.
— D'accord. Monte. Je reviens dans une minute."

"Je pars", dit Ian sur le pas de la porte.
Accoudée au comptoir, Monica est en train de faire des mots croisés. Elle lève les yeux et pose son crayon, qui roule jusqu'au bord du comptoir et tombe par terre. Mais elle ne s'en soucie pas.
"Tu vas vraiment t'arrêter ici au retour ?
— On laisse la voiture de Diego. Il faudra bien qu'on la récupère.
— Ah oui ?
— Oui."
Elle sourit.

“Cool. Alors peut-être qu’on pourra en profiter pour passer une vraie soirée ensemble ?”

Ian reste silencieux un long moment. Puis il sourit :

“Pourquoi pas, oui.”

À dix heures et quart, Ian et Diego sont sur la route. Vitre baissée, Diego fume une cigarette en regardant le désert, puis il écrase le mégot dans le cendrier, incline son siège en arrière et s’endort.

Ian conduit en silence.

Aujourd’hui, il va retrouver sa fille. Ça fait bizarre de se dire ça. Ça fait bizarre et ça fait peur, sans qu’il puisse s’expliquer pourquoi. Il vaut mieux ne pas trop chercher à analyser. L’essentiel, c’est de récupérer Maggie. Ils seront ensemble, c’est ce qui compte – qu’il puisse la serrer très fort dans ses bras.

Sa vie n’a été qu’une longue suite d’échecs, mais il aura au moins droit à ça.

Quand ils passent devant le panneau annonçant KAISER PROCHAINE SORTIE, Henry met son clignotant et se range sur la file de droite. Maggie regarde le désert. Elle a l'impression d'être à moitié dans un rêve. Ils ont roulé toute la nuit. *Presque* toute la nuit. À un moment, Henry s'est endormi et le camion a dévié sur le bas-côté, mais les cahots l'ont brusquement réveillé, il a donné un coup de volant et ils sont revenus sur l'asphalte. Peu après, ils ont quitté l'autoroute et ils ont dormi. Mais Henry n'a pas dû se reposer longtemps car, lorsque Maggie s'est réveillée, il faisait encore nuit et Henry conduisait à nouveau.

Et maintenant ils quittent l'autoroute et s'engagent sur une voie plus petite, passant devant un endroit avec une enseigne DÉSERT CAFÉ, où Maggie imagine qu'ils servent des sandwiches au sable. Quand vous prenez votre sandwich, des grains glissent entre les tranches de pain et tombent sur vos genoux.

Il est bon, ce casse-croûte ?

Euh, un petit peu sec.

Après le café, c'est à nouveau le désert. La route est couverte de nids-de-poule. Des touffes d'herbe morte dépassent des fissures de l'asphalte. L'horizon est vaporeux.

Ils passent devant un panneau criblé de balles, rouillé et à peine lisible : KAISER 13 KM, avec une flèche blanche qui pointe tout droit.

“On y est presque, Bee, dit Henry.

— J’ai vraiment hâte de descendre de ce camion”, dit Beatrice.

Maggie aussi. Ça fait tellement longtemps qu’ils roulent. Elle a hâte de sortir, mais elle a peur de ce qui va se passer une fois qu’ils seront arrivés à leur destination, quelle qu’elle soit. Comment se fait-il qu’elle n’ait pas vu son papa depuis hier après-midi ? Peut-être qu’il l’a oubliée. Non, elle sait que ce n’est pas possible. Son papa pense toujours à elle. Peut-être que Borden lui a tendu un piège, et l’a tué pour aider Henry. Borden n’existe pas. Elle le sait bien. Et même s’il existait, il ne pourrait pas quitter le Monde du Cauchemar. Comme un poisson qui ne peut pas quitter les eaux profondes et obscures où il est né. Et de toute façon il *n’existe pas*. Son papa pense toujours à elle et Borden n’a pas pu lui faire de mal. Papa va venir la chercher. Elle regarde par-dessus son épaule : la route est déserte, déserte et grise, et derrière tout s’éloigne, se rétrécit, s’efface.

Pendant des kilomètres et des kilomètres, il n’y a rien. Du sable, quelques buissons et des arbres à l’allure bizarre. Parfois, la route disparaît sous le sable que le vent charrie, mais le bitume finit toujours par ressurgir. Au bout d’un moment, des collines grises s’élèvent ici ou là comme des tas de cendres, le sol a l’air plus ferme, et ils aperçoivent un énorme trou dans la terre, qui descend par paliers successifs – on dirait des marches faites pour un géant – et qui est entouré de vieilles machines hors d'usage. Au fond du trou, il y a une eau très bleue, la seule eau visible aux environs.

"Une mine de fer, dit Henry. Épuisée depuis les années soixante-dix."

Peu après, ils arrivent à l'entrée d'une petite ville bordée de collines. Une ville triste, isolée, apparemment abandonnée. Les bâtiments ne sont pas occupés. Pas âme qui vive dans les rues. Et le silence règne. Rien ne vient troubler le calme, pas même un aboiement.

"Nom de Dieu…", lâche Henry.

Ils roulent lentement le long de la rue principale, passent devant une station-service aux fenêtres brisées. Près de l'entrée, un distributeur de Coca-Cola gît sur le côté : on dirait que quelqu'un s'en est pris à lui avec une batte de base-ball, un pied-de-biche ou une massue. Un peu plus loin, en face, il y a un supermarché qui n'a pas l'air d'aller mieux. En plein milieu de la journée, le parking est vide, pas de voitures, seulement quelques arbustes qui poussent à travers les fentes dans l'asphalte. Les fenêtres du magasin sont brisées, elles aussi, et Maggie aperçoit des boîtes de conserve répandues à même le sol. Sans doute des choses que les gens ne voulaient pas : de la betterave ou des haricots de Lima.

Ils tournent à l'angle de la rue et passent devant une école abandonnée : des bâtiments dont la peinture bleue s'écaille sous le soleil, un terrain de baseball dont l'herbe n'est plus verte depuis longtemps et, au loin, des gradins vides. Encore un virage et les voilà dans un quartier résidentiel, une rue bordée de poteaux téléphoniques que le soleil a teints en gris. Deux maisons sur trois ont l'air d'avoir disparu. Il en reste des traces : les fondations au ras du sol permettent de situer les différentes pièces, des pièces qui ne sont plus là. Des poteaux métalliques rouillés se dressent encore à l'arrière des jardins, mais les cordes à linge qu'on y accrochait autrefois sont désagrégées depuis longtemps, à quelques exceptions près : un tee-shirt pend encore à un fil, tel un drapeau blanc.

“T'es sûr que c'est bien ici ? demande Beatrice.

— C'est ici, ouais, dit Henry.

— Où est-ce qu'elles sont passées, toutes ces maisons ?

— Elles ont été vendues. On a les découpées en deux, on les a chargées dans des camions et on est allé les planter là où le sol est plus riche.

— C'est ici qu'il vit, ton frère ?

— T'es déjà venue, Bee, y a environ vingt ans.

— C'était ici ?

— Ça a pas mal changé, non ?”

Il y a vingt ans, Maggie n'était même pas née, mais elle ne pense pas que cet endroit ait *changé*. Cet endroit est *mort*. Lorsqu'elle était enfermée au sous-sol de la maison d'Henry et de Beatrice, dans le Monde du Cauchemar, elle trouvait parfois des coquilles de scarabées dont les entrailles avaient été entièrement dévorées par des fourmis. Voilà à quoi lui fait penser cette ville.

Henry gare la voiture devant une petite maison de plain-pied, qui autrefois était sans doute peinte en blanc. Aujourd'hui, on dirait qu'elle est sur le point de s'effondrer.

Henry se tourne vers Maggie et Beatrice.

“Attendez ici.”

Il ouvre la portière et descend du camion. Il marche jusqu'à l'entrée de la maison, frappe à la porte.

Henry frappe sur la peinture verte écaillée de la porte et attend. Quand, au bout d'un moment, il ne s'est rien passé, il frappe à nouveau. Ça fait des années que Ron n'a plus de téléphone, alors il n'a pas pu l'appeler pour le prévenir de leur venue. Ron est probablement parti travailler. La dernière fois que les deux hommes se sont écrit – il y a peut-être quatre ou cinq ans –, Ron avait trouvé un boulot de gardien dans une prison privée à une trentaine de kilomètres, le centre pénitencier Joshua Tree, où l'on enfermait principalement des toxicomanes et des petits trafiquants.

Henry fait le tour de la maison, cherchant une fenêtre ouverte, regardant si celles qui sont fermées sont bien verrouillées, mais au final il se retrouve devant la porte sans moyen d'entrer. Il pourrait casser une vitre, sauf que Ron est le genre de gars qui, s'il suspecte un cambriolage, commencera par tirer et posera des questions ensuite. Ce serait drôle, c'est sûr, d'avoir parcouru près de deux mille cinq cents kilomètres pour, au bout du compte, se faire tirer dessus par le type à qui on est venu demander de l'aide, mais Henry préfère vivre que rire.

Il retourne au camion, se penche vers la vitre baissée.

"Il est pas là. Va falloir attendre. Vous pouvez sortir, si vous voulez.

— J'ai envie de faire pipi, dit Bee.
— T'as qu'à prendre des serviettes de chez McDo et aller dans le jardin, derrière la baraque."
Il regarde cette rue sèche, grise et triste. Il faut vite que Ron rentre. Ian Hunt pourrait débarquer d'un moment à l'autre, et Henry n'a pas d'arme. Il a perdu le Lupara et la carabine de 22 à Sierra Blanca, et depuis il est complètement sans défense. Hunt pourrait se ramener dans sa Mustang, le mettre en joue, et alors qu'est-ce qu'Henry ferait, hein ? Ce n'est pas une situation acceptable.
Bon sang, c'est ridicule de rester comme ça…
"Allez Ron, grouille-toi."
Il regarde sa montre. Il n'est que midi. Si Ron bosse de huit heures à seize heures, comme jadis, on ne le verra pas arriver avant seize heures trente – et encore, s'il ne s'arrête pas picoler quelque part. Ça laisse donc quatre heures à attendre. Quatre heures durant lesquelles Henry pourrait se faire dégommer ! C'est vrai que cette ville fantôme est l'endroit idéal pour mettre un point final à cette histoire – personne aux alentours pour appeler la police, et plein d'endroits où se débarrasser à jamais d'un cadavre –, mais ses qualités pourraient tout aussi bien jouer en faveur de Hunt, surtout s'il se ramène au cours des quatre heures qui viennent.
Tout aurait été terminé hier soir, s'il n'y avait pas eu ce foutu shérif adjoint sur l'autoroute. Mais sans ses armes, Henry savait bien qu'il n'y avait qu'une chose à faire, aller chez Ron le plus vite possible en espérant qu'il aurait le temps de se préparer à l'arrivée de Hunt. Qu'est-ce que ce foutu adjoint avait besoin de les emmerder pour un excès de vitesse ? Bon, sur le coup, Henry était un peu embêté de devoir le tuer, après tout il faisait juste son boulot. Mais, en y

repensant, en repensant à la situation dans laquelle ça les a mis, Henry est content d'avoir buté ce connard.

Il regarde à nouveau sa montre. Il faut attendre, c'est tout.

Ian et Diego franchissent la frontière de l'Arizona vers quatorze heures. Un panneau leur souhaite la bienvenue dans *L'État du Grand Canyon*, bien que le désert qui les entoure soit le même qu'il y a dix minutes, quand ils se trouvaient encore au Nouveau-Mexique. Ian a toujours aimé le désert. Sa sévérité, sa nudité. Ian est sûr d'une chose : si Dieu existe, Il vit dans le désert. Ici, les masques de la civilisation n'ont pas leur place. Pas de poignées de main et de sourires hypocrites, pas de coups de poignard dans le dos. Le désert est honnête, il vous dévorera et ne laissera qu'une coquille vide – mais au moins il annonce la couleur. Le désert ne triche pas, ne cherche pas d'excuses.

Ce qui lui confère une certaine valeur.

Ian porte la main à ses lèvres et tousse, et sa toux se transforme en quinte incontrôlable.

"Prends le volant", parvient-il à dire à Diego d'une voix étranglée, entre deux expectorations.

Diego tend les bras et agrippe le volant. La toux de Ian est humide, douloureuse, et elle part des profondeurs de son corps. Quand c'est enfin terminé, des larmes lui coulent le long des joues et il a un goût métallique très fort dans la bouche.

Il s'essuie les mains sur ses Levi's, se frotte les yeux et reprend le volant.

“Merci”, dit-il.

Diego l’observe en silence un moment.

“Tu veux qu’on s’arrête ?

— Non.

— Ça va ?

— Non.”

Il lance un regard vers Diego, s’attendant à ce que ce dernier lui dise quelque chose, du genre va à l’hôpital te faire soigner, du genre on ferait mieux de prévenir la police fédérale de ce qui se passe, mais non, Diego se contente de hocher la tête, signifiant à Ian qu’il accepte sa décision et qu’il l’aidera. Diego ne laisse pas tomber ses amis.

Diego roule une cigarette en regardant par la fenêtre.

“Tu crois qu’on y sera quand ?

— Vers la tombée du jour.

— OK.”

Diego allume sa cigarette et baisse la vitre.

Le vent qui s’engouffre dans la voiture fait un boucan d’enfer, mais Ian aime sentir sa chaleur sur son visage.

Il garde les yeux fixés sur la bande d’asphalte gris devant lui.

Dans moins de cinq heures, ils devraient être arrivés à destination. Dans moins de cinq heures, il retrouve sa fille.

Maggie entend la voiture avant de l'apercevoir.

Henry doit l'entendre au même moment, car il se lève du trottoir où il était assis à côté d'elle et de Beatrice et il se penche en avant, comme si ça allait lui permettre de la voir plus vite. Maggie espère de tout son cœur que c'est son père, que ça y est, il arrive pour la sauver, la prendre dans ses bras et l'emmener très, très loin d'ici.

Une Toyota blanche tourne à l'angle de la rue : le visage derrière le pare-brise n'est pas celui de son papa. Aucun risque qu'on les confonde. Cette tête-là est beaucoup plus vieille, elle est marquée par le temps qui y a laissé toutes sortes de creux profonds. Les sourcils sont épais, gris, broussailleux. Les narines enflent. La langue, un bout de viande décoloré, sort pour lécher les lèvres sèches avant de se rétracter dans le trou de la bouche – on dirait un de ces animaux fouisseurs aveugles, alertés par la présence d'un prédateur.

La voiture ralentit et, bien que ce ne soit qu'une machine, semble avancer avec la plus grande méfiance.

Henry fait signe de la main.

L'homme derrière le volant de la Toyota fait un geste pour saluer à son tour, mais son visage reste inexpressif, stupide. Puis sa bouche s'ouvre pour former un *ah*, il sourit et s'écrie, assez fort pour qu'on l'entende malgré le bruit du moteur :

"Sacré nom d'une pute !"

Il tourne dans l'allée, gare la Toyota, descend en tendant les bras. Il porte un uniforme beige, une ceinture où sont accrochées une matraque, une paire de menottes et une bombe lacrymogène, et des chaussures noires. Ses cheveux gris clairsemés sont coupés à ras.

"Henry, dit-il.

— Ron."

Ils se serrent dans les bras l'un de l'autre.

"Comment tu vas, Bee ?

— Ça va.

— Bien, ça fait plaisir à entendre." Il se tourne vers Maggie. "Toi, tu dois être Sarah. Et dire que c'est seulement maintenant que je fais ta connaissance. Je suis ton oncle Ron."

Henry saisit le bras de Ron.

"Écoute, faut qu'on parle – tout de suite.

— D'accord, dit Ron. Allons dans la maison."

Maggie est assise silencieusement par terre tandis qu'Henry et Ron sont installés sur le canapé. Henry parle et, bien qu'au moins la moitié de ce qu'il dit soit des mensonges, Maggie ne l'interrompt pas. Elle regarde et elle écoute. Au fur et à mesure qu'Henry raconte son histoire, le visage et la posture de Ron changent. Ses sourcils tombent, ses yeux marron s'enfoncent dans son crâne et s'assombrissent. Les coins de sa bouche se plissent vers le bas. Ses grosses narines enflent. Son ossature disjointe devient aussi compacte que celle d'un robot, ses épaules voûtées deviennent carrées, son dos arrondi devient droit comme un I.

Ses mains s'ouvrent et se referment alternativement, un geste que Maggie a souvent vu chez Henry. Ron passe sa langue sur ses lèvres sèches. Quand Henry a terminé, il hoche la tête et demande :

"Alors combien de temps y nous reste, tu crois ?

— Je sais pas. Il pourrait arriver d'un instant à l'autre.

— Il a l'adresse de la maison ?

— Sûrement.

— OK, dit Ron. Dans ce cas, je sais exactement ce qu'on va faire."

Henry, Beatrice et Maggie s'entassent dans la Toyota de Ron, comme ce dernier le leur a demandé avant de disparaître au fond d'un couloir, et le voilà maintenant qui sort sur le seuil de la porte d'entrée verte de sa maison, avec deux fusils sous un bras, des boîtes de munitions dans une main et un pistolet coincé sous la ceinture.

Il tend les fusils à Henry, qui les glisse entre ses jambes, crosses par terre, canons pointés vers le toit de la voiture.

Puis Ron monte à son tour dans la voiture et referme la portière.

Maggie ne comprend pas ce qui se passe, pas exactement, mais elle se doute bien que ce n'est pas bon signe. Ces fusils, ils vont s'en servir contre papa. Elle a envie de tenter quelque chose, mais elle ne sait pas quoi. Ça ne servirait à rien de s'enfuir maintenant. Cette ville est déserte, et à des kilomètres du reste du monde. Si elle pouvait seulement rentrer chez elle. Si elle pouvait seulement retrouver son papa et sa maman et…

Arrête, Maggie. Arrête ça.

Un deux trois quatre cinq six sept huit.

Elle expire lentement. Elle doit se comporter comme une grande fille. Elle doit rester calme, rester attentive, et si l'occasion se présente d'intervenir et peut-être d'aider papa, elle la saisira. Mais il ne faut surtout pas paniquer. Ça ne servirait à rien. Elle ferme les yeux, laisse l'obscurité l'englober un moment. Quand elle les rouvre, elle se sent un peu mieux, mais l'angoisse est toujours présente.

"On va où ? demande Henry.

— Au lycée.

— Au lycée ?"

Ron hoche la tête.

"Fais-moi confiance", dit-il avant de démarrer le moteur.

Ils se garent sur un parking désert. C'est bizarre d'être la seule voiture dans un vaste champ de bitume. Ils descendent. Des manuels scolaires traînent ici ou là sur l'asphalte. Comme les doigts d'un fantôme, le souffle chaud du vent fait tourner leurs pages de temps à autre. Henry donne un des fusils à Ron et garde l'autre.

"Par ici", dit Ron.

Ils se dirigent vers la porte d'entrée – bleu clair, écaillée – d'un bâtiment à deux étages. Ce n'est pas seulement la peinture de la porte qui a souffert : les années et les intempéries ont abîmé le mur au point de laisser des trous recouverts seulement par du grillage. Ils gravissent cinq marches en béton et se retrouvent dans un grand couloir vide bordé de casiers. Certains sont ouverts, d'autres fermés, parfois même encore cadenassés. À l'intérieur de ceux qui sont ouverts, on voit des stylos, des crayons, des livres, des photos collées à l'intérieur des portes. Par terre, sur le linoléum, d'autres manuels et, à l'occasion, un squelette d'animal.

Un serpent à sonnette leur barre le chemin. Il n'a pas l'air en grande forme. Ron le pousse du bout de son fusil. Ça va, il est mort. Ils l'enjambent et continuent d'avancer.

"Autant que Beatrice et Sarah nous attendent dans une des salles de cours, dit Ron.

— J'ai faim, dit Beatrice. Et toi, Sarah, t'as faim ?"

Maggie hoche la tête.

"Vous auriez pas pu le dire avant ?

— Je voulais pas interrompre.

— On était chez Ron. Y avait de quoi bouffer là-bas. Qu'est-ce que tu crois qu'on va trouver ici, bordel ?

— Je voulais juste prendre quelque chose dans le distributeur.

— De quel distributeur tu parles, putain ?"

Beatrice pointe du doigt. Au bout du couloir trône un distributeur d'une autre époque, contenant des cochonneries sans doute plus toutes fraîches : sachets de chips, barres chocolatées, etc.

"OK, dit Henry. Allons voir ça."

Ils longent le couloir et s'arrêtent devant le distributeur. Maggie remarque que plusieurs sachets ont été grignotés par des animaux – certains emballages sont déchirés et, à l'intérieur, il ne reste que des miettes ou des merdes d'insectes encore plus petites.

"Bon, dit Henry, reculez."

Il abat la crosse de son fusil contre la vitre du distributeur. Le craquement est retentissant, Maggie croirait entendre Dieu tapant dans Ses mains. Puis il donne un second coup, et la vitre vole en mille éclats qui se dispersent par terre. Henry fait tomber le verre qui tient encore, puis tend son fusil à Ron et extirpe des sachets qu'il examine un par un.

"La plupart de ces trucs ont été bouffés par des bêtes, Bee."

Il jette les produits déchirés par terre.

Au final, ils parviennent quand même à récupérer six sachets de chips, trois barres chocolatées et deux sachets d'amuse-gueules au jambon qui semblent être encore mangeables, ou du moins dont les emballages sont intacts. Beatrice prend tout ça dans ses bras, et ils se dirigent vers la salle de cours la plus proche.

"Faut que je dise un mot aux filles une seconde, annonce Henry.

— Vas-y, dit Ron. Mais magne-toi. On a intérêt à se grouiller de monter sur le toit."

Henry hoche la tête, puis il fait signe à Beatrice et Maggie de le suivre.

La salle de classe est très lumineuse. Une vingtaine de bureaux avec chaise intégrée sont entassés dans un coin, mais à part ça la pièce est vide. Une table de multiplication en lambeaux est affichée au mur. Sur le grand tableau, des problèmes de maths sont écrits à la craie : des traces blanches fantomatiques d'une époque révolue. Des manuels et des feuilles de calcul traînent par terre. À travers la rangée de fenêtres, dont certaines sont brisées, on aperçoit le terrain de base-ball et les gradins déserts. Le banc de touche est rouillé. Les bases et le monticule du lanceur sont à moitié effacés, et l'herbe est morte.

Henry saisit Maggie par le bras et la traîne vers les piles de bureaux. Il en prend un, le pose par terre et force Maggie à s'asseoir sur la chaise.

"Bouge pas."

Il réfléchit un moment, puis sort de la salle. Il revient quelques secondes plus tard avec, dans une main, une paire de menottes – les menottes de Ron – et, dans l'autre, un pistolet – le pistolet de Ron. Il coince le pistolet dans son pantalon, puis s'approche de Maggie avec les menottes. Il accroche un bracelet autour du poignet de Maggie, et l'autre autour du barreau métallique qui relie la chaise à la planche en bois du bureau.

"Et si j'ai envie de faire pipi ?

— Tu t'accroupis à côté du bureau."

Il se tourne vers Beatrice, sort le pistolet et le met dans la main de Bee.

"Pourquoi tu me donnes ça ? demande-t-elle.

— Au cas où.

— Au cas où quoi ?

— C'est un semi-automatique et la sécurité est pas enclenchée, alors fais gaffe. Il suffit de viser et d'appuyer sur la détente, Bee. T'as compris ?

— Oui, mais qu'est-ce que je vise ?

— N'importe qui que tu vois franchir cette porte – à part moi ou Ron.

— J'ai pas envie de tirer sur quelqu'un, Henry.

— Qu'est-ce qu'on fait, Bee ?

— Qu'est-ce qu'on fait ?

— On fait ce qui faut pour protéger notre famille."

Elle reste silencieuse un long moment, puis hoche la tête.

"T'es une brave fille, Bee. Surveille bien Maggie, donne-lui des chips ou une de ces sucreries, et rappelle-toi, si quelqu'un d'autre que moi ou Ron franchit cette porte..."

Bee le regarde sans rien dire.

"Bee ?

— Quoi ?

— Si quelqu'un d'autre que moi ou Ron franchit cette porte, qu'est-ce que tu fais ?
— Je vise et j'appuie sur la détente ?
— C'est ça."

Dès qu'Henry a quitté la salle, Maggie essaie de faire glisser sa main à travers le bracelet de la menotte. C'est douloureux, mais si elle serre bien les doigts, en pliant le pouce contre la paume, elle pense pouvoir parvenir à se libérer. À condition qu'elle ait suffisamment de temps.

Henry sort de la salle de cours et rejoint Ron dans le couloir. Ce dernier est adossé à une rangée de casiers.

"C'est bon ? C'est réglé ? demande Ron en se redressant.

— Ouais.

— Bien."

Il rend à Henry un des deux fusils, celui qui appartenait autrefois à leur père : une carabine 30-06 de l'armée munie d'un chargeur huit coups. Quand leur père était soûl, il s'en servait pour dégommer des bouteilles posées sur des poteaux de clôture, et il leur disait : *Ce vieux Patton, il pensait que c'était la meilleure arme de guerre de tous les temps. Et vous savez quoi ? Il avait raison, cet enculé.* Henry vérifie que la carabine est bien chargée et hoche la tête, satisfait.

"On y monte, sur ce toit ?

— On y monte", dit Ron.

Ils escaladent l'échelle qui se trouve dans le local d'entretien, ouvrent une trappe et accèdent au toit bitumé. La journée touche à sa fin, le soleil rouge est bas dans le ciel. En le voyant, Henry ne peut pas s'empêcher de penser à un œuf avec embryon qu'on casserait au-dessus d'une poêle à frire : le fœtus rouge noyé dans le jaune gluant. Henry balaie du regard la ville déserte tout autour d'eux. Il s'arrête face à la longue bande d'asphalte gris qui mène à la ville. La vue s'étend sur des kilomètres. S'il avait des yeux moins fatigués, il apercevrait l'autoroute.

"Très bien, c't endroit, dit Henry.

— Je sais, dit Ron. Y a que l'hôtel Jackrabbit qu'est plus haut – fait trois étages au lieu de deux –, mais de là-bas on voit moins bien la route d'accès." Il fait un signe de tête vers la droite. "Viens, détendons-nous un peu."

Un peu plus loin sur le toit, deux chaises de jardin trônent dans la lumière rouge de la fin de journée. Au milieu, une glacière en polystyrène. Ron s'approche, s'installe. Il est lourd – la chaise émet un grognement de protestation. Il ôte le couvercle de la glacière, sort une bière Coors. Il ouvre la cannette, aspire la mousse qui menace de s'échapper.

"Elle est chaude, dit-il. Mais ça reste quand même de la bière.

— Elle est pour qui, l'autre chaise ? demande Henry.

— Pour toi."

Henry s'assoit à côté de son frère, en face du soleil déclinant à l'ouest. Il cale la bière chaude entre ses cuisses. Tout à l'heure, sans arme, il était au bord de la panique, mais maintenant qu'il n'est plus une cible si facile, il se sent étrangement calme. Il est là, il est prêt. Beatrice est en sûreté. Sarah est menottée, inoffensive. Et bientôt Hunt sera mort.

Il tourne la tête vers Ron.

"Ça fait un bail, dit-il.

— Dommage que les circonstances soient aussi pourries.

— J'ai bien peur qu'il ait eu Donald. Je t'en ai pas parlé tout à l'heure. Mais autrement, j'vois pas comment il aurait pu savoir où j'allais.

— Il a eu Donald ? Ça veut dire quoi ? Il l'a tué ?"

Henry hoche la tête.

"Tu crois ou t'en es sûr ?

— Je crois bien."

Ron secoue vigoureusement la tête :

"Non, il a pas tué Donald.

— Je crois qu'il a…

— Donald, c'est le seul d'entre nous qu'est un type bien. Y a pas moyen, pas moyen qu'on l'ait tué.

— Je crois qu…

— Ferme-la et regarde ce putain de coucher de soleil.

— J'ai juste…

— Ferme-la, Henry. Putain, t'as pas changé, tu sais toujours pas quand il est temps de fermer ta gueule."

Henry porte sa bière à ses lèvres et boit une gorgée. Il plisse les yeux face au coucher de soleil, puis regarde sur sa gauche, vers le sud, la route grise qui relie l'autoroute à la ville. Elle est déserte.

Une fois qu'ils en sont à leur troisième bière, Ron retrouve le sourire.

"Tu m'as manqué, Henry.

— Toi aussi, mon vieux.

— On se croirait à la pêche, tu trouves pas ?"

Henry hoche la tête.

"Ouais. On est bien, ici."

Mais soudain le sourire s'évanouit du visage de Ron, et ce n'est plus Henry qui l'intéresse, mais quelque chose derrière Henry. Il fait un signe de la tête.

“Regarde.”

Henry regarde à gauche, vers le sud, et aperçoit à son tour la Mustang rouge et sale qui se dirige vers eux. À cette distance, elle n’est pas plus grosse qu’une boîte d’allumettes, qu’un jouet qu’on pourrait égarer sous son lit, mais il n’y a pas à chiquer, c’est bien Ian Hunt. Le cœur d’Henry se met à battre très vite, tambourinant dans sa poitrine au rythme de la peur. Car, même maintenant, même ici avec son grand frère, deux fusils et deux boîtes de cartouches, voir la bagnole rouge de Hunt rouler vers lui fiche la trouille à Henry. Il ne s’explique pas vraiment pourquoi, mais c’est comme ça.

Il termine sa bière tiède, jette la cannette par terre et s’allonge en position de tir, sur les coudes, la crosse contre l’épaule, une jambe repliée de façon à former un quatre derrière lui. Il suit la Mustang avec le bout du canon. Elle devient de plus en plus grosse à mesure qu’elle se rapproche. Un vieux tacot tout poussiéreux.

Sa respiration est beaucoup trop saccadée – il va falloir qu’il la calme s’il ne veut pas gâcher cette balle. Le premier coup de feu est le plus dangereux, celui auquel la cible ne s’attend pas, alors il vaut mieux ne pas le rater. C’est donc essentiel de contrôler parfaitement son corps. À cette distance, le moindre tremblement produira un écart de trente à soixante centimètres à l’arrivée. Si son cœur bat trop fort… s’il inspire au mauvais moment… il peut tout foutre en l’air.

Ron est encore tranquillement assis sur sa chaise. Henry l’entend avaler bruyamment une dernière gorgée de bière, poser la cannette, puis se baisser en prenant appui sur un seul genou. Henry ne le voit pas, mais il connaît son frère, il sait que bizarrement c’est la position préférée de Ron.

“Tu l’as dans ta ligne de mire ?

— Chut, dit Henry. Laisse-moi me concentrer.
— Bon, tu l'as, alors.
— Ouais, maintenant tais-toi."

Maintenant que la voiture est suffisamment proche, le visage de Hunt est visible. Et aussi le visage de l'homme à côté de lui. Hunt n'est pas seul. Il a emmené quelqu'un avec lui. Pourtant, Henry est sûr que Hunt était seul hier, quand il l'a vu sur l'autoroute. Il a donc récupéré quelqu'un en route. Henry plisse les yeux, essaie de discerner les traits du passager. L'officier Peña. Diego Peña.

"Et merde, marmonne Henry.
— Qu'est-ce qu'y a ?
— Laisse-moi me concentrer, putain.
— Alors arrête de jurer et concentre-toi, bordel."

Hunt a-t-il fini par rameuter la police ? Non, ce n'est pas logique. Peña est un flic de Bulls Mouth, il n'a pas d'autorité judiciaire ici. Le badge de Peña ne vaut rien dans cette contrée-ci. Ici à l'ouest, c'est qu'un chicano avec un flingue.

Henry regarde au loin, derrière la Mustang. Aucun autre véhicule en vue sur des kilomètres. Hunt et Peña sont venus seuls. Ils sont venus seuls, et Henry doit s'assurer qu'ils ne repartent pas. S'il les tue, ça règle le problème. Définitivement.

Il passe sa langue sur ses lèvres, inspire, puis retient son souffle. Le monde est un cyclone, mais il est son œil. Il fixe Ian dans sa ligne de mire.

Le métal froid de la détente mord dans la pulpe de son doigt quand il commence à appuyer, puis la détente bascule sous la pression.

Il est presque dix-neuf heures quand Ian quitte l'autoroute. Le soleil a perdu de son éclat et se rapproche de l'horizon, tandis que le ciel vire au rouge. Ils passent devant un endroit appelé Desert Café, puis devant un panneau criblé de balles annonçant KAISER 13 KM. Au-delà de ce panneau, aucun signe de vie humaine si ce n'est la route elle-même : le désert qui s'étend des deux côtés de la chaussée n'est parsemé que de buissons et d'arbres de Josué. Étiré au bord de la route, un serpent à sonnette se gorge de ce qui reste de soleil, en attendant d'aller se planquer à la nuit tombée. Huit cents mètres plus loin, ils croisent le cadavre d'un gros lièvre.

Et, pendant tout ce temps, ni Ian ni Diego ne soufflent mot.

Puis Ian brise le silence :

"T'es pas obligé de m'accompagner jusqu'au bout.

— Bien sûr que si.

— Non. T'as une femme, un fils. Je peux y aller seul."

Diego le fixe des yeux, puis tourne la tête vers le désert à droite. Il reste silencieux un long moment puis, sans détourner le regard du paysage, il dit :

"Quand j'étais au collège, vers douze ans, un jour, à la récré, je traînais avec des gamins plus vieux que moi et ils se sont approchés d'un garçon assis sur un banc près du terrain de basket, un gosse qui devait avoir mon âge et qui lisait un roman genre Stephen King, et ils se sont mis à le harceler. « Jolies, tes chaussures », lui a dit quelqu'un. C'étaient des tennis pas chères au plastique déjà tout craquelé. « Merci », il a répondu. Sa voix tremblait, on sentait qu'il était angoissé. Je me souviens bien de cette angoisse, elle était vraiment palpable. « Tu les as trouvées dans une poubelle ? » Voilà, ce genre de choses. Et moi, je suis resté là, peut-être même que j'y suis allé de ma propre insulte, histoire de faire bonne figure auprès de ces types. Mais j'avais honte de moi, Ian. C'est de l'écœurement que je ressentais. Et je l'ai jamais oublié."

Quand ils arrivent aux abords de la ville, Ian ralentit. Sur leur droite, une station-service abandonnée, avec sur le parking un distributeur de Coca-Cola renversé sur le côté : la civilisation terrassée. De l'herbe aujourd'hui morte a poussé à travers chaque fente du bitume. Puis ils passent devant un supermarché abandonné, lui aussi.

"Bon Dieu, dit Diego. C'est quoi, un avant-goût de la fin du monde ?

— Gardons l'œil ouvert. J'aime pas arriver comme..."

Clac.

Ian a entendu quelque chose, mais il ne sait pas quoi... avant de remarquer le petit trou au milieu du pare-brise. Il échange un regard avec Diego.

"T'as l'oreille qui saigne", dit Diego.

Ian touche son oreille droite. Ça pique. Il regarde ses doigts : ils sont rouges. Il se tourne : dans l'appuie-tête, il y a un trou juste assez grand pour y glisser son petit doigt.

“Baisse la tête”, dit-il à Diego avant d’en faire autant.

Clac.

Le pare-brise s’abat sur eux en une pluie de verre.

Ian panique, écrase l’accélérateur – il faut qu’il se mette à l’abri quelque part –, mais le moteur cale au bout de quelques mètres. Ian saisit la poignée de sa portière. Les tirs semblent venir du lycée qu’il a aperçu au nord-est – s’ils sortent, il faut au moins que la voiture leur serve de bouclier.

“Descends derrière moi de ce côté, Diego, dit Ian en ouvrant la portière, et surtout baisse la tête.”

Quand Ian pose les pieds sur l’asphalte, une douleur terrible lui déchire la poitrine. Il baisse les yeux : une tache rouge grossit rapidement sur sa chemise. Le tube s’est arraché. Ian a oublié d’y penser, et il s’est arraché. Le cathéter traîne en travers du siège, un bout pend au-dessus de la chaussée et des gouttes roses de sang mêlé de pus dégoulinent sur l’asphalte poussiéreux. À l’autre bout, on voit encore les fils noirs qui serraient la peau comme une tulipe autour du tube. Et maintenant, à chaque respiration, Ian entend un bruit de pneu crevé qui se vide. Sur sa poitrine, il ne reste plus qu’un triangle rose béant. Il le couvre de la main pour empêcher l’air de sortir par là. Ce n’est vraiment pas le moment de faire un collapsus pulmonaire.

Clac. Clac.

Deux nouvelles balles atteignent la voiture.

Diego se jette sur la chaussée à côté de lui.

“T’es touché ?” demande Diego.

Ian secoue la tête.

“Il me faut du plastique, dit-il.

— Du plastique ?”

Il ferme les yeux et grimace de douleur. Puis il les rouvre. Accroupi contre la Mustang, Diego le regarde.

“Dans la voiture, dit Ian. Sur le plancher. Il doit y avoir un emballage plastique. Tu peux essayer de le prendre ?”

Diego hoche la tête et remonte dans la voiture.

Clac. Clac. Clac.

Plus aucun bruit dans la voiture.

“Diego ?”

Silence. Ian est persuadé que Diego a été touché – mais celui-ci ressort avec une feuille de plastique rectangulaire d’environ quinze centimètres par huit. Deux autocollants sont fixés dessus, l’un indiquant SANDWICH AU THON ET AU CHEDDAR et l’autre le prix, *4,99 $*.

“C’est ça que tu veux ? demande Diego.

— Oui.”

Ian déboutonne sa chemise de la main droite, tandis que sa main gauche couvre toujours le trou.

“Bon, dit-il. Écoute. Quand j’enlève ma main de ma poitrine, tu plaques le plastique sur le trou.

— OK.”

Ian passe sa langue sur ses lèvres desséchées.

“OK.”

Il enlève la main, inspire et entend ce terrible sifflement. Puis, sentant une pression à l’intérieur, il bloque sa respiration. Diego se penche vers lui et couvre le trou avec l’emballage plastique.

“C’est bon, dit Ian. Je le tiens.”

Il met sa main sur le plastique à la place de celle de Diego.

“Aide-moi à me redresser et à enlever cette chemise”, dit Ian.

Diego l’aide à s’asseoir et à ôter sa chemise, une manche après l’autre, sans que Ian ne lâche le plastique.

“Maintenant, dit Ian, on va attacher la chemise autour de mon torse pour qu’elle garde le plastique en place.”

Diego hoche la tête.

“OK.”

Il secoue la chemise pour faire partir la poussière, puis la passe dans le dos de Ian.

Ian est assis par terre, adossé contre l’aile avant gauche de la voiture. Il essaie de reprendre sa respiration. Des larmes de douleur coulent sur son visage, les battements de son cœur sont irréguliers. Il inspire, expire. Ferme les yeux, les rouvre. La douleur est atroce. Il glisse la main dans sa poche, sort le flacon de Tramadol. Il dévisse le couvercle. À l’intérieur, plus que trois comprimés. Il les verse dans sa bouche et avale, puis jette le flacon.

“Ça va aller ?”

Il secoue la tête.

“Non. Mais on est là et on est pas venus pour rien. On va terminer ça.

— Allons-y.

— Prends les fusils sur la banquette.”

Grimaçant de douleur, Maggie racle sa main contre la menotte – le bracelet métallique bloque toujours contre son pouce –, et c'est là que le premier coup de feu retentit. Beatrice sursaute et lâche le sachet de chips qu'elle mangeait.

Les chips se répandent par terre, mais Beatrice n'y prête pas attention. Elle se lève et s'approche du pistolet que lui a laissé Henry et qu'elle a posé par terre. Elle le ramasse et l'examine, l'air confuse, comme si elle ne savait pas ce qu'il faisait dans sa main, puis elle le repose et va à la fenêtre. Le soleil couchant lui illumine le visage.

Un autre coup de feu retentit, et Beatrice sursaute à nouveau.

“Tu vois quoi ? lui demande Maggie.

— Rien. Y a juste un terrain de base-ball.

— C'est mon papa, dit Maggie. Ces coups de feu, ça veut dire que mon papa est là.

— Mais c'est Henry ton papa, Sarah.

— Henry sera jamais mon papa.”

Deux autres coups de fusil résonnent à travers l'école vide – le bruit semble rebondir à l'infini contre les murs, un peu moins fort chaque fois.

“Henry sera jamais mon papa, répète-t-elle, et toi tu seras jamais ma maman.”

Beatrice la regarde avec de grands yeux tristes, tandis qu'une moitié de son visage est éclairée par ce qui reste de lueur du jour, et que l'autre est recouverte d'ombres – et semble d'ailleurs plus jeune car on n'y discerne pas les rides.

"Pourquoi tu dis une chose pareille, Sarah ? Tout ça, on le fait pour toi. Pour protéger notre famille. La famille, c'est ce qui compte le plus au monde et… et on fait tout ça pour toi.

— Mais je veux pas. Je vous ai rien demandé. Je veux retrouver ma *vraie* famille.

— C'est nous maintenant, ta vraie famille."

Maggie secoue la tête.

"Non, dit-elle. Mon papa est là. Mon vrai papa. Ma famille, c'est lui. Lui et ma maman et Jeffrey. Mon papa est un policier et il va vous mettre en prison, toi et Henry, pour toujours. Et après il me ramènera à la maison et jamais, jamais plus je vous reverrai.

— Dis pas des choses comme ça, Sarah."

Les larmes ruissellent le long des joues rondes de Beatrice, mais ses yeux ne brillent pas que de tristesse – de colère aussi. Elle serre les poings et, à cet instant, semble presque capable de violence.

Maggie ne lui a jamais parlé de cette façon, d'abord par crainte qu'Henry l'apprenne et la pende au crochet pour la punir, mais aussi parce qu'elle ressentait une certaine pitié pour Beatrice, qui lui a toujours paru si triste. Mais maintenant c'est fini, elle n'a plus pitié de Beatrice, et elle n'a plus peur d'Henry. Ou du moins plus assez peur pour se taire. Tout ce qui compte, c'est qu'elle puisse rentrer chez elle et retrouver sa vraie famille. Elle le souhaite tellement fort qu'elle en ressent comme une brûlure dans la poitrine. Elle croyait que cet espoir et cette envie étaient morts, que le soleil qui brillait en elle s'était éteint, mais non, il brille plus fort que jamais.

La nuit est passée.

Trois nouveaux coups de feu retentissent l'un après l'autre, trois coups qui s'enchaînent rapidement.

"Henry est sûrement mort maintenant, dit Maggie. Toi, tu seras toute seule en prison. Personne t'écrira de lettres, personne te rendra visite.

— Dis pas ça !" crie Beatrice en poussant Maggie.

Le bureau vacille, reste un moment en équilibre sur deux pieds, puis bascule et s'écrase sur le côté. Le coude de Maggie cogne par terre, la douleur vibre à travers son corps et une sensation étrange lui remonte le long du bras, anesthésiant son petit doigt et son annulaire.

Beatrice se précipite auprès d'elle, s'efforce de relever Maggie et le bureau. Ce n'est pas facile, mais elle y parvient. Maggie se frotte le coude avec sa main libre. Si elle arrivait à libérer son autre main, elle ramasserait le pistolet par terre et sortirait en courant. Elle sait que son papa est ici, mais ce n'est pas une raison pour attendre qu'on vienne la sauver. Enfermée dans le Monde du Cauchemar, elle a déjà trop attendu ; c'était la nuit la plus longue qu'elle a jamais connue, mais c'est fini, elle ne veut plus jamais vivre ça. Fini d'attendre.

"Pardon, Sarah. Je voulais pas te faire mal. Excuse-moi." Beatrice caresse les cheveux de Maggie, lui appuie le crâne contre le gras de son ventre. "Excuse-moi."

Maggie écarte la tête.

"Laisse-moi tranquille.

— Tu te sentiras mieux quand tout ça sera terminé, dit Beatrice.

— Je veux plus te parler.”

Beatrice s’essuie les yeux. Elle s’approche de la fenêtre et regarde à nouveau dehors.

“Faut pas que tu dises des choses que tu penses pas.

— Mais je les pense !”

Beatrice lui lance un regard, puis fixe son attention sur la fenêtre, sur la lumière de la tombée du jour.

Maggie se concentre sur sa main menottée, essaie à nouveau de faire passer sa paume à travers le bracelet. C’est toujours au niveau du pouce que ça bloque. Elle a beau tirer de toutes ses forces, écraser la chair…

De frustration, elle frappe sur un coin de la table avec sa main libre. L’autre bout de la planche en bois se soulève du bureau. Il n’est pas bien fixé. Maggie jette un coup d’œil vers Beatrice pour s’assurer qu’elle n’a rien vu, puis elle appuie sur la planche, la soulevant aussi haut que possible. Deux des vis qui la fixaient au bureau se sont arrachées du support, peut-être quand le bureau est tombé sur le côté. Maggie pourrait presque dégager les menottes en faisant glisser le bracelet hors du support. Pas besoin de libérer sa main : il lui suffirait de soulever complètement la planche, ce qui sera possible si elle parvient à enlever la dernière vis.

Beatrice continue de regarder par la fenêtre. Maggie éprouve quand même un pincement de pitié pour elle. Son visage mou et flétri est si triste, elle a l’air si esseulée. Malgré tout ce qu’elle lui a fait, une partie de Maggie voudrait pouvoir donner à Beatrice l’amour dont elle a besoin. Mais c’est impossible. Maggie ne ressent ni affection ni respect pour elle, seulement un mélange bizarre de pitié et de haine.

Maggie pousse la planche vers le haut, s’efforçant d’arracher cette dernière vis.

Henry est allongé sur le toit du lycée. Il garde l'œil fixé sur la voiture dans la rue au-dessous, mais ça fait un moment qu'il n'a plus vu le moindre mouvement. Qu'est-ce qu'ils peuvent bien foutre, là-bas ? Il commence à avoir des crampes dans les bras. Il ne va pas pouvoir garder cette position encore longtemps. Et leur silence l'angoisse. Ils ne comptent quand même pas attendre comme ça éternellement. Il faut bien qu'ils fassent quelque chose. Pourquoi est-ce qu'ils n'essaient pas de riposter ? S'ils tiraient, Henry pourrait déterminer leur position et en finir avec eux. S'ils tiraient ne serait-ce qu'un ou deux coups, ça suffirait. Henry saurait où viser, et quand ils relèveraient la tête… bam, terminé.

Peut-être qu'il les a déjà eus – ça expliquerait qu'ils ne bougent plus. Ouais, sauf qu'il n'y croit pas un seul instant. Il ne faut surtout pas être trop sûr de soi. S'il baisse la garde, il est mort.

"Tu vois quelque chose ?" demande-t-il à Ron.

Ron est derrière lui, accroupi sur un genou, fusil braqué vers la Mustang.

— Non, dit Ron. Y z'attendent quoi, putain ?

— J'en sais rien, dit Henry. Mais ça me plaît pas."

C'est à ce moment-là qu'il voit le siège du conducteur glisser en avant et s'incliner vers le volant.

Derrière le siège, quelque chose bouge – un bras tendu au-dessus de la banquette arrière, on dirait. Impossible d'en être certain. Mais ça bouge.

Inspirer. Bloquer sa respiration. Viser. Ne pas trembler.

Le monde est un cyclone et lui, son œil.

Expirer.

Appuyer sur la détente.

Quand il entend la balle percuter sa voiture, Ian sursaute, mais pas Diego. Diego grimpe sur la banquette arrière, ressort d'abord avec le Remington 11-87 à canon rayé et le 870 à canon court, puis avec le Panther 308 mm et le sac de voyage contenant les boîtes de munitions. Ian tire le sac vers lui et ouvre la fermeture éclair. Il lance à Diego les cartouches pour le 308 mm, puis charge les deux fusils.

Quand c'est fait, il se glisse vers l'avant de la Mustang et regarde à l'angle du pare-chocs, cherchant Henry, cherchant un quelconque mouvement. En se basant notamment sur le bruit, il est capable de dire que ces tirs viennent de l'autre côté de la rue, d'une position éloignée au nord.

"T'es où, espèce de fils de..."

Vite, il rentre la tête derrière la voiture. Un instant plus tard, un coup de feu retentit, et une balle soulève un nuage de poussière à moins d'un mètre de l'endroit où son visage se trouvait, projetant en l'air quelques graviers qui atterrissent sur la jambe droite de ses Levi's.

"Ils sont sur le toit du lycée, annonce-t-il. À cinquante, soixante mètres."

Diego hoche la tête.

"On fait comment?"

Ian ferme les yeux et réfléchit. Il aurait préféré que Diego ne soit pas mêlé à ça. Il aurait préféré ne pas avoir à lui demander ce qu'il est sur le point de lui demander. Si seulement il avait réussi à le convaincre de rentrer à Bulls Mouth… alors il lui faudrait trouver une autre solution. Mais Diego est là. Ian ouvre les yeux et regarde son ami. Diego ne sera plus le même homme, quand il aura fait ce que Ian s'apprête à lui demander.

"T'es doué pour le tir de précision ?"

Ian est accroupi derrière la Mustang. À sa droite, Diego se prépare à courir vers ce qui était jadis une quincaillerie. S'il arrive à l'atteindre, il pourra se rendre sans trop de risques en haut d'un hôtel de trois étages, le Jackrabbit, qui se trouve trois cents mètres plus loin. Là-bas, il devrait pouvoir profiter d'une vue dégagée vers le toit du lycée – vers Henry Dean et son frère.

"T'es prêt ?" demande Ian.

Diego hoche la tête.

Ian expire, et son expiration se mue en quinte de toux. Du liquide remonte de ses poumons comme de l'eau boueuse d'un puits, et il le crache sur l'asphalte, entre ses pieds. Des larmes coulent le long de son visage. Il appuie la tête contre l'aile de la voiture, crache encore. La douleur dans sa poitrine le lance. La dernière fois qu'il a tenté un truc pareil, il s'est pris une balle. Que dit le proverbe, sur les gens qui se font prendre deux fois au même piège ?

"Un, dit-il en regardant Diego.

— T'es sûr que tu…

— Deux."

Diego hoche la tête. Il a compris.

“Trois.”

Diego part en courant.

Ian se lève d’un bond, appuyant le fusil contre son épaule et le braquant vers le toit du lycée. Il appuie sur la détente. La douleur est déchirante. Du béton explose à moins de trente centimètres de l’endroit où se tient Henry. Une cartouche blanche s’éjecte du fusil, tournoie dans l’air en décrivant un arc et tombe sur le bitume à la droite de Ian. Il tire encore et encore, une succession de coups rapides. Henry et son frère se baissent, Ian ne les voit plus de l’angle où il se trouve.

Mais lui reste debout et ne détourne pas son regard du lycée, surveillant la ligne plate du toit, attendant patiemment.

S’échappant du trou brûlant dans sa poitrine, du sang coule le long de son ventre trempé de sueur. La respiration de Ian est peu profonde, rapide, il ne supporte plus de prendre une vraie inspiration. S’il essaie, ça se transforme en toux douloureuse. Il sait ce qui se passe. Maintenant que le tube s’est arraché de son poumon, il se noie dans son propre sang. Ce n’est pas qu’une sensation : c’est *littéralement* ce qui lui arrive.

Un mouvement éclair sur le toit de l’école. Ian tire. Du béton explose.

Plus aucun mouvement.

Ian lance un regard derrière lui.

Diego a disparu.

Bien. Des points noirs fourmillent devant les yeux de Ian, il ne va pas pouvoir rester debout encore longtemps.

Il tire les trois dernières balles du chargeur du 11-87 – entre chaque coup, il entend sur sa droite les cartouches vides claquer contre l’asphalte –, puis se laisse choir derrière la voiture, essoufflé et épuisé. Chaque fois qu'il pressait la détente, la crosse cognait contre son épaule, et maintenant la douleur est décuplée autour de ses plaies. Son front ruisselle de sueur, les gouttes longent l'arête de son nez et tombent une à une. Il cligne des yeux plusieurs fois de suite, puis cherche à nouveau Diego du regard.

Aucun signe de son ami.

Aucun bruit sauf celui de sa propre respiration.

Puis Ian entend des pas rapides, le bruit de bottes qui courent. Diego est loin, de plus en plus loin.

Ian hoche la tête. Bien.

Il ramasse la boîte de cartouches pour gros gibier et recharge son fusil.

Maggie glisse les menottes le long de la barre métallique du bureau, prenant soin de faire le moins de bruit possible. Elle les passe sous la planche en bois, qu'elle a réussi à détacher du support, et ça y est, elle n'est plus prisonnière du bureau. Le bracelet vide pend à son poignet. Ça fait un drôle d'effet : rien que de savoir que son bras est libre, un nœud se dénoue dans son ventre.

Son bras est libre, oui !

Elle lève les yeux vers Beatrice.

Beatrice regarde ailleurs.

Le pistolet est posé par terre, à côté d'un tas de chips et de barres chocolatées.

Sans quitter Beatrice des yeux, Maggie se lève lentement, puis traverse silencieusement la salle – ce qui n'est pas trop difficile, comme elle est pieds nus. Mais, du coin de l'œil, Beatrice doit apercevoir un mouvement, car soudain elle se tourne vers Maggie :

"Qu'est-ce que tu fais, Sarah ? Henry nous a dit de rester ici."

Maggie court vers le pistolet et le ramasse.

Beatrice s'approche d'elle, mais s'arrête quand Maggie braque l'arme sur elle.

"Je veux pas te tirer dessus, dit Maggie d'une voix tremblante. Mais s'il le faut je le ferai."

Beatrice ne dit rien. Elle fixe Maggie de ses yeux humides et écarquillés. Les larmes coulent à nouveau le long de ses joues rondes. Son menton tremblote. Vaincue, elle laisse ses épaules tomber.

"Plus jamais on sera une vraie famille, alors ?

— On l'a jamais été", dit Maggie.

Beatrice s'adosse au mur et se laisse glisser par terre, en position assise, recroquevillée, les bras autour des genoux. Elle baisse les yeux. Maggie aperçoit sa culotte en coton. Elle a l'impression d'être en face d'une petite fille. Une petite fille dont les grosses larmes s'écrasent sur la robe.

"On l'a jamais été", dit Beatrice, le regard perdu, comme si elle prononçait pour la première fois une phrase dans une langue étrangère. Une phrase qu'elle n'est pas sûre de comprendre.

Elle lève les yeux vers Maggie, qui sort de la salle de classe à reculons.

"On l'a jamais été, répète Beatrice. Mais... je t'aimais.

— Moi pas", dit Maggie.

Elle tourne les talons et se précipite dans le couloir, à la recherche d'une sortie.

La première balle tirée d'en haut percute le toit un peu à gauche des jambes d'Henry. Il sent la pression d'une vague d'air contre son corps, et il entend la balle heurter le toit – un craquement plus humide que sec, comme celui d'un os qu'on casse en deux et qu'on vide de sa moelle. Une pluie d'éclats de béton s'abat sur ses Levi's.

"Putain, d'où elle vient, celle-là ?" demande Ron.

Derrière Henry, il balaie du regard les immeubles qui les entourent, cherchant l'origine du coup de feu qui retentit encore à travers les rues désertes de la ville.

"Je sais pas, dit Henry. D'un endroit plus haut qu'ici, forcément. Sinon l'angle…"

La deuxième balle s'écrase à moins de trente centimètres de l'endroit où Ron est accroupi, et il reçoit des éclats du toit en plein visage. Poussant un juron, il bascule en arrière, cligne des yeux et pleure : ses joues sont criblées d'une douzaine de petits trous sanglants.

Henry observe la rue. Le tireur – Peña, forcément, car Hunt est encore coincé derrière sa Mustang criblée de balles – doit se trouver dans l'hôtel Jackrabbit, car c'est le seul bâtiment plus élevé que le lycée. Mais Henry ne le voit pas. Il ne voit pas Peña sur le toit, ni derrière les quelques fenêtres ouvertes au troisième étage de l'hôtel. L'obscurité règne à l'intérieur.

Le soleil se couche derrière le Jackrabbit, illuminant Henry et son frère et plongeant dans l'ombre le côté est de l'hôtel – celui qui leur fait face.

"Faut qu'on descende du toit, dit-il. Ron, faut qu'on se tire de…"

Ron est assis, en train de se frotter les yeux, quand un troisième coup de feu retentit. Un point rouge apparaît au centre de la main gauche de Ron. Il écarte sa main de son visage et la regarde.

Mais la balle a traversé la main, et un autre point rouge est visible sur sa pommette gauche. Son œil gauche se remplit de sang, un petit filet coule le long de sa narine, puis de sa lèvre supérieure – lui dessinant une fine moustache rouge – avant de dégouliner sur son menton.

"Ron ?"

Ron cesse de regarder sa main et se tourne vers Henry.

"Quelque chose est arrivé à ma… main."

Il la lève pour qu'Henry puisse voir, cligne plusieurs fois des yeux, s'écroule sur le côté.

"Ron ?"

Henry se lève et, sous l'effet de la confusion, fait un tour complet sur lui-même. Ça n'était pas censé se passer comme ça. Ça devait être facile. Facile et rapide, quelques coups de feu et puis terminé. Il regarde vers l'hôtel Jackrabbit et, encore une fois, ne voit qu'une profonde obscurité derrière les fenêtres. Il se tourne et court vers la trappe d'accès, tandis qu'une quatrième balle fend l'air. Il se jette sur l'échelle, atterrit dans le local d'entretien, tombe à la renverse contre une étagère remplie de produits nettoyants.

Qu'est-ce qui s'est passé, bon sang ?

Il essaie d'accepter ce qu'il vient de voir, mais son esprit ne cesse de le rejeter. Non, son frère n'a pas pu se faire tuer devant ses yeux. C'est impossible. C'est impossible.

Mais c'est vrai.

D'abord son petit frère, et maintenant son grand frère.

Rien que pour ça, Hunt va devoir payer. Jamais Donald ne l'aurait trahi si on ne l'y avait pas contraint. Si on ne l'avait pas…

Henry ferme les yeux et s'efforce de calmer la tempête dans son cerveau.

Il faut qu'il règle ça une bonne fois pour toutes.

Il rouvre les yeux, sort du local d'entretien et descend un grand escalier qui mène au rez-de-chaussée. Longeant le couloir, il est sur le point de passer devant la salle de classe où attendent Beatrice et Sarah quand Sarah sort en courant. La paire de menottes qui pend encore à son poignet claque contre le canon du pistolet qu'elle tient dans sa main droite.

Elle tourne la tête à gauche, voit Henry, et l'espace d'un instant ses yeux s'emplissent de terreur – mais ça ne dure pas plus d'un instant. Car, juste après, elle braque le pistolet sur Henry.

"Bouge pas", dit-elle.

Il s'arrête et lève les bras en l'air, sans lâcher le 30-06 de son papa qu'il tient dans la main droite. D'abord le petit frère, ensuite le grand. Et maintenant celui du milieu.

"Qu'est-ce que tu fous, Sarah ? Comment tu t'es libérée ?

— Tais-toi, dit-elle. Tais-toi et lâche ton fusil.

— Tu sais même pas te servir de ce flingue, Sarah. Tu vas pas me tirer dessus.

— C'est un semi-automatique et la sécurité est pas enclenchée, dit Sarah. C'est ce que t'as expliqué à Beatrice. J'ai juste à viser et à appuyer sur la détente."

Lentement, il commence à faire un pas vers elle.

"Je t'ai dit de pas bouger !"

Il s'arrête.

"Pose ton fusil.

— Tu vas pas me tirer dessus."

Sarah passe sa langue sur ses lèvres et lève le canon du pistolet pour qu'il soit pointé vers le visage d'Henry. Il le regarde, puis regarde Sarah, et se rend compte qu'elle ne plaisante pas. S'il ne fait pas gaffe, il va se prendre une balle. D'ailleurs, il repense à la cheville de Beatrice. Il n'a jamais éclairci les circonstances de cette blessure mais, en regardant dans les yeux de Sarah, il croit deviner. Ces yeux ne laissent pas de doute : elle est bien la fille de son père. Quand elle commence quelque chose, elle n'abandonne pas.

"Pose ton fusil, répète-t-elle d'une voix qui tremble de rage. Tout de suite."

Il songe à toutes les fois où il lui a attaché les mains avant de la pendre pour lui faire subir le châtiment du crochet. À toutes ces années où il l'a laissée enfermée au sous-sol. Aux larmes qu'elle versait quand elle était plus petite. Et au moment où les larmes se sont arrêtées de couler.

Il hoche la tête, puis se baisse lentement et pose le fusil par terre.

"T'as tiré sur Beatrice ?

— Non, dit Sarah. J'ai pas eu besoin.

— Bien", dit-il.

Penché en avant comme il est, il pourrait tendre le bras et attraper Sarah. Serait-il assez vif pour lui arracher le pistolet de la main ?

"Bien, répète-t-il. Vaut mieux pas que tu tires sur quelqu'un.

— S'il le faut, je le ferai.

— Je sais, Sarah. Je sais que…”

Il se jette sur elle et parvient – de justesse – à lui saisir le poignet avant que le coup de feu parte. Le bruit résonne dans ses oreilles, il n’entend plus rien. Il fait quelques pas chancelants en arrière, sans lâcher le poignet de Sarah.

Nom d’une pute – elle l’a eu, elle l’a touché ! Au cours de ces derniers jours, il a affronté une demi-douzaine de flics, et il s’en est sorti sans une égratignure. Tout ça pour finir par se prendre une balle tirée par une gamine de quatorze ans ?

Non, on ne l’aura pas comme ça. Pas question.

Il se bat avec Sarah pour lui arracher le pistolet des mains.

Ian est accroupi et il patiente, le fusil à canon rayé entre ses mains et celui à canon scié coincé dans son dos. Il a entendu des coups de feu résonner à travers la porte d'entrée du lycée, et maintenant il attend de voir émerger une silhouette humaine.

Mais le silence se prolonge.

Il avale et sent sa pomme d'Adam remonter le long de sa gorge. Il a la bouche sèche, les lèvres craquelées et les yeux qui piquent.

Soudain, il perçoit un mouvement à travers la porte, au-delà de l'entrée, derrière les ombres. Son instinct lui commande de se lever et de tirer, mais il se retient. Il attend de voir ce qui va sortir de la pénombre, et ce qui sort de la pénombre… c'est Henry. Henry qui porte Maggie, qui la tient par la taille et lui appuie un pistolet contre la tête. Il est pâle, luisant de sueur. Il y a un trou dans sa gorge – on dirait une trachéotomie – et du sang coule sur sa chemise. Maggie essaie de se dégager, de se libérer de son bras.

Derrière Henry et Maggie, il y a Beatrice. Tête baissée, épaules voûtées. On dirait qu'elle est en train de disparaître devant ses yeux.

Ian se lève, braque le 11-87 vers Henry et contourne la Mustang. Ses jambes vacillent, mais il s'en fiche, il avance le plus vite qu'il peut, réduisant de moitié la distance qui le sépare d'Henry.

"Lâche-la, dit-il.

— Pour que tu me descendes ? dit Henry d'une voix aussi éraillée qu'un coassement de grenouille. Compte pas là-dessus.

— Sois pas idiot… je vais te descendre quoi qu'il arrive."

Henry secoue la tête.

"Tu prendras pas le risque de tuer ta propre fille, Hunt.

— Lâche-la, j'ai dit.

— Non. Tu prendras pas ce risque. Je le sais et tu le sais. Alors c'est toi qui vas lâcher ton fusil. Et nous on va monter dans la voiture de Ron et on va se tirer d'ici, voilà le programme. T'as perdu, Hunt. Bien tenté, mais t'as perdu."

Lentement, Henry fait quelques pas vers un parking où est garée une Toyota blanche. Beatrice, sa femme, le suit. Elle a pleuré et ses yeux sont humides et brillants.

"Pose ce fusil, Hunt.

— Lâche-la.

— Pose-le ou c'est moi qui lui fais sauter la cervelle."

Il appuie le canon de son pistolet contre la tempe de Maggie.

Maggie le regarde avec des yeux emplis non pas de peur, mais de colère.

"Non, papa ! Pose pas ton fusil ! Le laisse pas s'enfuir ! Le laisse pas m'emmener ! Je t'en prie, je veux plus jamais qu'il m'emmène !

— La ferme, Sarah, dit Henry. Pose ce fusil, Hunt, si tu veux pas qu'elle crève."

La douleur dans la poitrine de Ian atteint la limite du supportable. Il pense qu'il pourrait tuer Henry, que le risque de toucher Maggie est minime – mais l'existence de ce risque suffit à le faire hésiter. Non, il ne prendra pas ce risque. Il hoche la tête, plus pour se répondre à lui-même que pour répondre à Henry, et se penche pour poser le 11-87 par terre. Mais, au moment où il se redresse, des points noirs virevoltent devant ses yeux, le ciel s'assombrit comme si la nuit tombait d'un coup et, l'espace d'un instant, il a peur de s'évanouir, de s'écrouler comme une dame en corset dans ces vieux films où des gentlemen accourent avec leurs éventails, tandis que deux mots se répètent en boucle dans sa tête : pas maintenant, pas maintenant, pas maintenant.

En s'accrochant, il parvient – tout juste – à garder connaissance. Le dôme du ciel se remplit à nouveau de lumière, comme un bol dans lequel on verse un liquide, et Ian retrouve l'équilibre.

"Sage décision, dit Henry.

— Non, crie Maggie, *non* !"

Et elle cogne simultanément les deux coudes contre le ventre d'Henry. Un bruit étrange s'échappe de la bouche d'Henry, comme un gros chien qui aboierait un seul coup, et il lâche Maggie. Avec une expression de joie mêlée de terreur, elle se précipite vers Ian.

Henry se ressaisit et pointe le pistolet vers Maggie : "Arrête, Sarah, ou je…"

Mais il n'en dira pas plus. Ian passe le bras derrière son dos – la douleur est déchirante, c'est comme si on lui enfonçait une barre de fer à travers la poitrine – et dégaine le fusil à canon scié sous sa ceinture. Il le braque sur Henry et tire. C'est comme si ça se passait au ralenti. D'abord tout va vite – les coups de coude de Maggie, Henry qui la lâche, Maggie qui court –, puis tout ralentit quand Ian saisit le fusil, comme si leurs mouvements se faisaient dans un pot de miel. Entre chaque pas de course, Maggie semble flotter dans l'air ; le bras d'Henry se dresse lentement – lentement – et ses paroles sonnent comme un soixante-dix-huit tours qu'on joue sur une platine de trente-trois. Quand Ian appuie sur la détente, le bruit est incroyablement fort, il peut voir la chevrotine jaillir du canon – et, après les gros plombs, les grains de poudre qui s'enflamment dans l'air. Au bout du fusil, une mince fumée bleue s'élève en spirale. Ian entend toute une série de craquements quand les plombs percutent les os d'Henry, criblant son visage d'une multitude de trous. La tête d'Henry se cabosse comme une cannette de bière vide, et derrière lui le contenu de son crâne se déverse sur l'asphalte blanchi par le soleil, giclant aussi sur le visage, les cheveux et la robe de Beatrice.

Puis Maggie bondit vers Ian et il se penche pour la prendre dans ses bras. Elle le serre de toutes ses forces, l'embrasse et lui dit :

"Tu saignes, papa. Tu saignes."

Tout en écoutant le cœur de Maggie battre contre son ventre, il dépose des baisers sur ses joues, ses yeux, sa bouche. Des larmes montent aux yeux de Ian, et coulent pour la première fois depuis longtemps.

Henry s'effondre par terre et une flaque de sang se répand sous son corps comme une couverture qu'on déroule.

"Maggie, dit Ian. Ma Maggie."

Mais c'est là qu'il voit Beatrice se baisser et ramasser le pistolet d'Henry. Il braque le fusil sur elle, mais ne tire pas. C'est évident qu'elle n'a pas l'intention de reprendre le flambeau d'Henry dans cette guerre. Elle se redresse et, les larmes aux yeux, regarde le père et sa fille.

“Je suis désolée”, dit-elle avant d’enfoncer le canon du pistolet dans sa bouche.

C’est un semi-automatique et la sécurité n’est pas enclenchée, alors Beatrice n’a plus qu’à appuyer sur la détente.

Ian tient la petite main de Maggie dans sa grosse main, et ils attendent Diego qui marche vers eux le long de la rue. Ian sourit à Maggie. Elle sourit aussi, levant ses grands yeux verts qui, chaque fois qu’ils s’illuminent, vous fendent le cœur. Il a du mal à croire qu’il tient vraiment la main de Maggie, sa fille, son petit bébé. Sa Maggie. Il se souvient du jour de sa naissance, quand il la tenait dans ses bras. Et quand il la regardait dormir, allongée dans son berceau. Il se souvient de la première fois qu’elle a serré le pouce de son papa dans son petit poing. Il lui changeait ses couches, il la berçait, il lui donnait le biberon. Peu importe ce qui attend Ian maintenant, il sait ce qu’il a fait, ce qu’il est devenu, et il ne regrette rien. Il ferait deux fois plus, deux fois pire, si c’était à recommencer. Et s’il doit encore payer, il paiera encore.

Diego n’a pas l’air bien. Il est pâle, couvert de sueur, et ses yeux semblent perdus dans le lointain.

“J’ai tué l’un d’entre eux, dit-il.

— Je suis désolé, dit Ian. Je voulais t’éviter ça.

— La balle l’a atteint juste ici, précise-t-il en touchant sa propre joue.

— Pardon.

— Juste ici”, répète-t-il.

Ils montent dans la Toyota blanche et font route vers la maison croulante où Ron habitait quand il était encore de ce monde. Si Diego n'était pas perdu dans ses pensées, Ian sait qu'il essaierait de le persuader d'aller à l'hôpital, mais de toute façon Ian ne compte aller nulle part ce soir. Il est trop fatigué. S'il se réveille demain, il y songera, mais pour l'instant il a mérité de passer quelques heures avec sa fille. Elle, en tout cas, mérite de pouvoir profiter de son père.

Une fois arrivés à destination, ils ouvrent la porte et entrent. Diego s'isole dans une chambre à l'arrière. Maggie mange et parle sans interruption, comme si c'était la première fois depuis des années qu'elle pouvait s'exprimer. Assis à côté d'elle, Ian l'écoute. Elle lui parle du Monde du Cauchemar, elle lui raconte qu'elle comptait jusqu'à ce que sa tête soit remplie de nombres pour qu'aucune mauvaise pensée ne puisse entrer, elle lui explique que Donald, le frère d'Henry, lui apportait des livres et lui donnait même parfois des leçons d'histoire et de maths ; elle lui parle de Borden, son seul ami, et de sa tentative d'évasion, de sa course à travers les bois, de l'espoir qu'elle a ressenti quand elle a entendu sa voix – la voix de son papa – au téléphone, et du moment où la lumière qu'elle croyait à jamais éteinte a recommencé à briller en elle. Elle demande des nouvelles de maman, il lui répond que maman attend impatiemment son retour, que maman l'aime toujours autant, qu'elle laissera probablement Maggie dormir avec elle autant qu'elle le souhaite. Il dit à Maggie qu'elle est la personne la plus courageuse, la plus forte qu'il a jamais connue. Il lui dit : Tu es un miracle.

Les heures qu'ils passent ensemble sont les plus belles que Ian a jamais vécues, les plus sincères, et quand enfin ils s'endorment sur le canapé-lit, la tête de Maggie contre son épaule et sa petite main à elle dans sa grosse main à lui, un sourire éclaire le visage de Ian, et les rêves qu'il rêve sont tous tournés vers l'avenir, un avenir radieux où il n'y a de place que pour les rires et la joie.

NOTE DE L'AUTEUR

La petite ville texane de Bulls Mouth n'existe pas, et le comté de Tonkawa – au cœur duquel elle est censée se trouver – non plus. Aucun des habitants de Bulls Mouth n'est basé sur une personne réelle. Bien que la plupart des autres villes mentionnées ici existent ou soient inspirées de villes qui existent, ce roman ne cherche pas être fidèle à la géographie. Chaque fois que les demandes du récit entraient en conflit avec la réalité, la réalité a perdu.

Ce livre, comme mes deux premiers, a été édité par Will Atkins, qui m'a aidé à supprimer une cinquantaine de pages et à améliorer celles qui sont restées. Dans un monde juste, son nom aurait une place sur la couverture. Malheureusement, le monde est injuste, alors il devra se contenter de mes remerciements les plus sincères.

Je dois également remercier Mary (toujours), Seán Costello, Sophie Portas, Sandra Taylor, et tout le monde chez Macmillan.

Et pour finir, merci à vous – de me lire.

RDJ

Juillet 2011

BABEL NOIR

Catalogue

1. FIRMIN MUSSARD
   Fausse passe
2. ALAIN WAGNEUR
   Terminus Plage
3. PHILIPPE COLIN-OLIVIER
   Festival de came
4. PASCALE FERROUL
   David sur ordonnance
5. MAURICE ATTIA
   Alger la Noire
6. PATRICK DELPERDANGE
   Coup de froid
7. MICHEL MAISONNEUVE
   Le Chien tchétchène
8. DOMINIQUE SIGAUD
   L'Inconfort des ordures
9. PETER MAY
   Meurtres à Pékin
10. KERSTIN EKMAN
    Crimes au bord de l'eau
11. LUIZ ALFREDO GARCIA-ROZA
    Le Silence de la pluie
12. HERVÉ CLAUDE
    Mort d'une drag-queen
13. MAURICE ATTIA
    Pointe Rouge

14. ALAIN WAGNEUR
Hécatombe-les-Bains

15. PETER MAY
Le Quatrième Sacrifice

16. MICHÈLE LESBRE
Une simple chute

17. MICHÈLE LESBRE
Que la nuit demeure

18. ANDREW MCGAHAN
Derniers verres

19. PETER MAY
Les Disparues de Shanghai

20. JEAN-FRANÇOIS VILAR
C'est toujours les autres qui meurent

21. FRÉDÉRIC H. FAJARDIE
Gentil, Faty !

22. A.D.G.
J'ai déjà donné…

23. FRANÇOIS MURATET
Stoppez les machines

24. LEIF DAVIDSEN
L'Épouse inconnue

25. ANDREA MARIA SCHENKEL
La Ferme du crime

26. PETER MAY
Cadavres chinois à Houston

27. LUIZ ALFREDO GARCIA-ROZA
Objets trouvés

28. MAURICE ATTIA
Paris blues

29. FRANCIS ZAMPONI
In nomine patris

30. JEAN-PAUL JODY
Stringer

31. ANNE SECRET
La Mort à Lubeck

32. SERGE QUADRUPPANI
Colchiques dans les prés

33. KJELL ERIKSSON
Le Cercueil de pierre

34. PETER MAY
Jeux mortels à Pékin

35. LUIZ ALFREDO GARCIA-ROZA
Bon anniversaire, Gabriel !

36. JULIA LATYNINA
La Chasse au renne de Sibérie

37. STIEG LARSSON
Millénium I – Les hommes qui n'aimaient pas les femmes

38. CARLOS SALEM
Aller simple

39. JÓN HALLUR STEFÁNSSON
Brouillages

40. KJELL ERIKSSON
La terre peut bien se fissurer

41. HERVÉ CLAUDE
Nickel chrome

42. ANDREW MCGAHAN
Australia Underground

43. FRANÇOIS WEERTS
Les Sirènes d'Alexandrie

44. PETER MAY
L'Éventreur de Pékin

45. LEIF DAVIDSEN
La Chanteuse russe

46. CORNELIA READ
Champs d'ombres

47. SIMON LEWIS
Trafic sordide

48. CARLOS SALEM
Nager sans se mouiller

49. KJELL ERIKSSON
La Princesse du Burundi

50. KEIGO HIGASHINO
La Maison où je suis mort autrefois

51. PETER MAY
L'Île des chasseurs d'oiseaux

52. STIEG LARSSON
Millénium II – La fille qui rêvait d'un bidon d'essence et d'une allumette

53. BEN PASTOR
Lumen

54. LUIZ ALFREDO GARCIA-ROZA
Une fenêtre à Copacabana

55. LALIE WALKER
Les Survivantes

56. LEIF DAVIDSEN
Un Russe candide

57. DAN WADDELL
Code 1879

58. PASCAL VATINEL
Parce que le sang n'oublie pas

59. SÉBASTIEN LAPAQUE
Les Barricades mystérieuses

60. LOTTE ET SØREN HAMMER
Morte la bête

61. CAMILLA LÄCKBERG
La Princesse des glaces

62. MORLEY TORGOV
Meurtre en *la* majeur

63. KYLIE FITZPATRICK
La Neuvième Pierre

64. LOUISE PENNY
Nature morte

65. SEICHÔ MATSUMOTO
Un endroit discret

66. NELE NEUHAUS
Flétrissure

67. JÓN HALLUR STEFÁNSSON
L'Incendiaire

68. JAN COSTIN WAGNER
Lune de glace

69. HERVÉ CLAUDE
Les ours s'embrassent pour mourir

70. KEIGO HIGASHINO
Le Dévouement du suspect X

71. CAMILLA LÄCKBERG
Cyanure

72. STIEG LARSSON
Millénium III – La reine dans le palais des courants d'air

73. VÍCTOR DEL ÁRBOL
La Tristesse du Samouraï

74. PETER MAY
L'Homme de Lewis

75. YISHAÏ SARID
Le Poète de Gaza

76. DAN WADDELL
Depuis le temps de vos pères

77. XAVIER-MARIE BONNOT
Le Pays oublié du temps

78. CARLOS SALEM
Je reste roi d'Espagne

79. JEAN-PAUL JODY
Parcours santé

80. CORNELIA READ
L'École des dingues

81. PETER GUTTRIDGE
Promenade du crime

82. OLIVIER BARDE-CABUÇON
Casanova et la femme sans visage

83. LEIF DAVIDSEN
À la recherche d'Hemingway

84. LARS KEPLER
L'Hypnotiseur

85. CAMILLA LÄCKBERG
Le Prédicateur

86. RYAN DAVID JAHN
De bons voisins

87. MONICA KRISTENSEN
Le Sixième Homme

88. CHRISTOPHE ESTRADA
Hilarion

89. COLIN NIEL
Les Hamacs de carton

90. LOUISE PENNY
Sous la glace

91. DMITRI STAKHOV
Le Retoucheur

92. CAMILLA LÄCKBERG
Le Tailleur de pierre

93. JULIA LATYNINA
Caucase Circus

94. KJELL ERIKSSON
Le Cri de l'engoulevent

95. JEAN-FRANÇOIS VILAR
Bastille Tango

96. JAN COSTIN WAGNER
Le Silence

97. KEIGO HIGASHINO
Un café maison

98. LOTTE ET SØREN HAMMER
Le Prix à payer

99. NELE NEUHAUS
Blanche-Neige doit mourir

100. CLARO
Les Souffrances du jeune ver de terre

101. PETER MAY
Le Braconnier du lac perdu

102. LARS KEPLER
Le Pacte

103. KYLIE FITZPATRICK
Une fibre meurtrière

104. WALTER MOSLEY
Le Vertige de la chute

105. OLIVIER BARDE-CABUÇON
Messe noire

106. DAVID BELL
Fleur de cimetière

107. SHAUGHNESSY BISHOP-STALL
Mille petites falaises

108. PERCIVAL EVERETT
Montée aux enfers

109. INDREK HARGLA
L'Énigme de Saint-Olav

110. LUIZ ALFREDO GARCIA-ROZA
L'Étrange Cas du Dr Nesse

111. CAMILLA LÄCKBERG
L'Oiseau de mauvais augure

112. LOUISE PENNY
Le Mois le plus cruel

OUVRAGE RÉALISÉ
PAR L'ATELIER GRAPHIQUE ACTES SUD
REPRODUIT ET ACHEVÉ D'IMPRIMER
EN NOVEMBRE 2014
PAR NORMANDIE ROTO IMPRESSION S.A.S.
À LONRAI
POUR LE COMPTE DES ÉDITIONS
ACTES SUD
LE MÉJAN
PLACE NINA-BERBEROVA
13200 ARLES

DÉPÔT LÉGAL
1re ÉDITION : MAI 2014
N° impr. : 1404390
(Imprimé en France)